· Die Welträtsel ·

海克尔的《宇宙之谜》这本书在一切文明国家中掀起了一场大风波……这位自然科学家无疑地表达了19世纪末和20世纪初绝大多数自然科学家的虽没有定型然而是最坚定的意见、心情和倾向。

——列宁

海克尔对于把进化论系统化，以及对于把进化论作为近代生物学的中心思想并彰显其影响力所作的努力，一定会对科学的进步发生远大的影响。

——赫胥黎（Thomas Huxley）

黑氏（海克尔）著书至多，辄明斯旨，且立种族发生学，使与个体发生学并，远稽人类由来，及其曼衍之迹，群疑冰泮，大阆犁然，为近日生物学之峰极。

——鲁迅

本书列入"十三五"国家重点图书出版规划

科学元典丛书

The Series of the Great Classics in Science

主　　编　任定成

执行主编　周雁翎

策　　划　周雁翎

丛书主持　陈　静

　　科学元典是科学史和人类文明史上划时代的丰碑，是人类文化的优秀遗产，是历经时间考验的不朽之作。它们不仅是伟大的科学创造的结晶，而且是科学精神、科学思想和科学方法的载体，具有永恒的意义和价值。

科学元典丛书

宇宙之谜

Die Welträtsel

[德] 海克尔 著　袁志英 等　译

北京大学出版社
PEKING UNIVERSITY PRESS

图书在版编目（CIP）数据

宇宙之谜 / (德) 恩斯特·海克尔 (Ernst Haeckel)著；袁志英等译. —北京： 北京大学出版社，2020.8
（科学元典丛书）
ISBN 978-7-301-31399-2

Ⅰ.①宇…　Ⅱ.①恩…②袁…　Ⅲ.①海克尔(Haeckel, Ernst Heinrich 1834—1919)—一元论—哲学思想　Ⅳ.①B516.44②B089

中国版本图书馆 CIP 数据核字（2020）第 115452 号

DIE WELTRÄTSEL

GEMEINVERSTÄNDLICHE STUDIEN ÜBER MONISTISCHE PHILOSOPHIE，11th ed.

By Ernst Haeckel

Leipzig：Alfred Kröner Verlag，1919

书　　　名	宇宙之谜 YUZHOU ZHIMI
著作责任者	［德］海克尔　著　袁志英 等　译
丛 书 策 划	周雁翎
丛 书 主 持	陈 静
责 任 编 辑	郭 莉
标 准 书 号	ISBN 978-7-301-31399-2
出 版 发 行	北京大学出版社
地　　　址	北京市海淀区成府路 205 号　100871
网　　　址	http://www.pup.cn　新浪微博：@北京大学出版社
微信公众号	科学与艺术之声（微信号：sartspku）
电 子 信 箱	zyl@pup.pku.edu.cn
电　　　话	邮购部 010-62752015　发行部 010-62750672　编辑部 010-62707542
印 刷 者	北京中科印刷有限公司
经 销 者	新华书店
	787 毫米×1092 毫米　16 开本　19 印张　插页 8　350 千字
	2020 年 8 月第 1 版　2020 年 8 月第 1 次印刷
定　　　价	69.00 元

弁　言

• Preface to the Series of the Great Classics in Science •

　　这套丛书中收入的著作，是自古希腊以来，主要是自文艺复兴时期现代科学诞生以来，经过足够长的历史检验的科学经典。为了区别于时下被广泛使用的"经典"一词，我们称之为"科学元典"。

　　我们这里所说的"经典"，不同于歌迷们所说的"经典"，也不同于表演艺术家们朗诵的"科学经典名篇"。受歌迷欢迎的流行歌曲属于"当代经典"，实际上是时尚的东西，其含义与我们所说的代表传统的经典恰恰相反。表演艺术家们朗诵的"科学经典名篇"多是表现科学家们的情感和生活态度的散文，甚至反映科学家生活的话剧台词，它们可能脍炙人口，是否属于人文领域里的经典姑且不论，但基本上没有科学内容。并非著名科学大师的一切言论或者是广为流传的作品都是科学经典。

　　这里所谓的科学元典，是指科学经典中最基本、最重要的著作，是在人类智识史和人类文明史上划时代的丰碑，是理性精神的载体，具有永恒的价值。

一

　　科学元典或者是一场深刻的科学革命的丰碑,或者是一个严密的科学体系的构架,或者是一个生机勃勃的科学领域的基石,或者是一座传播科学文明的灯塔。它们既是昔日科学成就的创造性总结,又是未来科学探索的理性依托。

　　哥白尼的《天体运行论》是人类历史上最具革命性的震撼心灵的著作,它向统治西方思想千余年的地心说发出了挑战,动摇了"正统宗教"学说的天文学基础。伽利略《关于托勒密与哥白尼两大世界体系的对话》以确凿的证据进一步论证了哥白尼学说,更直接地动摇了教会所庇护的托勒密学说。哈维的《心血运动论》以对人类躯体和心灵的双重关怀,满怀真挚的宗教情感,阐述了血液循环理论,推翻了同样统治西方思想千余年、被"正统宗教"所庇护的盖伦学说。笛卡儿的《几何》不仅创立了为后来诞生的微积分提供了工具的解析几何,而且折射出影响万世的思想方法论。牛顿的《自然哲学之数学原理》标志着17世纪科学革命的顶点,为后来的工业革命奠定了科学基础。分别以惠更斯的《光论》与牛顿的《光学》为代表的波动说与微粒说之间展开了长达200余年的论战。拉瓦锡在《化学基础论》中详尽论述了氧化理论,推翻了统治化学百余年之久的燃素理论,这一智识壮举被公认为历史上最自觉的科学革命。道尔顿的《化学哲学新体系》奠定了物质结构理论的基础,开创了科学中的新时代,使19世纪的化学家们有计划地向未知领域前进。傅立叶的《热的解析理论》以其对热传导问题的精湛处理,突破了牛顿的《自然哲学之数学原理》所规定的理论力学范围,开创了数学物理学的崭新领域。达尔文《物种起源》中的进化论思想不仅在生物学发展到分子水平的今天仍然是科学家们阐释的对象,而且100多年来几乎在科学、社会和人文的所有领域都在施展它有形和无形的影响。《基因论》揭示了孟德尔式遗传性状传递机理的物质基础,把生命科学推进到基因水平。爱因斯坦的《狭义与广义相对论浅说》和薛定谔的《关于波动力学的四次演讲》分别阐述了物质世界在高速和微观领域的运动规律,完全改变了自牛顿以来的世界观。魏格纳的《海陆的起源》提出了大陆漂移的猜想,为当代地球科学提供了新的发展基点。维纳的《控制论》揭示了控制系统的反馈过程,普里戈金的《从存在到演化》发现了系统可能从原来无序向新的有序态转化的机制,二者的思想在今天的影响已经远远超越了自然科学领域,影响到经济学、社会学、政治学等领域。

　　科学元典的永恒魅力令后人特别是后来的思想家为之倾倒。欧几里得的《几何原本》以手抄本形式流传了1800余年,又以印刷本用各种文字出了1000版以上。阿基米德写了大量的科学著作,达·芬奇把他当作偶像崇拜,热切搜求他的手稿。伽利略以他的继承人自居。莱布尼兹则说，了解他的人对后代杰出人物的成就就不会那么赞赏了。为捍卫《天体运行论》中的学说，布鲁诺被教会处以火刑。伽利略因为其《关于托勒密与哥白尼两大世界体系的对话》一书，遭教会的终身监禁，备受折磨。伽利略说吉尔伯特的《论磁》一书伟大得令人嫉妒。拉普拉斯说，牛顿的《自然哲学之数学原理》揭示了宇宙的最伟大定律，它将永远成为深邃智慧的纪念碑。拉瓦锡在他的《化学基础论》出版后 5 年被法国革命法庭处死，传说拉格朗日悲愤地说，砍掉这颗头颅只要一瞬间，再长出这样的头颅 100 年也不够。《化学哲学新体系》的作者道尔顿应邀访法，当他走进法国科学院会议厅时，院长和全体院士起立致敬，得到拿破仑未曾享有的殊荣。傅立叶在《热的解析理论》中阐述的强有力的数学工具深深影响了整个现代物理学，推动数学分析的发展达一个多世纪，麦克斯韦称赞该书是"一首美妙的诗"。当人们咒骂《物种起源》是"魔鬼的经典""禽兽的哲学"的时候，赫胥黎甘做"达尔文的斗犬"，挺身捍卫进化论，撰写了《进化论与伦理学》和《人类在自然界的位置》，阐发达尔文的学说。经过严复的译述，赫胥黎的著作成为维新领袖、辛亥精英、"五四"斗士改造中国的思想武器。爱因斯坦说法拉第在《电学实验研究》中论证的磁场和电场的思想是自牛顿以来物理学基础所经历的最深刻变化。

在科学元典里，有讲述不完的传奇故事，有颠覆思想的心智波涛，有激动人心的理性思考，有万世不竭的精神甘泉。

二

按照科学计量学先驱普赖斯等人的研究，现代科学文献在多数时间里呈指数增长趋势。现代科学界，相当多的科学文献发表之后，并没有任何人引用。就是一时被引用过的科学文献，很多没过多久就被新的文献所淹没了。科学注重的是创造出新的实在知识。从这个意义上说，科学是向前看的。但是，我们也可以看到，这么多文献被淹没，也表明划时代的科学文献数量是很少的。大多数科学元典不被现代科学文献所引用，那是因为其中的知识早已成为科学中无须证明的常识了。即使这样，科学经典也会因为其中思想的恒久意义，而像人文领域里的经典一样，具有永恒的阅读价值。于是，科学经典就被一编再编、一印再印。

早期诺贝尔奖得主奥斯特瓦尔德编的物理学和化学经典丛书"精密自然科学经典"从 1889 年开始出版，后来以"奥斯特瓦尔德经典著作"为名一直在编辑出版，有资料说目前已经出版了 250 余卷。祖德霍夫编辑的"医学经典"丛书从 1910 年就开始陆续出版了。也是这一年，蒸馏器俱乐部编辑出版了 20 卷"蒸馏器俱乐部再版本"丛书，丛书中全是化学经典，这个版本甚至被化学家在 20 世纪的科学刊物上发表的论文所引用。一般把 1789 年拉瓦锡的化学革命当作现代化学诞生的标志,把 1914 年爆发的第一次世界大战称为化学家之战。奈特把反映这个时期化学的重大进展的文章编成一卷,把这个时期的其他 9 部总结性化学著作各编为一卷,辑为 10 卷"1789—1914 年的化学发展"丛书,于1998 年出版。像这样的某一科学领域的经典丛书还有很多很多。

科学领域里的经典,与人文领域里的经典一样,是经得起反复咀嚼的。两个领域里的经典一起,就可以勾勒出人类智识的发展轨迹。正因为如此,在发达国家出版的很多经典丛书中,就包含了这两个领域的重要著作。1924 年起,沃尔科特开始主编一套包括人文与科学两个领域的原始文献丛书。这个计划先后得到了美国哲学协会、美国科学促进会、科学史学会、美国人类学协会、美国数学协会、美国数学学会以及美国天文学学会的支持。1925 年,这套丛书中的《天文学原始文献》和《数学原始文献》出版,这两本书出版后的 25 年内市场情况一直很好。1950 年,沃尔科特把这套丛书中的科学经典部分发展成为"科学史原始文献"丛书出版。其中有《希腊科学原始文献》《中世纪科学原始文献》和《20 世纪(1900—1950 年)科学原始文献》,文艺复兴至 19 世纪则按科学学科(天文学、数学、物理学、地质学、动物生物学以及化学诸卷)编辑出版。约翰逊、米利肯和威瑟斯庞三人主编的"大师杰作丛书"中,包括了小尼德勒编的 3 卷"科学大师杰作",后者于1947 年初版,后来多次重印。

在综合性的经典丛书中,影响最为广泛的当推哈钦斯和艾德勒 1943 年开始主持编译的"西方世界伟大著作丛书"。这套书耗资 200 万美元,于 1952 年完成。丛书根据独创性、文献价值、历史地位和现存意义等标准,选择出 74 位西方历史文化巨人的 443 部作品,加上丛书导言和综合索引,辑为 54 卷,篇幅 2 500 万单词,共 32 000 页。丛书中收入不少科学著作。购买丛书的不仅有"大款"和学者,而且还有屠夫、面包师和烛台匠。迄 1965 年,丛书已重印 30 次左右,此后还多次重印,任何国家稍微像样的大学图书馆都将其列入必藏图书之列。这套丛书是 20 世纪上半叶在美国大学兴起而后扩展到全社会的经典著作研读运动的产物。这个时期,美国一些大学的寓所、校园和酒吧里都能听到学生讨论古典佳作的声音。有的大学要求学生必须深研 100 多部名著,甚至在教学中不得使用最新的实验设备,而是借助历史上的科学大师所使用的方法和仪器复制品去再现划时代的著名实验。至 20 世纪 40 年代末,美国举办古典名著学习班的城市达 300 个,学员 50 000 余众。

相比之下,国人眼中的经典,往往多指人文而少有科学。一部公元前 300 年左右古希腊人写就的《几何原本》,从 1592 年到 1605 年的 13 年间先后 3 次汉译而未果,经 17 世纪初和 19 世纪 50 年代的两次努力才分别译刊出全书来。近几百年来移译的西学典籍中,成系统者甚多,但皆系人文领域。汉译科学著作,多为应景之需,所见典籍寥若晨星。借 20 世纪 70 年代末举国欢庆"科学春天"到来之良机,有好尚者发出组译出版"自然科学世界名著丛书"的呼声,但最终结果却是好尚者抱憾而终。20世纪90年代初出版的"科学名著文库",虽使科学元典的汉译初见系统,但以10卷之小的容量投放于偌大的中国读书界,与具有悠久文化传统的泱泱大国实不相称。

我们不得不问:一个民族只重视人文经典而忽视科学经典,何以自立于当代世界民族之林呢?

三

科学元典是科学进一步发展的灯塔和坐标。它们标识的重大突破,往往导致的是常规科学的快速发展。在常规科学时期,人们发现的多数现象和提出的多数理论,都要用科学元典中的思想来解释。而在常规科学中发现的旧范型中看似不能得到解释的现象,其重要性往往也要通过与科学元典中的思想的比较显示出来。

在常规科学时期,不仅有专注于狭窄领域常规研究的科学家,也有一些从事着常规研究但又关注着科学基础、科学思想以及科学划时代变化的科学家。随着科学发展中发现的新现象,这些科学家的头脑里自然而然地就会浮现历史上相应的划时代成就。他们会对科学元典中的相应思想,重新加以诠释,以期从中得出对新现象的说明,并有可能产生新的理念。百余年来,达尔文在《物种起源》中提出的思想,被不同的人解读出不同的信息。古脊椎动物学、古人类学、进化生物学、遗传学、动物行为学、社会生物学等领域的几乎所有重大发现,都要拿出来与《物种起源》中的思想进行比较和说明。玻尔在揭示氢光谱的结构时,提出的原子结构就类似于哥白尼等人的太阳系模型。现代量子力学揭示的微观物质的波粒二象性,就是对光的波粒二象性的拓展,而爱因斯坦揭示的光的波粒二象性就是在光的波动说和粒子说的基础上,针对光电效应,提出的全新理论。而正是与光的波动说和粒子说二者的困难的比较,我们才可以看出光的波粒二象性说的意义。可以说,科学元典是时读时新的。

除了具体的科学思想之外,科学元典还以其方法学上的创造性而彪炳史册。这些方法学思想,永远值得后人学习和研究。当代诸多研究人的创造性的前沿领域,如认知心理学、科学哲学、人工智能、认知科学等,都涉及对科学大师的研究方法的研究。一些科学史学家以科学元典为基点,把触角延伸到科学家的信件、实验室记录、所属机构的档案等原始材料中去,揭示出许多新的历史现象。近二十多年兴起的机器发现,首先就是对科学史学家提供的材料,编制程序,在机器中重新做出历史上的伟大发现。借助于人工智能手段,人们已经在机器上重新发现了波义耳定律、开普勒行星运动第三定律,提出了燃素理论。萨伽德甚至用机器研究科学理论的竞争与接受,系统研究了拉瓦锡氧化理论、达尔文进化学说、魏格纳大陆漂移说、哥白尼日心说、牛顿力学、爱因斯坦相对论、量子论以及心理学中的行为主义和认知主义形成的革命过程和接受过程。

除了这些对于科学元典标识的重大科学成就中的创造力的研究之外，人们还曾经大规模地把这些成就的创造过程运用于基础教育之中。美国几十年前兴起的发现法教学，就是在这方面的尝试。近二十多年来，兴起了基础教育改革的全球浪潮，其目标就是提高学生的科学素养，改变片面灌输科学知识的状况。其中的一个重要举措，就是在教学中加强科学探究过程的理解和训练。因为，单就科学本身而言，它不仅外化为工艺、流程、技术及其产物等器物形态，直接表现为概念、定律和理论等知识形态，更深蕴于其特有的思想、观念和方法等精神形态之中。没有人怀疑，我们通过阅读今天的教科书就可以方便地学到科学元典著作中的科学知识，而且由于科学的进步，我们从现代教科书上所学的知识甚至比经典著作中的更完善。但是，教科书所提供的只是结晶状态的凝固知识，而科学本是历史的、创造的、流动的，在这历史、创造和流动过程之中，一些东西蒸发了，另一些东西积淀了，只有科学思想、科学观念和科学方法保持着永恒的活力。

然而，遗憾的是，我们的基础教育课本和不少科普读物中讲的许多科学史故事都是误讹相传的东西。比如，把血液循环的发现归于哈维，指责道尔顿提出二元化合物的元素原子数最简比是当时的错误，讲伽利略在比萨斜塔上做过落体实验，宣称牛顿提出了牛顿定律的诸数学表达式，等等。好像科学史就像网络上传播的八卦那样简单和耸人听闻。为避免这样的误讹，我们不妨读一读科学元典，看看历史上的伟人当时到底是如何思考的。

现在，我们的大学正处在席卷全球的通识教育浪潮之中。就我的理解，通识教育固然要对理工农医专业的学生开设一些人文社会科学的导论性课程，要对人文社会科学专业的学生开设一些理工农医的导论性课程，但是，我们也可以考虑适当跳出专与博、文与理的关系的思考路数，对所有专业的学生开设一些真正通而识之的综合性课程，或者倡导这样的阅读活动、讨论活动、交流活动甚至跨学科的研究活动，发掘文化遗产、分享古典智慧、继承高雅传统，把经典与前沿、传统与现代、创造与继承、现实与永恒等事关全民素质、民族命运和世界使命的问题联合起来进行思索。

我们面对不朽的理性群碑，也就是面对永恒的科学灵魂。在这些灵魂面前，我们不是要顶礼膜拜，而是要认真研习解读，读出历史的价值，读出时代的精神，把握科学的灵魂。我们要不断吸取深蕴其中的科学精神、科学思想和科学方法，并使之成为推动我们前进的伟大精神力量。

任定成

2005 年 8 月 6 日

北京大学承泽园迪吉轩

　　海克尔（Ernst Haeckel，1834—1919），德国博物学家、生物学家、哲学家、艺术家，世界著名的进化论者和进化论传播者。

1914年2月22日的《纽约时报》用一整版报道了一位老人的80岁生日，并以大字号写道："正如十年前和二十年前一样，这位谦逊的学者仍没能躲开他的仰慕者们"。这位老人就是海克尔。

HAECKEL AGAIN HONORED IN SPITE OF HIMSELF ON HIS 80TH BIRTHDAY

Modest Savant Who Tried to Side-Track His Admirers Ten and Twenty Years Ago Once More Fails to Do It—His Wonderful Career.

《纽约时报》关于海克尔的整版报道

　　报道中说："全欧洲都在2月16日这一天庆祝海克尔的80岁生日。二十年前（1894年）的2月16日这一周，图林根州小城耶拿（Jena）的邮政和电报设施（因为蜂拥而来的祝福函电）经历了一次极限的挑战。全世界的哲学家、学者、传道者和王公贵族们纷纷涌入耶拿，向这位伟大的老人致敬。"

海克尔绘制的水彩画《1874年的耶拿》　海克尔在耶拿大学正式任教时间近五十年（1862—1909），在这座城市度过了他的一大半人生。

海克尔在意大利拉帕洛（Rapallo）的海滩上写生（1903年底/1904年初）　海克尔既热爱科学，也热爱艺术，绘画是他毕生的爱好。

⬆ **美丽的海滨小镇拉帕洛**　拉帕洛是意大利热那亚省的一个小镇，这里气候温和，是蜚声世界的度假胜地。

　　"十年后（1904年），海克尔悄悄溜到安静的意大利小镇拉帕洛。'我希望在宁静中度过我的70岁生日。'他在给一位朋友的信中这样写道。但拉帕洛的邮局仍被来自他的朋友和门徒们（包括一些国家的首脑）的一千多封信函淹没了。"

　　然而，"在当前的一片热烈赞誉中，这位安详的银色胡子老人并没有忘记他在19世纪60年代所遭遇的那些辛酸的抵制"，"如今的人们，很难想象海克尔的职业生涯曾经历了怎样的狂风暴雨"。

⬆ **海克尔与动物学家阿诺德·朗（Arnold Lang）（1914）**

➡ **海克尔与孙女在他的研究室（1916）**

1863年秋，德国自然科学家与医师学会（Gesellschaft Deutscher Naturforscher und Ärzte，GDNÄ）（Society of German Natural Scientists and Physicians）在什切青市（Szczecin）召开大会。满头银发的明星学者们济济一堂，讨论科学上的重大进展。海克尔第一个登上演讲台发言，当时的他虽已年近30岁，看上去也就20岁出头，英姿勃发。正是在这次著名的发言中，海克尔以极大的热情介绍了达尔文的学说，赢得满堂掌声。他的这次发言被公认为对达尔文学说最好的介绍之一，影响深远。

⬆ **19世纪末的什切青市**　什切青是一个历史悠久的城市，曾先后由波兰、瑞典、丹麦、普鲁士和德国统治。第二次世界大战以后，该市划归波兰。

▶ **德国自然科学家与医师学会徽标**　在该会的官方网站上，高斯、海克尔、普朗克、爱因斯坦、海森堡等都被列为该会的杰出人物（Great Names）。

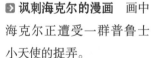

这次发言既为他赢得了声名，也引来了保守派的敌意和猛烈反对。当时深受神创论影响的公众、科学家和宗教人士纷纷用"耶拿的猴子教授""德意志之盾上的耻辱污点""异教徒"等言论大肆攻击海克尔。一位神职人员甚至找到当时的萨克森—魏玛—艾森纳公国大公亚历山大，抗议耶拿大学为这样一位"公认的无德之人"提供教授职位。

▶ **讽刺海克尔的漫画**　画中海克尔正遭受一群普鲁士小天使的捉弄。

◀ **卡尔·亚历山大**（Karl Alexander，1818—1901）亚历山大自1853年起任萨克森—魏玛—艾森纳公国大公，兼任耶拿大学校长。

1862年，海克尔受聘为耶拿大学动物学副教授，1865年受聘为教授，并出任动物博物馆馆长。海克尔刚被耶拿大学接纳时，他收到了这样的欢迎词："亲爱的海克尔，您还很年轻，您会拥有更为成熟的生活理念。毕竟，您在这里造成的危害将比在其他地方少，那么您最好就在这里停下吧。"此时的耶拿大学大概并没有意识到，接纳海克尔，对学校来说意味着什么。

◀ 耶拿大学校徽

◤ 17世纪的耶拿大学

▶ 1868年的海克尔

耶拿大学始建于1558年，在海克尔入校任教前，它已经是一个具有开放学术精神的德国学术重镇，歌德曾监理耶拿大学，从席勒到费希特、黑格尔、谢林等，都曾在该校任教。海克尔入校后，他的言论和著作将耶拿大学推到了公众关注的最前沿，吸引了方方面面的大量争议，但这种关注也吸引来了众多的优秀人才——全欧洲最杰出的下一代生物学家大多都出自耶拿大学，如奥斯卡·赫特维希、理查德·赫特维希、安东·多恩、爱德华·斯特拉斯堡、威廉·鲁克斯等。

▲ 魏玛市内的歌德与席勒塑像

▶ 德国生物学家奥斯卡·赫特维希（Oscar Hertwig, 1849—1922）　奥斯卡·赫特维希是有史以来目睹受精过程的第一人，他通过显微镜亲眼看到海胆的卵细胞和精子的两颗细胞核发生接触，合为一颗。他以诗意的笔触描绘了这一震撼人心的历史性时刻："就像太阳从卵中升起。"

《生命的奇迹》（北京大学出版社，2019）中介绍了海克尔提出"三界说""重演律"以及首倡"生态学"等，关于海克尔的生物学贡献，还应提及的是他关于放射虫、水母等海洋生物的研究——正是这些大洋深处的神秘生物，以无穷的魔力吸引着海克尔，让他放弃医生的职业，义无反顾地投身生物学的研究。他于1862年出版了《放射虫专论》一书，并于1863年以不到30岁的年纪当选利奥波第那科学院（今德国国家科学院）院士，获得该院颁发的科特尼乌斯奖章（Cothenius Medal）。

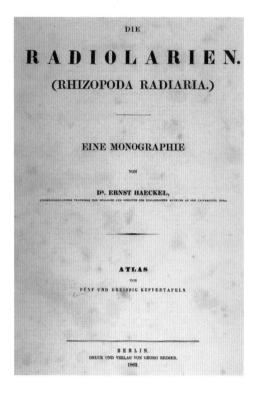

▣ **科特尼乌斯奖章的正面和反面** 科特尼乌斯奖章由纯金铸造，奖章反面镌刻有拉丁文句，意为"表彰此奖章获得者为增进人类福祉而做出的巨大贡献"。

◧ 《放射虫专论》（1862）扉页

海克尔一生中孜孜不倦地前往世界各地进行科学考察，研究那些美丽的海洋生物，从西方到东方，从欧洲到非洲、亚洲，都留下了他的足迹。他总共发现和命名了超过3500种海洋生物，生物学中的"门（Phylum）""原生生物（Protista）""种系发生（Phylogeny）"等术语都是他创立的。

▶ **海克尔赴锡兰（今斯里兰卡）**
科学考察途中（1881—1882）

1864 年深冬，达尔文收到海克尔寄来的两大卷《放射虫专论》，其中的数十幅铜蚀刻版画是由海克尔本人亲自绘制的。这些版画之精美深深震撼了达尔文，他在写给海克尔的信中说："这是我见过的最壮丽的作品，我为拥有这样一部作品而深感荣幸。"

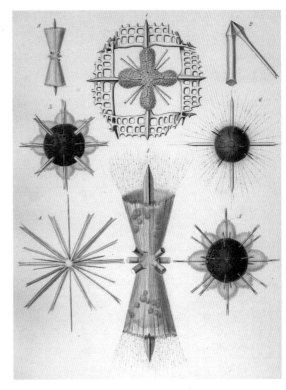

➡ 海克尔亲手绘制的放射虫，摘自《放射虫专论》

⬆ **达尔文奖章**　1900 年，海克尔获得英国皇家学会颁发的达尔文奖章，上面刻有达尔文头像。

⬆ **达尔文—华莱士奖章**　1908 年，海克尔获得林奈学会颁发的达尔文—华莱士奖章，奖章的两面分别是达尔文和华莱士的头像。

➡ **达尔文和海克尔**　两人虽然年龄相差整整 25 岁，却是进化论传播战线上的亲密战友，有着非常密切的往来。两人在二十年的交往时间里通信超过 150 封。

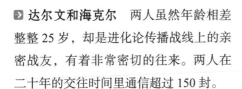

海克尔不仅是科学家，更是一位绘画天才。他亲手绘制了大量关于放射虫、水母等海洋生物的精美图画，独特的秩序之美赋予这些绘画以强大的生命力。这一点在他出版于1899—1904年的《自然界的艺术形态》中体现得最为明显。

◀《自然界的艺术形态》中的圆盘水母　该书中的每一幅画都既具有局部的精巧结构，又具有整体布局上的形式美感。

▶海克尔著《自然界的艺术形态》（北京大学出版社，2016）

海克尔的绘画不仅在生物学界难能可贵，对当时的艺术也影响深远，给许多设计师以灵感。

◀1900年巴黎世界博览会入口大门　巴黎建筑设计师雷内·比奈（René Binet）从海克尔绘制的放射虫获得灵感，设计了1900年巴黎世界博览会宏伟的入口大门。

▶摩纳哥海洋博物馆中的枝形吊灯（左），仿照海克尔所绘的圆盘水母（右）而设计

目　录

导　读

袁志英

（同济大学外国语学院德语系教授）

·Introduction to Chinese Version·

　　三大发现和自然科学其他方面的进步所提供的经验事实，描绘出一幅自然界相互联系、相互制约、相互依存、相互影响、处于永恒的成与毁变化中的图景。而海克尔的《宇宙之谜》则是全面、系统、雄辩、实事求是、更加清晰地描绘出这一图景，从而给形而上学自然观以致命的一击。

关于《宇宙之谜》的翻译缘由

　　1972年，还在"停课闹革命"之中，那时的所谓革命活动，主要体现在"学工学农学军，批判资产阶级"。复旦大学有两个大批判组，一为"文科大批判组"，一为"理科大批判组"。没料想我这个学外语的被调入理科大批判组，同来的还有陈少新、汪小玲和马静珠三位同事。来这里不是叫我们来搞"大批判"，而是要翻译德国人海克尔的"宇宙之谜"。

　　什么海克尔，什么《宇宙之谜》，当时可说一无所知。那时毛主席的"亲密战友"——"永远健康"的林彪副统帅虽已"折戟沉沙"，可"文革干将"（那时还不知道有个"四人帮"）风头尚健，"批林批孔"，杀声震天。偏偏在这个时候翻译一个名人、洋人和古人的书，这不是在搞大加声讨的"名洋古"吗，这不是在"顶风作案"吗？！真乃匪夷所思。但又不敢问个究竟。只知道翻译任务是"上头来的"，"理解的执行，不理解的也要执行，在执行中加深理解"。再说翻译乃为我梦寐以求，不知胜过"空对空"的大批判几多倍。

　　翻译最为快捷的方法便是四人分工，各译各的。但四人并非每人都能独当一面，于是在我的建议下四人组成一个翻译小组，汪太太原本是德国人，由她来朗读，老陈和我口译，小马记录。每译一章，由我进行整理，再朗读我整理过的译文，经过讨论，最后誊清，算是成文，定稿则由校对郑开琪先生来做。四人以这样的方式译了前十章，之后，汪、马回外文系。后十章老陈和我各显神通，分别翻译。那时我三十出头，精力旺盛，完成了七章，老陈译了三章。《宇宙之谜》涉及数学、物理、化学、生物、生理、天文、宗教、哲学、文学，举凡有关宇宙的问题（谜语），无不论及。翻译中遇到不少困难，好在那时复旦"理科大批判组"聚集各个学科的专家学者，他们学问渊博，有问必答。其中对我们帮助最大的当是精通多种外语的哲学家全增嘏先生和留德十年的物理学家王福山先生。

　　《宇宙之谜》于1974年由上海人民出版社出版，发行47万册。那时的新华书店摆放的全都是马、恩、列、斯、毛和鲁迅的著作，再就是有关"批林批孔"以及

▲ 德国画家伦巴赫（Franz von Lenbach）为海克尔绘制的肖像（1899）

评《水浒》的小册子。而在一夜之间这位"名洋古"的大作进驻了红光闪耀的"无产阶级专政的思想阵地",甚至挤占了"红宝书"的位子,这也成了萦绕我心头的不解之谜。

直到 1975 年底,我才算了解到事情的原委。我读到 1975 年 11 月 30 日德国《世界报》的星期天版中有关当时联邦德国总理赫尔穆特·施密特(Helmut Schmidt)访华的文章,作者是施密特访华顾问克劳斯·梅奈特(Klaus Mehnert)。他是德国著名的政论家,中国和苏联问题专家,他参加了毛泽东主席会见施密特的全过程。梅氏在文章中详细记述了毛主席和施密特的谈话。

"开始谈话时,毛提到四个德国人的名字,说他的世界观的形成主要归功于这四个人。我听来像是黑格尔、马克思、恩格斯、黑格尔,可为何两次提到黑格尔呢?"当译员将第四人译为"黑格尔"时,毛主席颤巍巍摆了摆手,纠正道:"是海克尔。"梅奈特恍然大悟:"是海克尔,确切地说,是恩斯特·海克尔。"年轻的译员对海克尔没有任何概念,而梅氏七岁时就从父亲的藏书中阅读了《宇宙之谜》。他从小就对谜语感兴趣,更何况是"宇宙之谜"呢。

梅奈特的记述也基本为施密特的回忆录《伟人和大国》(*Menschen und Maechte*)所证实。现将有关段落翻译如下:

毛回答道:"……不过唯心主义没有什么好东西!我本人是马克思的学生,我从他那里学到很多东西。我对唯心主义没有什么好感,我对黑格尔,对费尔巴哈,对海克尔感兴趣。"

于是我们岔开话题,谈了十分钟的哲学。关于恩斯特·海克尔那部粗糙的唯物主义著作《宇宙之谜》我不想深入探讨,四十年前我曾在父亲的书橱里找出了这本书,并阅读了它。(*Menschen und Maechte*,Siedler Verlag,1987,359 页)

这时我才明白,那个"上头"原来就是毛主席,我们译的《宇宙之谜》是他要看的。后来又从有关人士那里得知,《宇宙之谜》还出了大字本,当时的政治局委员人手一册,毛主席还赞扬了译文的流畅呢。

梅奈特对毛主席与海克尔、与《宇宙之谜》的关系深感兴趣。回国后他重读儿时读过的这本书。他不断思考:海克尔"怎么会给这位身居紫禁城的伟大老人留下这么深的印象"?

梅奈特猜想说:

众所周知,毛在一战结束前后曾在北大图书馆做过一段时期的图书管理员,那时该图书馆是全国最重要最现代化的图书馆之一。毛从小嗜书如命,他在那里必然如饥似渴地阅读大量有关西方知识的书籍资料,也必定精心阅读了《宇宙之谜》的中译本。该书给他留下了不可磨灭的印象,以致他六十年后还记得作者的名字。

梅奈特断言,毛泽东青年时代读过《宇宙之谜》。这是天才的推测。他读的应是马君武的译本。马于1901年留学日本,1906年回上海筹办上海公学,随后成为该校教务长,并讲授化学。1907年前往德国,在柏林工业大学攻读冶金学。1911年返沪,积极协助孙中山筹组临时政府。1912年被任命为中华民国临时政府实业部次长。后由于反袁(世凯)失败再度赴德,继续攻读,并获取博士学位。在二次留德期间,他翻译了海克尔的《宇宙之谜》。1916—1917年,该中译本题为《赫克尔一元哲学》,在《新青年》杂志上连载。众所周知,毛泽东早已是这一杂志的热心读者,很可能他读了这个连载。1958年,马君武的译本在北京重版,1972年重译该书时我们参考了这一版本,所以当初我们能够据此先行"口译"。

那么,毛泽东从海克尔那里到底吸收了些什么呢?梅奈特回答道:"海克尔秉持一元论哲学,认为它是通行于宇宙间的唯一的原初法则。他反对犹太—基督教信仰的二元论。这种信仰认为,精神和物质,上帝和世界,二元并持。"梅奈特也承认,马克思、恩格斯也都坚持一元论哲学,可海克尔比他们走得更远,因为他是自然科学家。对海氏来说,人类的发展不会停留在某一诸如共产主义的目标上,他所承认的仅仅是被理解为统一体的宇宙间的因果规律:"人们无法证实宇宙的发展有着特定的目标,抑或特殊的目的。"梅奈特发现:"毛随着年事的增长越来越成了哲学家了,也越来越将目标称之为状态。"梅奈特引证1965年毛泽东对美国记者埃德加·斯诺(Edgar Snow)的谈话以证实毛泽东对"伟大目标制定者"的看法:"从现在起一千年之后,所有我们这些人,甚至马克思、恩格斯和列宁都在内,也许会显得有点可笑吧。"①

梅奈特特别强调海克尔对最终状态的否定:"基于他对自然界的认识,他才认为,有朝一日会出现最终状态的想法是极为荒谬的。他从自然界的相互作用而得出'一切在流一切在变'的结论。在其《宇宙之谜》的第十三章海克尔称'进化'一词为'魔咒',此语有助于解决宇宙之谜。"为了解释这一点,他引证《宇宙之谜》的话说:"实体到处存在,而且每时每刻都在不断地运动和变化,没有一处完

---

① 埃德加·斯诺.漫长的革命[M].伍协力,译.上海:上海人民出版社,1975.

全静止和凝滞……我们的地球母亲是在几十亿年前由旋转的太阳系的一部分产生的,再过千万年以后也将变得僵硬,其轨道愈来愈小,直到与太阳相撞……我们人类也不过是永恒实体的暂时的进化状态。"

海克尔其人

恩斯特·海克尔(Ernst Haeckel,1834—1919),德国杰出的生物学家,达尔文主义者,无神论者,自然科学唯物主义的代表,生于波茨坦,在耶拿去世。青年时代习医,但主要志趣在动物学。1865—1908 年,他曾亲自前往锡兰(现斯里兰卡)、印尼最高峰查亚峰、红海和南欧进行科学考察。他捍卫和发展了达尔文的进化论,同时也是社会达尔文主义的始作俑者。他在其《有机体普通形态学》一书中提出自然家政学,从而成为生态学奠基人。晚年在世界上第一个宣传进化论的博物馆——德国种系发生博物馆从事科学研究和社会活动。他一生著述甚多,除《有机体普通形态学》外还有《自然创造史》《人类起源》和《生命的奇迹》等。但最能代表其世界观者、影响最大者当首推《宇宙之谜》(1899)。

《宇宙之谜》的誉与毁

截至 1918 年 8 月,《宇宙之谜》各种文字的译本多达 24 种,三种德文原版共印了 34 万册。此外,海克尔还收到几千封读者来信,表示支持和赞扬。我们的中译本 1974 年 5 月发行 47 万册;2002 年 9 月由上海译文出版社再版,数次加印。再加上早年马君武和刘文典等人的译本的发行量,光是中译本就是个了不得的数字。

恩格斯在《反杜林论》和《自然辩证法》中曾多次提到海克尔和他的《宇宙之谜》。列宁对《宇宙之谜》的引证更是连篇累牍,在其《唯物主义和经验批判主义》一书的第六章中专辟了长达十页、名为"海克尔和马赫"的一节。至于毛泽东与《宇宙之谜》的关系,前面已经论及。还有早期马克思主义文学评论家,"不仅是一个愿意当马克思主义者的人,而且还是一个善于当马克思主义者的人"弗兰茨·梅林(Franz Mehring)曾在《新时代》第 18 卷第一分卷发表长文论述《宇宙之谜》，也对海克尔的"自然科学的唯物主义"大加赞扬。有趣的是鲁迅先生于 1907 年所发表的论文《人之历史》就是论述海克尔一元论生物发生规律的专论，其副标题即为"德国黑格尔氏种族发生学之一元研究诠解"。这里的黑格尔就是现译的海克尔，而黑格尔(Hegel)那时译为"黑该尔"。该文一开始就这样写道："德之黑格尔(E. Haeckel)者，犹赫胥黎(T. H. Huxley)然，亦近世达尔文说之讴歌者也，顾亦不笃于旧，多所更张，作生物进化系图，远追动植之绳迹，明其曼衍之由，间有不足，则补以化石，区分记述，蔚为鸿裁，上自单么，近讫人类，会成一统，征信历然。"鲁迅对海克尔的评价很高，称其学说为"近世生物学之峰极"。

《宇宙之谜》在赢得广大读者、"深入民间"和受到革命导师与著名学者赞誉的同时，也受到一些哲学、神学教授疯狂诋毁。他们一个个气急败坏，如泼妇骂街，骂他是"渎神者"，骂他是"猴子"，骂他是"狗"。学术辩论理屈词穷，转而上纲上线为政治问题，这是古今中外以势压人的学阀和政客惯用的伎俩。1906 年德国上议院就《宇宙之谜》展开了一场大辩论，攻击海克尔宣传进化论是在"玩火"。1907 年德国活力论者莱因克(Johannes Reinke)投书普鲁士贵族院，要求明令禁止《宇宙之谜》。更有甚者，1908 年有一个"道道地地的德国人"企图对海克尔来个"最终解决"，将一块大石头扔进他在耶拿的办公室。

《宇宙之谜》到底是怎么了？为何惹得那些哲学和神学教授暴跳如雷呢？

这是因为，正如列宁所说："海克尔这本书的每一页都是给整个教授哲学和教授神学的这种'传统'学说一记耳光。"[1]它创制出一块"愈来愈巨大和坚固的磐石，它把哲学唯心主义……砸得粉碎"，"这块磐石就是自然科学的唯物主义"。[2]

"宇宙之谜"的提出

17 世纪、18 世纪，乃至 19 世纪的上半叶，是自然科学大发现的时代，是收集和积聚材料的时代，但也是形而上学的机械论盛行的时代。人们所看到的多是物质外部形态和外部联系，还往往以臆想的联系来代替实际的联系，而对其内部构造和内部联系却不甚了了。瑞典博物学家林奈(Carl von Linné)曾有言："现有物种都是全能的上帝原来所创造的物种。"这种"天不变，道亦不变"的思想使得

---

[1]　列宁.列宁全集：第 18 卷[M].北京：人民出版社，1988：367.

[2]　同上。

自然科学深深禁锢于神学的桎梏里,寸步难行,处于危机之中。不少科学家、哲学家对这种形而上学的自然观展开了冲击,打开第一个缺口的是哲学家康德(Immanuel Kant)。他于1755年发表了《宇宙发展史概论》,把地球和整个太阳系看成是"在时间的进程中逐渐生成的东西"。一百年后出现了达尔文(Charles Robert Darwin)和他的信奉者海克尔。不过他们参加的是最后的战役,并取得了决定性胜利。那些哲学家和神学家声嘶力竭地狂吠,进行一次垂死的挣扎,想守住最后一块阵地。达尔文的进化论和海克尔的自然科学的唯物主义可以说是启动了对形而上学自然观的葬礼。

恩格斯将达尔文发现有机界的发展规律和"马克思发展了人类历史的发展规律"相提并论,并将这种发现称为19世纪与细胞学说、能量转化与守恒定律并列的三大发现之一。三大发现和自然科学其他方面的进步所提供的经验事实,描绘出一幅自然界相互联系、相互制约、相互依存、相互影响、处于永恒的成与毁变化中的图景。这幅图景和"神圣教义"南辕北辙,决然对立。

而海克尔的《宇宙之谜》则是全面、系统、雄辩、实事求是、更加清晰地描绘出这一图景,从而给形而上学自然观以致命的一击。

对自己的生存环境、对天上人间进行探究,乃是人类的天性。最早提出"宇宙之谜"的,在笔者看来当是中国的屈原。他在《天问》中首先从宇宙问起,然后就天上的日月星辰发问,继而对地理发问。司马迁写《史记》就是为了"究天人之际,通古今之变,成一家之言",也可说为的是解决某些"宇宙之谜"。

到了19世纪,在发现、收集、积累材料的基础上对自然科学的材料进行整理则提上了日程,也就是说系统提出宇宙之谜、解决宇宙之谜的时机成熟了。海克尔开宗明义指出,人类"到处都受到无数个自然之谜的困扰"。他说最先提出宇宙之谜的是埃米尔·杜布瓦-雷蒙[①],他提出七个宇宙之谜:(1)物质和力的本质;(2)运动的来源;(3)生命的起源;(4)自然界的(似乎是有意的)合目的的安排;(5)简单感觉与意识的起源;(6)理性思维及与其有密切联系的语言的起源;(7)意志自由问题。杜布瓦-雷蒙认为第一、第二和第五个宇宙之谜是先验的,无法解决,对意志自由问题他不置可否,而认为第三、第四和第六个宇宙之谜是可以解决的。而海克尔则声称,他的看法和杜布瓦-雷蒙的看法有着本质的区别,所谓三个先验的"谜语"可通过实体探讨得以解决,第三、四、六个"宇宙之谜"可

---

① 埃米尔·杜布瓦-雷蒙(Emil du Bois-Reymond,1818—1896),德国生理学家,以其电生理学方面的著作而闻名,不可知论者。

用进化论彻底解决之,而第七个"宇宙之谜"建立在虚妄的基础上,根本就不是自然科学所探讨的对象。

海克尔和生物进化论

海克尔以上述的"谜语"为突破口,对 19 世纪自然科学的伟大成就,特别是生物进化论进行了梳理和论述,并依据当时最高水准的科学成就阐明了宇宙的起源和发展、地球的起源和发展、生物的起源和发展、物种的起源和发展、人类的起源和发展以及意识的起源和发展,力求用自然科学本身所提供的经验材料来描绘世界的本来面貌,这样的世界图景不用说是一幅唯物主义的图景。同时他还对宗教神学进行了理直气壮的揭露和抨击,使其欺世盗名的嘴脸暴露于天下,结果在意识形态领域中掀起"一场大风波"。应该说《宇宙之谜》这部书是 19 世纪自然科学发展所引起的两种世界观斗争的产物。

海克尔的《宇宙之谜》共分四大部分,即人类学、心理学、宇宙学和神学部分。每部分又细分为若干章,共计 20 章。

海克尔一再强调,进化论是他的核心部分,他视德国大文豪歌德(Johann Wolfgang von Goethe)为进化论的先驱之一:歌德在其《植物变态学》中就已指出,所有形形色色的植物都来源于原始的植物,所有植物的器官都来自最原始的器官,即叶子。动植物的机体内都有向心力和离心力这两种创造力相互作用,作用的结果使动植物发生变异。海克尔将歌德所说的向心力称为遗传,而把离心力称为适应。

海克尔还推崇法国生物学家拉马克(Jean-Baptiste Lamarck),他的《动物哲学》(1809)为解决物种起源的问题开拓出一条路径。拉马克否定了林奈的物种不变论,认为物种都是可变的,都是在漫长的时间里由古老的物种演变而来;物种由遗传而保持下来,又由适应外部环境而发生变异。这种获得的变异是在外部环境的影响下器官使用与不使用的结果。

1859 年,达尔文的《物种起源》的发表如同天上响起一声春雷,震动了整个学术界,从根本上改变了生物科学的面貌。达尔文发展了拉马克的进化思想,并总结出物种进化的规律。他指出,物种是通过自然选择、适者生存而发生变化,从而为生物进化论奠定了牢固的科学基础。

达尔文的《物种起源》传到德国,海克尔刚刚进入学术界,他如逢知己,立刻接受了这一新生事物,并选择站在达尔文的一边,毫不含糊地要为发展和普及生物进化论而奋斗。海克尔赞扬达尔文是用伟大而统一的观点解释有机世界的一切现象,并用可以理解的自然规律来取代无法捉摸的奇迹。物种起源解决了,神秘的"创世问题"也迎刃而解。海克尔指出,达尔文主义者的口号是"生物的进化和发展",反达尔文主义者的信条是"神的创造和物种",两者之间的斗争是不可避免的,也是不可调和的。在 19 世纪和 20 世纪之交的德国,这种斗争在广大公众中公开进行,海克尔辗转于各个论坛,唇枪舌剑,与论敌斗智斗勇。

海克尔总结了古生物学、比较解剖学、个体胚胎学的丰富资料,建立了种系发生学,亦即生物种系的发展史,创立了生物进化的系谱树。他提出:"个体发生就是种系发生的短暂而迅速的重演",此乃生物发生的根本规律,简称"重演律",是对达尔文进化论的重要发展。海克尔扩大了达尔文自然选择的观念,认为物种变异是适应和遗传相互作用的结果。适应被认为是过程中引起变异的方面,遗传被认为是过程中保持物种的方面。他和拉马克、达尔文一样确信,后天获得性是可以遗传的,并批判了魏斯曼(August Weismann)的"种质不变"论。

达尔文的进化论以及海克尔对进化论的宣传、普及和发展,给了神学的特创论、唯心主义哲学和自然科学的目的论以致命的一击,并为辩证唯物主义提供了科学的依据。

实体定律和泛神论

海克尔还明白无误地指出,"包罗万象、至高无上"的并非上帝,而是宇宙的基本规律——实体定律。他称实体定律包括两个定律,一为物质守恒定律:"充斥于无限宇宙空间的物质总和是不变的";一为能量守恒定律(又名力的守恒定律):"活动于无限宇宙空间并引起一切现象的力的总和是不变的"。这两大定律密切联系在一起,它们是统一的。它们说明的是同一对象宇宙的两个不同的方面。他说"这个'永恒的、铁的、伟大的规律'毫无例外地适用于整个宇宙"。

他特别服膺斯宾诺莎(Baruch de Spinoza)的泛神论。泛神论就是一神论,这"一神"并非别的,而是宇宙本身,也就是实体。"这种宇宙实体或神的世界本质向我们展示出真正本质的两个不同的方面、两种基本属性:物质(无限广延的实体)和精神(无所不包的思维着的实体能)。以后实体概念的种种变化……都归结到斯宾诺莎这一至高无上的基本理念……这是一切时代中最崇高、最深刻的和最真实的思想之一。"在一个几乎人人都信神的时代里,提出泛神论,赞扬泛神论,实际上是在否定神的存在。泛神论是一种软性的无神论,是一种羞答答的无神论。海克尔还彰明较著地说："宇宙中只有一个唯一的实体，'上帝与自然'是一码事，躯体和精神不可分。"

海克尔坚信实体定律对整个自然界都是普遍适用的，具有决定性的意义。它从正面证实了宇宙的统一性，厘清了人们所能认识到的因果关系，"彻底地推翻了形而上学的三大中心教条：'上帝、意志自由和永生'"。

海克尔的宇宙整体观

海克尔从其所谓一元论哲学出发，提出了以下的宇宙整体观：宇宙是永恒、无限、无边无际的；有着物质和能量这两个属性的宇宙实体处于永远的运动之中；这种运动是一种统一的进化过程，在无限的时间中进行着，并处于周期性的生灭交替、新陈代谢之中；无数的天体都受到实体定律的支配，都在一刻不停地运转，有的衰变陨灭，有的在形成发展之中；太阳是无数个天体中的一个，地球是为数甚多的围绕太阳运转的行星中的一个，太阳和地球都会毁灭的。海克尔还在这里谈到了生命的起源、人类的起源，明确指出："人类只是在第三纪末由一种类人猿演变而来"，"所谓的'世界史'，即人类文明史，不过是数千年的短暂时期，它和有机地球史的漫长过程相比，只是一个极短暂的插曲；有机地球史与行星系的历史相比，也只是很短暂的一瞬；我们的大地之母地球在无限的宇宙中仅是一粒会毁灭的太阳微尘；而一个人在会毁灭的有机的自然界里只不过是一粒极其渺小的原生质"。他的每一个论点都经过了严密的科学论证。

在这里我们所看到的完全是一幅唯物主义图景，"人类在自然界的位置"也豁然而现。什么"上帝创世"，什么"上帝造人"，什么人类是"上帝的翻版"，全都不攻自破。人在自然界本是"来去匆匆的过客"，不可妄自尊大妄想"长生不老"；世界上所有的事物都由各种各样的规律管着，可有的人偏要追求"为所欲为的自由意志"，海克尔认为这是"罗马皇帝卡利古拉的荒诞不经的恺撒狂①"的表现，是"傲慢独尊、自我神化的一种特殊表现形式"。

一元论哲学、伦理学和基督教批判

海克尔是一个关心哲学的自然科学家，认为几世纪以来大学里所讲授的哲学都是抽象的形而上学的哲学，对自然科学所取得的成就拒之门外。而一些自

---

①　卡利古拉（Gaius Caesar Caligula，12—41），罗马皇帝，在位期间暴虐残忍到狂乱的程度，后被人刺死，人称恺撒狂。

然科学家目光狭小,"沾沾自喜于他们的观察和实验,而对所观察到的现象的普遍联系作更深入的认识——这正是哲学！——却认为是多余的"。他认为前者是"只见森林,不见树木",而后者则是"只见树木,不见森林"。海克尔要将经验的方法和思辨的方法统一起来,建立起他的一元论哲学,《宇宙之谜》一书的副标题即为"关于一元论哲学的通俗读物"。

海克尔认为,当时的哲学流派分为两个相互对立的阵营,一为二元论,一为一元论。二元论将宇宙一分为二:物质世界和非物质的上帝,上帝是世界的创造者、主宰者、统治者;而一元论则认为"实体"是宇宙中唯一之物,"上帝和自然是一码事,躯体和精神不可分"。二元论主张超世的人格化的上帝,这必然导致有神论;一元论则是坚持"尘世上帝",这必然导致泛神论。二元论是一种分裂的世界观,一元论是一种统一的世界观。二元论与神学和唯心主义教条结为一体,一元论则和实在论的概念不可分。"实在""实体"在这里也可理解为物质,在海克尔那里物质是第一性,世界的统一性就统一在物质,而精神或者说"力"抑或"能"只是实体或物质的不可分割的属性。

所谓"泛神论",如前所述,在海克尔那里不过是无神论的别称。从而我们看出,海克尔的一元论哲学是一种唯物主义哲学,尽管他本人还不承认他是唯物主义者。海克尔不仅唯物,而且还有些辩证,他摒弃那些机械的唯物论,经常谈起的是"转化""变化""运动""内在联系""由低级到高级的发展""永恒的变化""周期性的生灭交替"等。在自然科学的领域中,我们至少可以说他是具有朴素的辩证倾向的唯物主义者。

关于伦理道德,海克尔首先批判了康德的观点:伦理的世界"不依赖科学的世界认识",而是更多地取决于宗教信仰。他说康德提出了"纯粹理性"的概念,纯粹理性对形而上学的三大教条,即"人格化的上帝、自由意志和灵魂不死"是加以拒斥的,而他的"实践理性的空中楼阁"又成了那三大神祇的下榻之地。"用理性的知识将它们从前门赶出去,又用荒谬的信仰将它们从后门放进来。"这就是说,海克尔将他的一元论伦理学建立在科学知识的基础上,而反对任何宗教信仰的伦理学。他对康德提出的所谓"无上命令"也是斥之为"怪异的偶像",康德将这些伦理信条永恒化、普遍化的企图在海克尔看来是没有"任何的现实性和可能性"的。

海克尔指出:"我们所视为不可饶恕的罪行或邪恶可怕的风俗习惯(偷窃、欺骗、谋杀、通奸等),另外一些民族在某种情况下却认为是值得赞颂的美德,甚至将其看作是迫切的道义。"海克尔看到,伦理观念受到民族的制约,所谓"原始民族"和所谓"文明民族"的伦理观念是不一样的,也就是说,处于不同发展阶段的民族会有不同的伦理观,这无疑是正确的。笔者要补充的是,南太平洋的波利尼西亚人和美拉尼西亚人中,至少在 19 世纪,还流行着杀婴的风俗;19 世纪,在澳大利亚某些流动迁徙的部落里"弑亲""这种兽性的残酷"被看成是"一件好事"。

从根本上来说,海克尔是个无神论者,他在第十五章"神和世界"中写道:"如果我们把上帝这个概念理解为自然界之外的人格化实体的话,那么,便没有上帝和众神,这种'无神的世界观'从根本上来说是和现代自然科学的一元论或泛神论相符合的。"

海克尔的《宇宙之谜》的每一页,正如列宁所说,"都是给整个教授哲学和教授神学的这种'传统'学说一记耳光",除此之外,他还在"神学部分"对宗教,特别是基督教从其起源、种种恶行、种种谬说来个兜底翻,进行了犀利无比的揭露和批判。基督教信仰的创世说、救世说、上帝三位一体说、圣母马利亚的圣灵感孕说、基督的复活和升天说、教皇的永无谬误说等等,海克尔直截了当地指斥为"纯粹的杜撰"。那些满口博爱和宽容、诚实、安贫和克己的教皇与主教们,"大多数是无耻的巫师和骗子,其中还有好些是卑劣的罪犯"。海克尔怀着极大的义愤写道:

教皇的权力一连几个世纪在其高位上残酷蹂躏着妨碍它统治的一切。在奥名昭著的异端裁判长托尔奎马达(Torquemada)手下(1481—1498 年),单单在西班牙就有 8000 名异教徒被活活烧死,9 万人被剥夺了财产和受到最严厉的忏悔处罚;同时在荷兰的查理五世统治下,死于宗教屠杀的至少有 5 万人。当受刑人的惨叫声响彻云霄的时候,得到整个基督世界朝贡的罗马则汇集了半个世界的财富,而那些所谓上帝在尘世的代表及其同伙(其中甚至有不少极端主张无神论的)则在穷奢极欲地享受。

不少身披金光闪闪法衣、手执权杖的教皇主教其实并不相信上帝、天堂、地狱,否则就不会这般惨无人道、穷奢极欲了。

《宇宙之谜》的局限性

海克尔是个自然科学家,是个自然哲学家,正如列宁所说,"他还不懂得历史唯物主义,因此,他在谈到政治,在谈到'一元论宗教'等等时,发表了许多非常荒谬的言论"①。他对反动营垒的抨击、揭露、批判、反击是痛快淋漓的,可他在解释反动营垒与他敌对的原因时,竟然说:"部分是由于对真实情况的无知,部分是由于安于传统的习惯。理性和科学的三大敌人,最危险的不是敌意,而是无知,顶顶危险的要算是惰性。"这些说法显然是可笑的,也是自相矛盾的。难道说那些"巫师和骗子",那些"卑劣的罪犯"仅仅是认识问题? 他们是因为所谓的"惰性"而去残害无辜的生命? "卑鄙无耻、满身梅毒的教皇利奥十世"一语道破天机:"耶稣基督的神话该给我们带来多大的好处!"这帮人是利益集团,是阶层或阶级利益促成了他们对真理的仇恨。

海克尔不无正确地批判了康德将伦理原则永恒化和普遍化的企图,可他又不无错误地将伦理道德纳入他的"科学的世界认识",这里所说的"科学"是自然的科学,说白了他是要用自然规律来解释社会现象,还将人类看成是"社会动物",将生存竞争和自然选择的学说机械地搬用于社会现象,从而使自己成为社会达尔文主义者。他在《宇宙之谜》中经常提起"原始民族"和"文明民族",不由自主地流露出种族主义的气味。

他坚决拒斥基督教三位一体的上帝,可又提出"真善美"三位一体的"一元论宗教",这只能看成是对宗教的妥协。我国教育家、思想家蔡元培先生鉴于"宗教之累",主张以"真善美",以"美育"代替宗教:"鉴激刺感情之弊,而专尚陶养感情之术,则莫如舍宗教而易以纯粹之美育。"②这比海克尔大大前进了一步。

不管《宇宙之谜》有多大的缺陷,正如恩格斯在《自然辩证法》中所说:"这些缺陷比起已经确立了的东西来是无足轻重的,并且一年一年地弥补起来了。"我们深切地感受到,海克尔回到了古希腊哲学的观点:"整个自然界,从最小的东西到最大的东西,从沙粒到太阳,从原生生物到人,都处于永恒的产生和消灭中,处于不断的流动中,处于无休止的运动和变化中。"古希腊人所天才直觉的东西,在海克尔那里,则"具有确定得多和明白得多的形式"。③

---

① 列宁. 列宁选集:第 18 卷[M]. 北京:人民出版社,1988:372-373.
② 蔡元培. 蔡元培美学文选[M]. 北京:北京大学出版社,1983:70.
③ 恩格斯. 自然辩证法[M]. //马克思恩格斯全集:第 20 卷. 北京:人民出版社,1971:370-371.

前　言

· Vorwort ·

　　19 世纪末,我们对真理的认识已真正达到了什么阶段呢? 在 19 世纪的整个过程中,我们朝着无限遥远却又无比重要的目标迈步,究竟真正取得了多大进展呢?

　　(希望本书)能对解决"宇宙之谜"有所帮助,在世界观的斗争中,给某些诚实和追求真正理性认识的读者指出一条按我的坚定信念是唯一能通向真理的道路,即经验的自然研究以及在这个基础上建立起来的一元论哲学的道路。

第一版前言

（1899 年）

这部关于一元论哲学的著作，是为各界诚意追求真理的有识之士而写的。追求认识真理活动的蓬勃开展是 19 世纪的显著特征，其原因一方面是由于在这一最引人注目的人类历史阶段里，真正的自然认识有了巨大的进步；另一方面也由于自然认识与超自然"启示"的学术传统产生了众所周知的矛盾；最后，则由于要了解无数新发现的事实，并且要清楚地认识它的原因的那种理性的欲望也相应强烈起来。

在我们这个"自然科学世纪"里，经验知识取得了巨大的进步，可是理论上对它根本不能进行相应的说明，我们称之为"哲学"的那种对各个个别现象的因果联系的更高认识，也与它极不相称。我们经常看到，几个世纪以来，在我们大学里讲授的所谓哲学是抽象的，绝大部分是形而上学的哲学，它把自然科学新近获得的财富拒之于千里之外。另一方面，我们也不得不同样遗憾地承认，绝大多数所谓"精密的自然科学"的代表人物，只满足于他们专门研究的狭小范围，沾沾自喜于他们的观察和实验，而对所观察到的现象的普遍联系作更深入的认识——这正是哲学！——却认为是多余的。纯粹的经验家"只见树木，不见森林"，形而上学家则"只见森林，不见树木"。"自然哲学"中两条探求真理的途径，即经验方法和思辨方法，自然是并行不悖的，可是直到今天，这两派在许多方面却还是背道而驰。

自然科学与哲学、经验成果与思想成果之间这种反常的和破坏性的对立，在广大学术界无疑会越来越激烈，会引起越来越大的苦恼。近半个世纪以来，浩如烟海、层出不穷的自然哲学通俗读物，都反映出这样的情况。尽管观察的自然科学家与思考的哲学家之间存在着对立，可是还有那些来自两个阵营的杰出之士携起手来，共同研究，致力于解决最尖端的研究任务——即简称的"宇宙之谜"，这确实是一种可喜的现象。

◀ 1904 年的海克尔

我这部书就是研究"宇宙之谜"的,它不能够完满地解开"宇宙之谜",而只是为学术界提供一面鉴别之镜,用来回答一下我们目前对"宇宙之谜"问题的解决已达到了何种程度。19世纪末,我们对真理的认识已真正达到了什么阶段呢?在19世纪的整个过程中,我们朝着无限遥远却又无比重要的目标迈步,究竟真正取得了多大进展呢?

由于我们这个世纪的先进分工,人类知识已达到无可限量的广度,所以,今天要精通人类知识的所有领域那是不可能的,同时也不可能将它们之间的内在联系统一地表达出来。即使是第一流的天才,对科学的各个领域都同样精通,并具有充分、完整表达的艺术才能,也不能在一本有限的书里把整个"宇宙"的形象无所不包地、概括地描绘出来。我本人在各个方面的知识是很不平衡的,是有欠缺的,我在这里只能担当这样一个任务:给宇宙形象描绘制订一个一般的计划,对宇宙形象各个部分的内在统一性加以挂一漏万的论证。这部《宇宙之谜》只是一本"草稿",它把许多价值极不相同的研究拼凑在一起,有些是早年写的,有些是最近写的,内容参差不齐,重复之处在所难免,希望读者见谅。

我自知本书有不少缺点,但它灌注了我诚实与认真的劳动。在此与读者分享之际,我要表示如下的希望:它能对解决"宇宙之谜"有所帮助,在世界观的斗争中,给某些诚实和追求真正理性认识的读者指出一条按我的坚定信念是唯一能通向真理的道路,即经验的自然研究以及在这个基础上建立起来的一元论哲学的道路。

恩斯特·海克尔

1899年4月2日于耶拿

第十一版前言

（1918 年 10 月）

　　这部关于"宇宙之谜"的书，在二十年前问世时曾引起了大量论战性的文章。今天在这里我们还以原来的形式予以再版。这部书有着很多的外文译本（用 24 种不同的文字出版）。1904 年我又写了一部重要的补充读物《生命的奇迹》。我把我的其他几部较新的补充著作附在这里。①

　　新近出版的海因里希·施密特（Heinrich Schmidt）博士的《进化论史》（耶拿），对我的自然哲学著作来说是极其丰富的参考资料，也是最有价值的补充读物。这部书试图把整个科学领域中进化思想的基本概念阐发出来，试图对人类探讨和思考的各个方面的内在联系加以论证。这种第一次尝试赢得了高度的重视，因为，它用合乎理性的自然进化论来克服传统的神秘的创世说，把我们从二元论的神学的杜撰引导到一元论的自然主义的世界认识论。关于哲学上这种彻底改革的细节，请看我的阿尔登堡演说《一元论是宗教与科学之间的纽带》一书（第 16 版）的前言，该书就在最近同时出版。

恩斯特·海克尔

1918 年 10 月 1 日于耶拿

---

　　① 本书各章原文均有内容提要和参考书目，在这篇前言的前面也附有海克尔这里所说的几部较新的补充著作的书目。所有这些提要和书目，翻译时一概从略。——译者

▲ 海克尔在爪哇岛的茂物植物园实验室（1901）

第一部分

人类学:人

I. Anthropologischer Teil: Der Mensch

　　灵长类最完善最新的一个分支就是人类,人类只是在第三纪末由一种类人猿演变而来。

　　所谓的"世界史",即人类文明史,不过是数千年的短暂时期,它和有机地球史的漫长过程相比,只是一个极短暂的插曲。

第一章 宇宙之谜的提出

19 世纪文化通史

世界观的斗争

一元论和二元论

> 多少个岁月，都是这么快乐，
>
> 精神热切追求，
>
> 去体验，去探索，
>
> 创造中的自然如何生活，
>
> 世界是永恒的一个，
>
> 却又显示为许多：
>
> 小变大，大变小，
>
> 万物各按其本性。
>
> 近移远，远移近，
>
> 坚持不渝，变动不停，
>
> 这样在创造，这样在革新——
>
> 我对此惊异莫名。

歌 德

19 世纪末为没有成见的有识之士演出了极为壮观的一幕。所有受过教育的人士都一致认为：19 世纪在许多方面都大大超过了以前的世纪，解决了本世纪初尚认为不可能解决的问题。在真正的自然认识领域里，不仅在理论上取得了惊人的进步，而且在技术、工业、交通等等方面的实际应用过程中，也取得了极其丰硕的成果。这两者都给我们整个现代文明生活打上了鲜明的印记。然而另一方面，在精神生活和社会关系这样重要的领域里，与过去世纪相比，我们却取得

◀ 海克尔亲手创立的德国种系发生博物馆，至今仍是全世界最为重要的展示生命发生、发展过程的博物馆。

很少或者干脆没有取得什么进步,甚至令人遗憾地出现某些严重的倒退。这种明显的矛盾,不仅使人产生一种内部支离破碎、虚妄荒谬的令人厌恶的感觉,而且在政治与社会领域里还会有引起重大灾难的危险。本着极端的责任心来解决这一矛盾,消弭由此而产生的危险,这不仅是每一位正直的满怀人类之爱的研究者的美好权利,也是他的神圣义务。我们确信,只有积极努力去认识真理,树立一个明确的建立在真理基础之上的合乎自然的世界观,才能达到上面所说的目标。

自然认识的进步

如果我们回顾一下 19 世纪初对自然认识极不完善的状况,并拿它和本世纪末所取得的光辉成就相比的话,每一位有专门知识的人对所取得的进步都会大吃一惊。在本世纪里,特别是在后半个世纪里,自然科学每一个部门所取得的深入的巨大的进展,那真是有口皆碑。借助于显微镜对微观世界的认识,借助于望远镜对宏观世界的研究,都取得了极其宝贵的见解,而这在一百年以前是不可想象的。对微生物和生物的研究方法的改进,使我们在一个无所不在的单细胞原生生物王国里看到一个形态千变万化的"肉眼看不到的生命世界";不仅如此,还使我们了解到,在极其微小的细胞中存在着共同的"基本机体"。所有多细胞的植物和动物,人体也一样,都是由基本机体的社会性细胞群即组织构成的。这种解剖学的知识具有重大意义,它又为胚胎学的证实所丰富。每一个较高级的多细胞机体都是由个别单细胞即"受精的卵细胞"发展而成的。在这个基础上建立起来的意义重大的细胞理论,才使我们对生命的物理、化学和心理过程有了真正的了解。以前人们求助于超自然的"活力"或"不死的灵魂"来解释这些神秘现象。关于疾病的本质,医生也是通过对与细胞理论有着密切联系的细胞病理学的研究才有清楚了解的。

19 世纪无机界的发现同样是伟大的。在物理学的所有方面,在光学、声学、磁学、电学、力学、热力学方面,都取得了极其惊人的进步;更为重要的是,物理学证实了整个宇宙自然力的统一性。热力学理论表明,各种自然力之间的联系是紧密的,在一定条件下又可以直接互相转化。光谱分析使我们认识到,构成地球及其有生命的居民的物质,也就是构成其他行星、太阳和最遥远的恒星的物质。天体物理学大大扩展了我们的宇宙观。在无限的宇宙中,有几百万运转的天体,都大于我们的地球,也像地球一样处于永远的变化中,处于"生与灭"的永恒的变化中。化学使我们知道了许多以前不认识的新物质,这些物质都是由少数不可分割的元素(大约有 90 种)的化合物所构成。其中有一部分对我们生活的各个方面都有着极大的实用价值。元素之一的碳——这一奇妙的东西——可以促使无数形形色色的有机化合物构成,因而可以称之为"生命的化学基础"。物理化学方面所有的个别进步跟认识重大定律即实体定律①的理论意义是不可同日而语的,实体定律将所有个别的进步统一在一个共同的焦点上。这个"宇宙基本定律"证实了力和物质的永远守恒,证实了整个宇宙中的能与物质保持不变。因此,这一定律成了一颗可靠的北斗星,在它指引下我们的一元论哲学会越过宇宙之谜的庞大迷宫而将它加以解决。

在下面几章,我们的任务是对 19 世纪自然认识的状况及其进步作一个概述,因此,这里我们对个别领域不再进行深入探讨。我们还要强调的一个特大进步就是进化论的建立。它与实体定律同样重要,而且丰富了后者。几千年来,一些有见识的研究者虽然一直在谈论着事物的"进化",然而进化这个概念支配整个宇宙、宇宙本身只是永恒"进化的实体"这一伟大思想,只是 19 世纪的产物。直到 19 世纪下半叶,这一伟大的思想才完全搞清并予以普遍运用。依据经验创立的这一最高哲学概念得到了广泛运用,这一不朽功绩应当归于英国伟大的自然科学家查尔斯·达尔文。他在 1859 年给我们奠定了物种起源学说的坚实基础。天才的法国自然哲学家让·拉马克在 1809 年已经了解到它的要点;而我们德国最伟大的诗人、思想家沃尔夫冈·歌德则早在 1799 年就已预先理解了物种起源学说的基本思想了。由此,我们得到了一把钥匙用来解决"一切疑问之疑问",解决"人类在自然界的位置"及其自然起源的重大宇宙之谜。在 1899 年的今天,我们能够清楚地认识到整个自然界是由进化规律——而且是"一元论发生"来支配的,并能够把它与实体定律结合起来统一解释自然界的一切现象,这首先要归功于这三位天才的自然哲学家。他们是 19 世纪伟大人物中的出类拔萃者,他们像三颗明星一样照耀着我们。

自然认识在人类文明生活各个领域的丰富多彩的实际应用与自然认识在理论上所取得的惊人进步是并驾齐驱的。我们今天处于"交通时代",国际贸易和旅行都取得以前所意想不到的意义,电报与电话使我们克服了时间与空间的限

---

① 实体定律包括两个定律,即物质守恒的化学定律和力的守恒的物理定律。详见本书第十二章。(本书除书末所附"注释和解释"以及"跋"中的一个星号脚注外,其他所有脚注均为译者所加。)

制,这一切我们要首先归功于物理学的技术进步,特别是蒸汽力和电的应用。我们借助摄影术,在一瞬间把任何对象的逼真形象不费吹灰之力地摄取下来;我们在农业方面和其他各行各业都取得了惊人的实际进步;我们在医学方面用氯仿和吗啡,用灭菌和血清疗法,大大减轻了人类的痛苦。这一切我们都要归功于应用化学。技术上这种或那种发明,使我们大大超越了所有过去的世纪,这也是众所周知的,无须我在这里详加论述。

社会制度的进步

在 19 世纪里,自然认识及其实际应用都取得了巨大的进步,我们有充分理由对此感到自豪。可惜在现代文明生活不无重要性的其他方面则呈现出一幅完全不同的令人痛心的景象。我们不得不遗憾地引用一下阿尔弗雷德·华莱士①的话:"拿我们在物理科学及其实际应用方面所取得的惊人进步来对照一下,我们的行政、司法、国民教育制度以及我们整个社会和道德体制则还处于野蛮状态。"只要公正地观察一下公众的生活,或每天浏览一下我们的报纸——舆论机关,那我们就会确信这一痛斥不是没有道理的。

我们的司法

先让我们大致看一看我们的司法——"治理的基础"的情况。没有一个人会认为我们今天司法的状况符合人类和世界的先进认识。没有哪一个星期人们不读到和"健康的人类理性"相违背的法律判决。我们的高级和初级法庭所作出的许多判决简直是不可思议的。我们看到在不少现代国家里,实际上实行的还是专制主义,宪法不过是一纸空文。法官进行判决,不是依照自己真诚的信念,而是为了迎合"上级的意旨"。自然,绝大多数法官和检察官还是凭自己的良心来进行裁判的,但也往往由于人类的弱点而犯错误。他们犯错误的原因大都是没有受到良好教育的结果。一般都认为正是这些法官才受有最高教育,因而他们

---

① 阿尔弗雷德·华莱士(Alfred Russel Wallace,1823—1913),英国生物学家,曾和达尔文同时提出自然选择的理论。

可以优先混个一官半职。这种被人们所称道的"法律教育"，绝大部分是纯形式而非真实的教育。法官们对其活动涉及的主要对象——人类机体及其最重要的功能、灵魂的认识极其肤浅。比如，法官们对我们每天所碰到的所谓"意志自由""责任感"等问题的奇怪看法也证明了这一点。有一次我曾向一位著名的法官保证说，每一个人都赖以发育起来的微小的球状卵细胞是活的，它与 2 个月或 7 个月或 9 个月的胚胎一样都赋有生命，而他却向我报以难以置信的微笑。绝大多数研究法学的人从来没有想到，他们应该去关心一下人类学、心理学和进化史，而这些正是对人类进行正确判断的首要的先决条件。他们对这没有"时间"去研究，他们把大部分时间都花在精心研习饮酒和"高尚"的决斗里去了，剩下来的宝贵学习时间又必须用来啃成千上万的法典条文。在今天的文明国家里，法学家只要会背诵这些法典条文，就能找到金饭碗。

我们的国家秩序

现代国家生活的恶劣状况是人所共知的，每人每天都能感觉到，所以对政治上的可悲局面我只想大略提一下。政治生活的缺陷大都是由下列因素引起的：大多数国家官吏是法官，是一些受过典型刻板教育的人，他们对人性的认识只是一知半解——对人性只有通过对比较人类学和一元论心理学的研究才能有深刻的认识。他们对社会状况也缺乏了解——要了解社会的真相就得研究比较动物学、进化史、细胞理论以及原生生物学。我们只有掌握了关于人和细胞的结构和生命的自然科学的知识，才能正确了解"社会机体的结构和生命"，也就是国家的结构和生命。因为国家是由人来组成的，而人是由细胞组成的。如果我们的"执政者"以及与其合作的"人民代表"掌握了宝贵的生物学和人类学的基本知识，那么，我们每天在报纸上就不会读到如此连篇累牍的社会学谬误以及政治上的无稽之谈。这些乌七八糟的东西绝不会给我们的议会报告和政治法令增添光彩。

要是现代文明国家与反文明的教会相勾结，要是政党专门追求狭隘的利己主义，要是短视的政党领袖迷恋于支持教士政治的话，那才是顶顶糟糕的了。这样就会出现像 19 世纪末德国议会所带给我们的悲惨景象：有文化的德意志民族的命运落在主张教皇绝对权力主义的中央党的手中，处于罗马教皇神圣论的统治之下，而罗马教皇神圣论则是现代文明国家最恶毒最危险的敌人。它用以统治国家的不是法律与理性，而是迷信与愚昧。只有摆脱教会的桎梏，只有通过自然科学的普及教育，把国民的世界知识和人类知识提高到一个新的水平，国家秩序才能得到改善，不管怎样的国家形式都概不例外。当前最主要的大问题不在于采取君主制还是共和制，贵族宪法还是民主宪法，而在于：近代文明国家是教会的还是世俗的，是通过荒谬的信条和教会的专横来搞政教合一，还是通过合理的法令和公民权来搞法制。我们的主要任务就是把青年一代培养成有理性的从迷信中解脱出来的国家公民，而这只有通过适应时代要求的教育改革才能完成。

我们的学校

正如我们的司法和国家秩序一样，我们对青年的教育也根本不能适应 19 世纪科学进步对现代教育所提出的要求。自然科学远远超过其他所有的科学，显而易见，它把所有的人文科学都吸收进来了，然而在学校里，它至今仍被当作次要科目，像灰姑娘①似的被冷落在一边。

相反，传授从中世纪经院学校因袭下来的僵死的经院知识还是绝大多数教师最主要的任务。文法游戏，耗费时间的古典语言和浮泛的各民族史的"精确知识"，却占有头等重要地位。作为实用哲学最重要的对象的伦理学被忽略了，取而代之的是宗教信仰。信仰优先于知识，但这不是把我们引向一元论宗教的科学信仰，而是构成被歪曲的基督教基础的荒诞迷信。现代宇宙学和人类学，现代生物学和进化论，这些学科的极其重要的知识在我们较高等的学校里很少或者根本不受重视。被装进脑子里去的是对理论教育或实际生活都毫无用处的一大堆哲学与历史的玩意儿。大学过时的设备和系科设置，中小学的课程也是一样，都与目前一元论世界观的发展阶段根本不相适应。

我们的教会

教会对现代教育及其基础、对先进的自然认识的反动，已经达到了登峰造极

---

① 　灰姑娘是 19 世纪德国作家格林兄弟所著童话《灰姑娘》中的主人公。这个名字常被用作受冷遇、受歧视的同义词。

的地步，这是无可争辩的。在这里我们完全不想谈什么主张教皇绝对权力主义的教皇神圣论，或是什么正统的基督教派，它们两者对现实的无知和极端迷信的说教是不相上下的。我们还是听听一个自由主义的新教牧师的说教吧，该牧师具有良好的中等程度的教育，有信仰又有理性。这样，我们听到的是与我们的一元论伦理（参阅本书第十九章）完全相协调的伦理学说，是我们所完全赞同的人道主义宣讲。除此之外，还听到关于上帝和世界、人和生活的本质的见解，而这些见解是和自然研究的一切经验直接相违背的。很自然，那些对自然界进行精确观察并认真思考了的技术专家、化学家、医生和哲学家，对这一类说教是不感兴趣的。我们的神学家、语言学家、政治家以及法学家都缺乏作为一元进化论基础的不可缺少的自然认识，一元论的进化论是我们现代科学的坚实基础。

理性与教条的冲突

这里提到的对立导致了在我们现代文明生活中所造成的严重冲突，这种冲突的危险迫切需要加以消除。作为伟大先进的科学成果，我们今天的教育有权深入公众和私人生活的各个方面。通过对理性的启发，教育可以使人类的知识达到一个更高的水平，并同时开辟一条更好的幸福之路，而这些都要取决于我们高度发展的自然科学。可是，具有广泛影响的集团却竭力加以抵制，他们妄图使我们的精神教育在关系最重要的问题上回到已被摒弃的中世纪的观点上去；他们对传统的教育抓住不放，要使理性屈从于"更高的启示"。在神学和语言学，以及社会学和法学的广泛领域里情况就是如此。之所以这样，并非都出于纯粹的利己主义和个人名利的考虑。部分是由于对真实情况的无知，部分是由于安于传统的习惯。理性和科学的三大敌人，最危险的不是敌意，而是无知，顶顶危险的要算是惰性。如果有幸将敌意克服，那么对后面两个敌人，甚至连神也是无能为力的。

人类特殊说

人类特殊说是那种落后的世界观的最强大支柱之一。"人类特殊说"集广泛流传的错误概念之大成，它把人类机体和整个自然界相对立，把人类机体看成是有机造化有意安排的终极目的,看作是与自然界有原则区别而和神相类似的东西。这一错误观念的流毒极为深广,我们仔细研究一下就会发现,这个错误观念实由三个错误教条,即人类中心说、人神同形说和人类崇拜说所构成。

1.人类中心说教条的意思是:人类是一切地球生命(或广义地来说是整个宇宙)的有意安排的中心和终极目的。这一谬误特别迎合了人类的私利,又与地中海三大宗教的有关创世神话及教义有着内在的密切联系,所以它至今还统治着文明世界的绝大部分地区。

2.人神同形说的教条也和上述三大宗教以及其他宗教的创世神话有着密切联系。把上帝的创世看成是能工巧匠的艺术创造,把上帝对世界的治理看成是贤明君主对国家的治理。作为世界的创造者、主宰者、统治者的"天主",被想象为像人那样的思考和行动。因而可以得出结论说,人和神相类似,"上帝按照自己的形象造人"。较古老朴素的神话学同样纯粹是一种有神论,它赋予众神以人的形象和血肉。新近神秘的神智学则更加不可思议,它把人格化的上帝当作"看不见的存在"来崇拜,并使上帝按人的样子来思考、说话和行动;这样就导致了一种"气状脊椎动物"的奇谈怪论。

3.人类崇拜说的教条是将人和神的灵魂活动本身进行比较之后而产生的,它将人类机体加以神化,以致成了"人类特殊说的自大狂"。由此又出现了极受推崇的"人的灵魂不死的信仰",以及人的两重性的"二元论学说":"不死的灵魂"只是暂时寄居在必死的躯体之内。

这三种人类特殊说的教条经过多方面的完善,适应各种宗教变换的信仰形式,随着时间的流逝,而获得了特别的意义,成了最危险的谬误的根源。由此而产生的人类特殊说的世界观与我们一元论的自然认识处于不可调和的对立之中。然而,这种世界观首先要受到宇宙学前景的驳斥。

宇宙学前景

只要我们从一元论宇宙学前景出发,批判地来观察一下这三种人类特殊说的教条以及二元论哲学和正统宗教的其他许多观点,我们就会发现,它们都是些明显的无稽之谈。

我们将下列的法则理解为无所不包的宇宙整体观,这种观点我们是从一元论的最高角度出发所获得的,我们坚信下列的"宇宙学法则"是重要的,而且大都是已被证明了的。

1.宇宙是永恒的、无限的、无边无际的。

2.宇宙实体及其两个属性(物质与能)充满了无限的空间,并永远处于运动之中。

3.这种运动作为一个统一的进化过程,在无限的时间中进行着,并处于周期性的生灭交替、新陈代谢的状态之中。

4.无数个天体都是分布在充斥于空间的以太之中,要受到实体定律的支配;在宇宙中运转的天体有的在逐渐衰老陨灭,有的在逐渐形成和发展。

5.我们的太阳是无数个会毁灭的天体中的一个;我们的地球是为数甚多的围绕太阳运转的会毁灭的行星中的一个。

6.在有机生命赖以生存的第一个先决条件——液态水在地球上出现以前,我们的地球经过了长时间的冷却过程。

7.其后的生物进化过程,无数有机形态的缓慢的进化与演变,需要几亿万年的时间(远非一亿年!)。

8.在地球上,在生物进化过程后期发展起来的各种动物中,脊椎动物的进化竞争过程远远超过其他各种动物。

9.哺乳动物是脊椎动物的极为重要分支,它只是在晚期(在三叠纪)由较低级的爬行类和两栖类动物进化而来的。

10.哺乳动物进化得最完善最高度发展的那一分支,即灵长类,大约是在第三纪的初期(至少在300万年前)由最低级的原始胎盘动物演变而成的。

11.灵长类最完善最新的一个分支就是人类,人类只是在第三纪末由一种类人猿演变而来。

12.所谓的"世界史",即人类文明史,不过是数千年的短暂时期,它和有机地球史的漫长过程相比,只是一个极短暂的插曲;有机地球史与行星系的历史相比,也只是很短暂的一瞬;我们的大地之母地球在无限的宇宙中仅是一粒会毁灭的太阳微尘;而一个人在会毁灭的有机的自然界里只不过是一粒极其渺小的原生质。

我认为,从一开始就规定这个伟大的宇宙学前景作为一种尺度和有远见的立场,来解决围绕我们的重大的宇宙之谜,是再合适也没有的了,这样一来,不仅清楚地证实了具有决定意义的"人类在自然界的位置",而且也使盛行的人类特殊说的自大狂遭到了驳斥,使人类把自己置于无限的宇宙的对立面和自封为宇宙最重要部分的那种专横跋扈的态度也受到了打击。爱虚荣的人类的这种极度夜郎自大往往把人引入迷途,把自己看成是"上帝的翻版",本是来去匆匆的过客,却硬要"长生不老",并想象自己具有放荡不羁的"意志自由"。罗马皇帝卡利古拉的荒诞不经的恺撒狂便是人类傲慢独尊、自我神化的一种特殊表现形式。我们只有把这种毫无根据的自大狂抛掉,以适当谦逊的态度接受合乎自然的宇宙学前景,我们才能解决宇宙之谜。

宇宙之谜的数目

没有受过教育的文明人和未开化的原始人一样,到处都受到无数个自然之谜的困扰。文明越是进步,科学越是发展,宇宙之谜的数目就会越来越少。一元论哲学归根结底只承认一个包罗万象的宇宙之谜,即"实体问题"。根据情况,即使最困难的问题,也总可以命名为实体问题。埃米尔·杜布瓦-雷蒙于 1880 年在柏林科学院纪念莱布尼茨(Gottfried Wilhelm Leibniz)的科学讨论会上曾发表一篇著名的演说,在演说中,他提出"七个宇宙之谜",按先后次序列举如下:(1) 物质和力的本质;(2) 运动的来源;(3) 生命的起源;(4) 自然界的(似乎是有意的)合目的的安排;(5) 简单感觉与意识的起源;(6) 理性思维及与其有密切联系的语言的起源;(7) 意志自由问题。柏林科学院的演说者在解释这些宇宙之谜时指出:三个(第一、第二、第五个)宇宙之谜是先验的,是无法解决的;三个(第三、第四、第六)虽然困难,但是可以解决的。第七个"宇宙之谜"实践上是最重要的,即意志自由问题,他却不置可否。

由于我的一元论哲学和那位柏林演说者的看法有着本质区别,另一方面,也由于他对"七个宇宙之谜"的见解受到各界很大的欢迎,所以,我认为一开始就对这个问题表示我的鲜明态度是适宜的。那三个所谓"先验"的谜语(第一、第二、第五),按我的看法,通过我们对实体的见解(参阅本书第十二章),是可以得到解决的;其他三个所谓困难、但可以解决的问题(第三、第四、第六),通过我们现代进化论是可以得到彻底解决的;最后第七个宇宙之谜,即意志自由问题,根本不是批判的科学探讨的对象,它作为彻头彻尾的教条是建立在虚妄的基础之上的,实际上这个问题根本不存在。

宇宙之谜的解决

解决重大宇宙之谜的手段和途径，只能是纯科学的认识，即第一条是经验，第二条是推理。通过观察和实验，我们才能获得科学的经验：这首先要通过感官，第二要通过大脑皮层的"内部感官灶"的活动才能达到。感官的显微基本器官就是感觉细胞，大脑皮层的显微基本器官则是灵魂细胞群，经验是我们精神生活的那些无价之宝的器官从外界所摄取来的，它通过大脑的其他部分而转换为表象，这些表象再通过联想而综合成为结论。这些结论是用两种不同但同样有价值和必不可少的方法——归纳和演绎而得出的。更复杂的大脑活动，相互联系的连锁法的形成，抽象和概念的形成，通过幻想的广延活动对悟性的补充，以至于意识、思维和推究哲理等，都是大脑皮层的神经节细胞或神经元的作用，前面所提到的较简单的灵魂活动也是如此。这一切我们都归结为理性的最高概念。

理性、情感和启示

我们只有通过理性才能得到真正的自然认识，解决宇宙之谜。理性是人类最宝贵的财富，也是人类与动物有本质区别的优越地方。理性具有这样高的价值是由于不断的文化和精神教育，由于科学发展的结果。没有受过教育的人，和未开化的原始人与近亲的哺乳动物（猿猴、狗、象等）在"理性上是相差无几的"。然而至今还广泛地流行着这样一种看法：除却神圣的理性以外，还有其他两条较为宽广的（甚至是更为重要的！）认识途径，即情感和启示。对于这种危险的谬误，我们从一开始就要坚决加以反对。情感与认识真理是根本不搭界的。我们所珍视的称之为"情感"的东西是大脑的复杂活动. 它由喜怒的情绪、好恶的表现、取弃的欲望等所组成。在这里，人的机体的各种各样的活动都在起作用，比如感官和肌肉、胃和生殖器官的需要。所有这些情感状态和情感运动根本不能促进对真理的认识；相反，它往往妨碍对真理认识独具能力的理性，并且时常深深地损害了它。还没有哪一个"宇宙之谜"是通过情感的那种大脑功能得到解决或对其解决起促进作用的。所谓"启示"和所谓由启示而达到的"信仰的真理"也都是如此;"信仰的真理"只不过是幻景而已。这些幻景部分是以杜撰、部分是以有意无意的虚构为基础的。我们在第十六章还要讲到这一问题。

哲学和自然科学

唯一能导致解决宇宙之谜的两条途径——经验和思维(或经验与思辨)在现代越来越被人们所公认,这是两个相辅相成、同样重要的认识方法。这对宇宙之谜的解决确实是一个最鼓舞人心的进步。哲学家逐渐认识到,纯粹思辨的方法是不足以达到真正认识的,比如柏拉图和黑格尔所说的"理念世界结构"就是运用纯思辨的方法;同样,自然科学家在另一方面也认识到,纯经验的方法对于世界观的完善是远远不够的,比如,培根[①]和穆勒[②]曾把纯经验提高到真实世界观的基础。这两大认识途径,即感性的经验与理性的思维,是两种不同的大脑功能。前者要通过感官和中央感官灶来沟通,后者要通过在这两者之间的思维灶,即大脑皮层的联想中枢来沟通(与本书第七章和第十章比较)。只有通过两者之间的联合活动才能产生真正的认识。

至今还有相当数目的经院哲学家,他们只愿用自己的头脑凭空来设想世界,因而轻视经验的自然认识,他们对真实世界毫无所知。另一方面,某些自然科学家至今还认为:科学的唯一任务就在于取得"实在的知识,即对个别的自然现象进行客观的研究";"哲学时代"已经过去,代之而起的是自然科学(微耳和[③],1893年)。对经验的片面的过高估价,如同对思辨的片面估价一样,都是很危险的谬误。两条认识途径是相辅相成、缺一不可的。现代自然研究的伟大胜利——细胞理论和热力学理论,进化论和实体定律,都是哲学的功绩,而不是纯思辨的结果,而是先行的最广泛最彻底的经验的结果。

19 世纪初,我们伟大的理想主义诗人席勒(Friedrich von Schiller)曾向两支敌对的哲学家和自然科学家的队伍发出如下的呼吁:

---

① 培根(Francis Bacon,1561—1626),英国哲学家,英国唯物主义的创始人,自然科学家和历史学家。
② 穆勒(John Stuart Mill,1806—1873),英国经济学家和哲学家。
③ 微耳和(Rudolf Virchow,1821—1902),又译"魏尔啸",德国自然科学家和政治活动家,细胞病理学的奠基人。

你们互相敌对吧,联合起来还太早!

你们分头去找,真理才能找到!

自此以后,情况幸亏有了根本的改变:这两支大军在不同的道路上向同一个崇高的目标迈进,他们走到一起来了,并且互相接近,结成认识真理的同盟。我们终于在 19 世纪末重新掌握起一元论的认识方法。在 19 世纪初,我们最伟大的现实主义的世界认识者和诗人歌德就已把它看成是唯一合乎自然的认识方法。

二元论和一元论

用今天自然科学的观点来看,所有不同的哲学流派可以分为两个互相对立的营垒,一方面是二元论的或是分裂的世界观,另一方面是一元论的或是统一的世界观。一般说来,前者跟神学的和唯心主义的教条结为一体,后者则跟机械的和实在论的基本概念不可分割。二元论(广义上讲)把宇宙分为两种完全不同的实体:物质的世界和非物质的上帝,上帝是世界的创造者、主宰者和统治者;而一元论(也从广义上讲)则与此相反,认为宇宙中只有一个唯一的实体,"上帝与自然"是一码事,躯体和精神(或物质与能)不可分。二元论主张超世的"人格化"的上帝(理想化的人),这必然要导致人类特殊说的有神论;一元论则与此相反,主张尘世的上帝(包罗万象的世界之物),这必然导致泛神论。

唯物论和唯心论

直到今天,一元论和唯物主义这两个不同的概念还常常被混为一谈,就像唯物主义的各种在理论上与实践上有着本质区别的流派也被混淆在一起一样。这种或那种类似的概念混乱引起了非常恶劣的后果和层出不穷的谬误。为了避免所有的误解,我们想简略地提一提下列几点:(1)我们纯粹的一元论在理论上既不同于唯物主义,又不同于唯心主义(最近常将它称为唯能论)。前者否定精神,把世界看成是一堆僵死的原子;后者则否定物质,把世界看成是在空间排列有序的能的组合,或者是非物质的自然力。(2)而我们像歌德一样坚信:"物质离开精神,精神离开物质,都不能存在和起作用。"我们坚持斯宾诺莎的纯粹的明白无误的一元论：物质就是无限广延的实体，精神（或者是能）是感觉的和思维的实体。物质和精神是包罗万象的神圣的世界本体（或宇宙实体）的两种基本属性或基本特性（参阅本书第十二章）。

物质的三位一体（1908 年补充）

我的一元论与歌德的统一泛神论的世界观结了缘，与斯宾诺莎的"同一哲学"结了缘（正如我于 1892 年在阿尔登堡所作关于"一元论"的演说和 1899 年在《宇宙之谜》第一版里试图较为详尽地探讨的那样），在最近的 10 年中引起了许多相互对立的解释。我把"精神"（更确切地说是"宇宙精神"）这一概念分成两个属性：能（或力）和感觉（或心灵）。我想这样一来，矛盾和误解大部分可以得到解决，并会得到满意的说明，这就产生了"实体的三位一体"（对应"上帝本质的三位一体"）。自然，人们也可以把"感觉"当作能的一种形式来理解，许多生理学家和绝大多数的一元论者直到现在还是这样做的。约翰内斯·弥勒[1]就首先提出了"感官神经"的"特殊能"，它与广义的能的概念是正好相符的。如果我们把三个同等的属性解释为物质（充满空间的或广延的）、能（过去称为"力"，叔本华称为"意志"）和心灵（广义上的下意识的感觉），这样我们的实体概念就更清楚了。

阿尔布雷希特·劳[2]在他的杰作《感觉和思维》（1896）一书中强调指出，"知觉或感觉是自然界中十分普遍的过程，从而同时也有这种可能，将思维本身也归结为这一普遍过程"。在恩斯特·马赫（Ernst Mach）的思想丰富的著作《感觉的分析》一书中对这有着更深入的探讨。耐格里[3]把感觉解释为原子和分子，并说"人类的精神只不过是精神过程的最高发展，这种精神过程使自然到处都充满了生气和运动"（1877 年）。

---

[1] 约翰内斯·弥勒（Johannes Müller，1801—1858），德国生物学家，物理化学派的奠基人，是微耳和与海克尔的老师。

[2] 阿尔布雷希特·劳（Albrecht Rau，1843—1920），德国哲学家，费尔巴哈的继承者。

[3] 耐格里（Karl Naegeli，1817—1891），德国生物学家，不可知论者和形而上学者。

第二章　我们的躯体构造

关于人类解剖学和比较解剖学的一元论研究
人类和哺乳动物在粗、细结构方面的相似性

不管研究哪一个器官系统,比较它们在猿猴中的变异,都可以得出一个同样的结论:就是人同大猩猩和黑猩猩在解剖学上的差别没有大猩猩同其他猿猴的差别那样大。

托马斯·赫胥黎
1863 年

一切生物学的探讨,一切有机体形态和生命活动的研究,最初是用眼睛观察看得见的躯体来进行的,从躯体中我们观察到了有关形态学和生理学的现象。无论是对人,还是对所有其他有生命的天然物体的研究,都采用了这一基本方式。但我们的研究不能只局限于对外部形态的观察,而要深入形态内部去研究它粗、细部分的构造。这种进行广泛的基本研究的科学就是"解剖学"。

人体解剖学

最初促使人们去认识人体构造的,自然是医学。因为医学在最古老的文明民族中一般是由教士掌握的,我们可以设想,当时这些教育方面的最高代表在公元前 2000 年或更早一些时候就已掌握了一定的解剖学知识。我们从公元前 6 世纪和公元前 5 世纪的希腊自然哲学家恩培多克勒(Empedocles)(阿格里琴特人)和德谟克利特(Democritus)(阿布德拉人),特别是古代名医希波克拉底(Hippocrates)(科斯岛人)那里已发现了较为精确的经验,这些经验是他们通过对哺乳动物的解剖以及从哺乳动物引申到对人类的解剖而获得的。就是大名鼎鼎的"博物学之父"、博学多才的自然科学家和哲学家、伟大的亚里士多德(Aristotle)(在公元前 4 世纪)也从上述几个人以及其他人的著作中汲取了丰富的养料。继他之后,古代还出现了一位著名的解剖学家、希腊医生克洛迪·盖仑[①](彼尔加姆人)。他于公元 2 世纪在马可·奥勒留皇帝统治下的罗马行医。所有这些古代解剖学家的知识大部分不是通过对人体的研究获得的——因为对人体进行研究在当时受到严厉的禁止——而是通过对与人类最相似的哺乳动物,特别是对猿猴的研究得到的。其实,他们全都是些"比较解剖学家"。

基督教的兴起及其神秘的世界观扼杀了解剖学以及其他所有自然科学的发展。罗马教皇,首先力图使人类处于愚昧无知的状态,他们把人类机体的知识看成是阐明人类真正本质的危险手段。在漫长的一千三百多年的时间里,只有盖仑的著作才是有关人体解剖学知识的唯一源泉,就像亚里士多德的著作是有关整体博物学知识的唯一源泉一样。直到 16 世纪,当宗教改革摧毁了教皇对世界的精神统治、哥白尼(Nicolaus Copernicus)的新宇宙体系学说(1543 年)使得地球中心这种宇宙观破产时,对人体认识的新纪元才开始了。伟大的解剖学家维萨里[②](布鲁塞尔人)、欧斯达丘司[③]和法罗皮奥[④](英德纳人)通过自己深入的研究而获得了有关人体构造的精确知识,以致他们的后继者在人体的构造方面主要只能作些细节的补充。维萨里是个勤劳勇敢、才华横溢、好学不倦的人(从他的名字可看出他出生在维塞尔),他是所有解剖学家的开路先锋,在 28 岁时就完成了一部伟大的体系完整的著作《论人体构造》(1543)。他给整个人体解剖学指出了新的独立方向,并奠定了坚实的基础。他曾在马德里任查理五世和菲利普二世的御医,后来被异端裁判所当作巫师判处了死刑,只是由于答应到耶路撒冷去朝圣而幸免。在他回来的路上,路经藏特岛时,船只失事了,不幸在该岛病死,一切财产被剥夺。

---

①　克洛迪·盖仑(Claudius Galenus,129—199),古罗马著名医生、自然科学家和哲学家,古代医学理论家,从事解剖学和生理学研究。在哲学方面他是亚里士多德的信徒。

②　维萨里(Andreas Vesalius,1514—1564),又称维萨留斯,比利时著名医生和解剖学家,近代解剖学的奠基人。

③　欧斯达丘司(Bartol Eustachius,1510—1574),意大利解剖学家,发现由中耳通至喉头的管,现在就称为"欧氏耳管"。

④　法罗皮奥(Gabriele Fallopio,1523—1562),意大利著名解剖学家,维萨里的学生,发现人体的平衡器官——耳内的半规管。

比较解剖学

19 世纪两门新的极为重要的学科,即"比较解剖学"和"组织学"(或称"显微解剖学")的建立,对人体构造的认识做了杰出的贡献。前者从一开始就与人体解剖学有着密切的联系;后者则在很长的时间里为前者所代替,因为直至 15 世纪,解剖人的尸体还要作为死罪论处,在以后的三个世纪里,很多解剖学家只局限于仔细研究人的机体。我们今天称之为比较解剖学的这一高度发达的科学直至 1803 年才算诞生。伟大的法国动物学家乔治·居维叶[①](出生于亚尔萨斯区的蒙培加特)出版了他的主要著作《比较解剖学教科书》,在这部书里,他首次试图确立人和动物躯体构造的一定规律。他的先驱者——其中也有歌德,在 1784 年——主要是把人的骨骼和其他哺乳动物的骨骼进行了细致的比较,而居维叶则广泛而详尽地观察了动物结构的整体。他把动物分成各自独立的四个大类,即脊椎动物、关节动物、软体动物、放射动物;把人类明确地归入脊椎动物这一类,并讲清了人类与其他类别的根本区别,这对"一切疑问的疑问"来说是划时代的进步。目光敏锐的林奈在其第一部著作《自然界系统》(1735)一书中明确地指出了人类在哺乳动物中的位置,而且还把狐猴、猿猴和人三类归为一个灵长类,这确是一个意义重大的进步。不过,这一大胆而系统的设想没有得到由居维叶创立的比较解剖学经验方面的验证,但是这一设想却为 19 世纪伟大的解剖学家弗里德里希·梅克尔[②](在哈雷)、约翰内斯·弥勒(在柏林)、理查德·欧文[③]和托马斯·赫胥黎(在英国)、卡尔·格根鲍尔[④](在耶拿,后在海德堡)等人所发展。格根鲍尔在他的《比较解剖学原理》(1870)一书中首次把达尔文新创立的进化论应用到比较解剖学这门科学上,并将其列为所有生物学科的第一门学科。格根鲍尔的卷帙浩繁的比较解剖学著作,就像他的广为流传的《人体解剖学教材》一

[①]　乔治·居维叶(Georges Cuvier,1769—1832),法国动物学家和古生物学家,曾提出灾变论,为上帝创造物种作辩解。

[②]　弗里德里希·梅克尔(Friedrich Meckel,1781—1833),德国解剖学家,比较解剖学创始人之一。

[③]　理查德·欧文(Richard Owen,1804—1892),英国博物学家,曾任英国国家博物馆长,曾获比较解剖学和古生物学奖。

[④]　卡尔·格根鲍尔(Karl Gegenbaur,1826—1903),德国著名比较解剖学家,著有《比较解剖学原理》。

样,掌握了大量的实际材料,并从这些实际材料中总结出基本的经验知识。他从进化论的角度出发,将这些材料提到哲学的高度。他的《脊椎动物比较解剖学》(1898)使我们坚信,人类在各个方面都具有脊椎动物的特征。

组织学和细胞学

作为比较解剖学的另一学科的显微解剖学,在 19 世纪中也得到了发展。在该世纪初(1802 年)法国医生比夏①用显微镜观察人体器官,试图把人体的器官分成一个个较细小的成分,并确定各个不同组织之间的关系。由于当时比夏对为数众多的各个不同组织的共同的基本组成不那么了解,所以他的第一次尝试没能继续深入下去。直至 1838 年马蒂亚斯·施莱登②(在耶拿)才发现了植物的细胞,同时约翰内斯·弥勒的学生和助手特奥多尔·施旺③在柏林也证实了动物的细胞,这位伟大的开路大师弥勒的另外两个学生,阿尔贝特·克利克④和鲁道夫·微耳和在 19 世纪 60 年代(在维尔茨堡)创立了"细胞理论"和以此为基础的正常的和病理的人体组织学。他们证实了人和其他动物一样,所有的组织都是由同样的显微的形态成分,即"细胞"构成的,这些"基本机体"就是真正的天然的国家公民,几十亿个细胞合在一起就构成了一个"细胞国家",即我们的躯体。所有这些细胞都由一个简单的细胞"种细胞"或称"受精卵"不断分裂出来的,人体组织的一般构造和组合与其他脊椎动物是一样的。在脊椎动物中,哺乳动物是最年轻、最高度发展的一类,它具有某些后期所获得的特点如毛发、皮腺、乳腺,血细胞的细微组织也为哺乳动物所特有,与其他脊椎动物相比是完全不同的。从所有最细微的组织学关系方面来看,人是真正的哺乳动物。

阿尔贝特·克利克和弗兰茨·莱迪希⑤(也在维尔茨堡)的显微研究,不仅扩大了我们关于人和动物躯体各方面比较细微的构造的知识,而且这种研究由于

---

① 比夏(Xavier Bichat,1771—1802),法国著名医生,人体组织学的奠基人。

② 马蒂亚斯·施莱登(Matthias Schleiden,1804—1881),德国植物学家,1838 年提出了从衰老细胞中产生新细胞的理论。

③ 特奥多尔·施旺(Theodor Schwann,1810—1882),德国著名生物学家,1839 年提出了构成有机体的细胞理论。

④ 阿尔贝特·克利克(Albert Kölliker,1817—1905),瑞士解剖学家和动物学家,细胞生理学的奠基人,对显微解剖学和胚胎学有很大贡献。

⑤ 弗兰茨·莱迪希(Franz Leydig,1821—1908),德国动物学家,动物比较组织学的奠基人。

与细胞和组织进化史有关而显得特别重要。它特别证实了卡尔·特奥多尔·西博尔德[①](1845年)的一个重要理论,即最低级的动物如纤毛虫类和根足类终生都是单细胞有机体。

人类的脊椎动物特征

我们整个身体的构造无论在粗的结构上或在细的结构上,都显示了脊椎动物的典型特征。伟大的拉马克于1801年首先从自然界的统一性中认识到了动物界中这个最重要和最发达的主要类别。他在这一概念指导下,把林奈的四类较高级的动物归结为:哺乳类、鸟类、两栖类和鱼类,把两类较低级的动物——昆虫类和蠕虫类称之为"无脊椎动物"。1812年居维叶证实了脊椎动物的统一性,并用其比较解剖学为这种统一性奠定了更坚实的基础。事实上所有的脊椎动物,从鱼类一直上溯到人类,所有的主要特征都是一致的,它们都有一个坚固的内骨骼,由软骨和硬骨所构成的骨架主要由脊椎和头骨组成,头骨的复杂构造虽然多种多样,但一般都可以追溯到原始形态;此外,在所有脊椎动物的主轴骨骼的背侧都有着"神经器官"即中枢神经系统,这一器官分为脊髓和大脑;这个重要的大脑——一切高级神经活动及意识的工具!——和包裹着大脑的外壳,即头骨,也是如此,其构造和大小虽然各式各样,可是从整体上来说,它们有其共同的特征。

如果我们把人体的其他器官与其他脊椎动物的器官进行比较的话,我们就会发现一些同样的现象,如器官个别部分的大小和构造虽然为适应极端不同的生活条件而呈现出千差万别的情况,但其原始基础和相互分布的状态由于遗传关系仍然处处相似。我们可以看到,血液是通过两根主要的血管进行循环的,一根是在肠子上部的主动脉,一根是在肠子下部的主静脉,主静脉在一定位置上的扩展就出现了心脏,这种"腹侧心脏"是所有脊椎动物的特征,而"背侧心脏"则为关节动物和软体动物等所特有。脊椎动物的特点是肠道在早期分为两个部分:一是管呼吸的头肠(或鳃肠),一是管消化并与肝脏相连的体肠(或肝肠)。此外肌肉系统的分布、泌尿器官和生殖器官的特殊构造等也和其他种类的动物不同。从解剖学的所有关系上看,人类是真正的脊椎动物。

---

① 卡尔·特奥多尔·西博尔德(Carl Theodor Siebold,1804—1885),德国著名动物学家和群落生态学家。

人类的四足动物特征

　　亚里士多德早已把有两对肢的较高级的有血动物称之为"四足动物"。居维叶指出，"两条腿"的鸟和人本来是四足动物，他证实了所有较高级的陆栖脊椎动物，从两栖动物一直到人，它们四肢的内骨骼原来都是由一定数目的骨片在同一格式上构成的。从此以后，四足动物这个概念就扩大了，并被用拉丁文命名为Quadrupeda（四肢）。人的"两臂"、蝙蝠和鸟类的"双翅"、海豹与鲸鱼的胸鳍等表明，其典型的骨骼构造原来就是四足动物的"前肢"。

　　所有四足动物四肢的复杂骨骼在解剖学上的统一性是很重要的，我们只要把蝾螈或青蛙的骨骼与猿猴或人的骨骼仔细加以比较，立刻就可以看出：它们像其他的四足动物一样，肩带前部和盆带后部都是由同样的主要骨块组成的，如肢体的上半部只是一根坚固的管状骨（前肢的上半部是肱骨，后肢的上半部是股骨），肢体的下半部由两根骨头组成（前肢的下半部是尺骨和桡骨，后肢的下半部是腓骨和胫骨）。我们对比一下足的复杂构造，就会吃惊地发现，足由很多小骨组成，其排列和组合都非常相似。所有四足动物的前足（或手）分为三个骨群：（1）腕骨；（2）掌骨；（3）5个指骨。同样，后足（或脚）的骨群是：（1）跗骨；（2）跖骨；（3）5个趾骨。要追溯所有的为数众多的小骨头的原始形态和确定各个个别部分的功能是个非常艰巨的任务，因为这些小骨头发生了千变万化，有的融合，有的消失。可是卡尔·格根鲍尔却圆满地解决了这一任务，他在《脊椎动物比较解剖学研究》（1864）一书中指出：这种陆栖四足动物所特有的"五趾足的形态"最初（石炭纪）发源于更为古老的水栖鱼类的放射形鳍（胸鳍和腹鳍）。他在他的名著《脊椎动物的颅骨研究》（1872）一书中同样考证出，四足动物后期的头骨是由鱼类中最古老的头骨，即鲨鱼的头骨进化而来的。

　　特别值得注意的是，石炭纪古老的两栖动物首先出现的是四足，而且每足都有五趾，由于严格的遗传关系至今还保留在人类的身上。人类在四肢关节、韧带、肌肉和神经方面大体上保留了四足动物的典型构造，不言而喻，从这一重要的关系方面来说，人类是真正的四足动物。

人类的哺乳动物特征

哺乳动物是脊椎动物中最年轻、进化程度最高的一类。哺乳动物也和鸟类、爬行类一样都是由更为古老的两栖类演变来的,哺乳类本身有着很多解剖学上的鲜明的特点,所以它与其他的四足动物又有明显的区别。从外表上看,哺乳动物的皮肤上覆盖着毛发,并有两种皮下腺:汗腺和皮脂腺。腹侧皮下腺局部演变成哺乳类所特有的、称之为"乳"的一种器官。这种哺乳器官是由乳腺和"乳房"(腹皮突起)构成,进一步演变就出现了乳头,幼子通过乳头吸吮母体的乳汁。体内构造上特别引人注目的是具有一个完整的横膈膜——一堵肌肉发达的隔墙,所有的哺乳动物都有,也只有哺乳动物有!横膈膜将胸腔和腹腔完全隔开,而其他的脊椎动物却完全没有这种分界。由于很多明显的演变,哺乳类的头骨特别是颚部的构造(上颚、下颚和听骨)也别具特点。哺乳动物的大脑、嗅觉器官、心脏、肺脏、内外生殖器官、肾脏及躯体的其他部分,在粗细结构上都有其特点;这一切都明显地证明,哺乳动物早期是从爬行动物和两栖动物的先祖分化出来的,这种分化最迟发生在三叠纪——至少在 1200 万年以前。从这些重要的关系上看,人类是真正的哺乳动物。

人类的有胎盘动物特征

现代系统动物学把哺乳动物分成为数众多的目(12 到 33 个),1816 年(自布莱恩维尔[①]以来)把这些目分成三个自然大类。这三个自然大类又具有亚纲的意义:(1)叉骨动物(单孔类);(2)有袋动物;(3)有胎盘动物。这三个亚纲不仅在其躯体构造和进化的重要方面各不相同,而且它们也有着三个不同的历史演变阶段。这将在后面加以叙述。最早的一类是三叠纪的单孔类,接着是在侏罗纪出现的有袋类,以后是在白垩纪出现的有胎盘类。人类就属于这最年轻的一类。人的结构内具有有胎盘类的一切特点,这些特点正表示有胎盘类与有袋类和更

---

① 　布莱恩维尔(Henri Blainville,1777—1850),法国动物学家和比较解剖学家。

古老的单孔类之间的差别。胎盘是有胎盘类特有的器官，因此就获得了有胎盘类的名称。胎盘是为孕育哺乳类的胚胎用的，胚胎在子宫内要孕育很长时间。胎盘种植在绒毛里（绒毛是从外胚层的绒毛膜处生长出来的），并与子宫黏膜的相应的腔连接，子宫和胚胎之间的膜非常之薄，它能把母体血液中的养料直接输送到胎儿的血液中去。这种后期才出现的胚胎孕育方式使胚胎能更长久地保留在具有保护性的子宫内，并在其中发育成长。但有袋类和单孔类这两个较古老的亚纲则没有胎盘。由于解剖学上的其他特点，特别是大脑更进一步的演化，以及袋骨的消失，使有胎盘动物比它的没有胎盘的祖先更为高级。从这些重要的关系上看，人是真正的有胎盘动物。

人类的灵长动物特征

有胎盘动物的形式多样的亚纲现在又分成许多"目"，一般可分 10 到 16 个。如果把重要的新近发现而又绝种的目完全考虑进去的话，那么，它们的数目至少增加到 20 到 26 个。为了清楚地认识这些为数众多的目以及更深入地了解它们之间的亲缘关系，我们把这些目归并为较大的自然群，这是非常重要的，这些自然群又具有族的意义。我最近在试验中对复杂的有胎盘动物按种系发生来排列，用 8 个族来代替 26 个目，而这 8 个族又归结为 4 个祖群。这 4 个祖群又可追溯到所有有胎盘动物一个最老的共同的祖群，这就是化石的原始有胎盘动物，即白垩纪的原始有胎盘类。原始有胎盘动物和侏罗纪的有袋类的祖先有直接的亲缘关系。这 4 个大类的最重要的代表有：啮齿动物、有蹄动物、食肉动物和灵长动物。灵长动物分为三类，即狐猴、猿猴和人类。这三类具有许多共同的重要特征，而与其他有胎盘动物的 23 个目有着差别。由于要适应在树上攀缘的生活方式，所以它们都有着较长的肢体。手和脚都是 5 趾的，长的手指特别适合攀缘树枝，它们大多有趾甲（不是爪子）。齿系完整，有 4 种，即门齿、犬齿、前白齿、白齿。灵长动物和其他有胎盘动物的区别还表现在头骨和大脑的特殊构造上，构造越特殊，其进化程度就越高，在地球史上出现的时期就越晚。从这些重要的解剖学的关系上看，我们人类的机体与其他灵长类机体是完全相似的，所以人类是真正的灵长动物。

人类的猿猴特征

对灵长类的躯体构造进行认真而仔细的比较就可以将这一高度进化的哺乳动物分为两类，即狐猴和猿猴。前者在各个方面都表现出是较低级的和较早期的一类，而后者则为较高级的和较晚期的一类。狐猴像其他哺乳动物一样，有双子宫或双角子宫，而猿猴则与此相反，它的左右两个子宫合为一个梨状子宫，此外，只有人类才有这样的子宫。在猿猴的头骨上，像人类一样，眼眶和太阳穴之间是由一块骨隔板把它完全隔开的。而狐猴的骨隔板却没有形成或者形成得不完全。狐猴的大脑比较小，而且表面平滑，只有少数脑回和沟纹，而猿猴的大脑则大得多，特别是灰质大脑皮层，即较高级的神经活动器官的发展要好得多，大脑皮层的脑回和沟纹越明显，就越接近人类。从这些方面和其他重要方面来看，特别是从脸和手的构造来看，人类具有猿猴在解剖学上的真正特征。

人类的狭鼻猴特征

1812 年圣依莱尔[①]把形形色色的猿猴分成两个自然亚目，即西部猴（阔鼻猴）和东部猴（狭鼻猴）。这种分法迄今还为系统动物学所普遍采用。西部猴只居于西半球，东部猴只居于东半球。美洲的西部猴叫“扁鼻子”（即阔鼻猴），因为它们的鼻子是扁的，鼻孔偏在一边，鼻中隔是宽的；相反，东部猴居于旧大陆，全部是“狭鼻子”（即狭鼻猴），它们的鼻孔像人类一样朝下，鼻中隔是窄的。这两类的其他差别是：西部猴的耳鼓膜是浅的，东部猴的耳鼓膜则与此相反，深入到了颞骨锥体内，从而发展成又长又狭的骨质耳道。西部猴的耳道则短而宽，或者根本没有。它们两者还有一个重要而显著的差别，即狭鼻猴的牙齿构造与人类一样，有 20 颗乳齿，32 颗恒齿（上颚和下颚的每一半各有 2 颗门齿、1 颗犬齿、2 颗前臼齿、3 颗臼齿）。而阔鼻猴则与此不同，它的上颚和下颚的每一半都多出 1 颗前臼齿，一共有 36 颗牙齿。由于这两种猴类在解剖学上存在着普遍而显著的差

---

①　圣依莱尔（Geoffroy de Saint-Hilaire，1772—1844），法国动物学家，比较解剖学创始人之一。

别,这种差别是由它们在地理上分布于两个不同的半球所造成的,并导致了显著的系统分化,因此,可得出与此有关的种系发生的结论,即:长期以来(大约在100万年以来)这两种猴类是在东西两个半球各自进化起来的。这对我们人类种系发生史来说非常重要,因为人类具有狭鼻猴的所有特征,所以人类就是从旧大陆(大约在南亚)这一亚目中的一种更为古老但已绝种的猿猴进化而来的。

类 人 猿 群

狭鼻猴的形态是多种多样的,它们至今还生活在亚洲和非洲,很久以来被分成两个自然组:一组为有尾的犬猴,一组为无尾的类人猿。类人猿比犬猴更接近于人类,它没有尾巴,而且躯体(特别是头部)的一般构造也和人类相似。类人猿还具有一些对其自身无关紧要、但由于其稳定性而显得很重要的特征。类人猿的荐骨和人类一样是由5块椎骨融合演变而成的,而犬猴的荐骨则由3块(少数为4块)椎骨组成。就牙齿来说,犬猴的前臼齿长而窄,类人猿的则宽而短;犬猴的臼齿有四个突起,而类人猿则有五个突起。类人猿和人类一样,下颚的外门齿比内门齿宽,而犬猴则与此相反。1890年埃米尔·泽伦卡[1]指出了以下事实:类人猿像人类一样,它的盘形胎盘、包蜕膜和尿囊茎的构造异常细密,这一事实具有重大意义(与本书第四章比较)。此外,对至今还生存着的类人猿的外形进行比较就可以看出,无论是这群的亚洲代表(猩猩和长臂猿),还是非洲代表(大猩猩和黑猩猩),其整个躯体构造比犬猴更接近于人类。犬猴中的狗头狒、猕猴、长尾猴处于很低的发展阶段。原始的狒狒和高度进化的类人猿之间在解剖学上的差别——无论以哪一种器官进行比较——处处都要大于类人猿和人类之间的差别。1833年解剖学家罗伯特·哈特曼(Robert Hartmann)在其《类人猿及其结构与人的结构的比较》一书中特别详尽地阐述了这一富有启发性的事实;他建议用另一种方法把猿猴分为灵长(人和类人猿)与本来的猿猴(狭鼻猴和阔鼻猴)两个大类。由此可见,人类与类人猿是最近的亲属。弗里登塔尔[2]和乌伦胡特[3]通过有趣的"混血试验"对这一点提供了生理学上的证明,即从最严格的意义上来

---

[1] 埃米尔·泽伦卡(Emil Selenka,1842—1902),德国动物学家。

[2] 弗里登塔尔(Hans Friedenthal,1870—1916),德国人类学家和生理学家。

[3] 乌伦胡特(Paul Uhlenhuth,1870—1903),德国细菌学家和卫生学家,发现黄疸病的病原体。

说，人和类人猿的确是"血缘亲属"。

　　比较解剖学向没有成见的和严格的研究者证明了这样一个意义重大的事实：人类和类人猿的躯体构造不仅高度相似，而且在所有主要方面都相同。同样排列和组合的同样 200 根骨头构成了我们体内的骨架；同样的 300 块肌肉主管了我们的运动；同样的毛发覆盖着我们的皮肤；同样的神经细胞群组成了我们大脑的巧夺天工的奇异构造；同样 4 房的心脏是我们血液循环的中央泵；同样排列的 32 颗牙齿组成了我们的齿列；同样的唾腺、肝腺和胃腺促进我们的消化；同样的生殖器官使我们的种族得以繁衍。

　　我们将人类和类人猿进行仔细的比较就可以发现，它们大部分器官的大小和形状还有细微的差别；如将较高级的类人猿和较低级的类人猿进行仔细的比较也会发现相同和相似的差别；即使将同种的个别人进行精确的比较也会发现类似的情况。我们找不到鼻子、耳朵、眼睛……大小和形状完全相同的两个人。在较大的社交场合中对许多人的脸部的个别部分进行观察比较就会相信，那真是千人各面，变化多端。众所周知，即使是同胞姊妹也可能有不同的体形，人们难以相信她们为同一父母所生。但所有这种个别的差异并不影响躯体构造上的基本相似性，因为这些差异是由个别部分发育上的细微差别所决定的。

第三章　我们的生命

关于人类生理学和比较生理学的一元论研究
人类和哺乳动物在生命功能上的相似性

躯体的生命现象只能用生理学来解释，就像无机界只能用物理学和化学来解释一样。用任何形式来假设一种特殊的"活力"不但是完全多余的，而且也是不被许可的。——所有生命过程的发源地和生物的基本成分都是细胞。要解释基本的和普遍的生命现象，那只有生理学中的细胞生理学才能达到。

马克斯·维尔丰

1894 年

我们关于人类生命的知识，只是在 19 世纪才成为一门真正独立的科学，在这期间，它发展成为最高尚、最有趣、最重要的知识部门之一。这种"生命活动的学说"（即生理学）与解剖学（即人体构造的学说）有着密切的联系。在古代，生理学又是医学成功地进行医疗活动所渴望的必不可少的先决条件。对生理学的仔细研究要比解剖学迟缓得多，因为它遇到很多重大的障碍。

生是一个与死相对立的概念，它很早就成为人们所思考的对象。在活人身上像在活的动物身上一样，人们观察到一系列特殊的变化，特别是"死的"天然物体所没有的运动，如自身的运动、心跳、呼吸、语言等。不过要把这种"有机体的运动"与无机体的类似现象区分开来却并不是容易的事，往往也难以区分，如潺潺的流水、熊熊的火焰、阵阵的微风、崩塌的岩石等向人们显示出完全类似的变化。难怪幼稚的原始人认为这种"死的物体"也有独立的生命。但当时人们无论对有机体或无机体发生运动的真正原因却都不能给以圆满的解释。

人类生理学

早在公元前 6 世纪和公元前 5 世纪，希腊的自然哲学家和医生就对人类生命活动的本质进行了最早的科学观察(对人体构造也是如此)。亚里士多德在他的博物学中收集了当时人们所熟知的大量资料,他的大部分论述都引自德谟克利特和希波克拉底。希波克拉底学派也力图加以解释,他们试图把人类和动物的生命本源解释为变化莫测的"灵气"。埃拉西斯特拉图斯①(公元前 280 年)又将其分为低级的灵气和高级的灵气,即心的灵气位于心脏,灵的灵气位于大脑。

　　将所有这些零星的知识统一归纳起来,并首先试图建立起一个生理学体系的功绩应归于古代第一位解剖学家——伟大的希腊医生盖仑。他在研究人体器官时,不断探讨生命活动或功能的问题。他用比较的方法进行研究,首先研究了最类似人的动物猿猴。他将所取得的经验直接运用到人的身上。他已认识到生理实验的高度价值,在对猿猴、狗和猪进行活体解剖时,做了各种有趣的实验。活体解剖不仅受到狭隘无知的人的非难,而且更受到与科学为敌的神学家和温情脉脉的重感情的人的激烈攻击;然而活体解剖是研究生命必不可少的方法,并在最重要的问题上给我们以极其珍贵的启发,在一千七百年以前盖仑已认识到这一点。

　　盖仑把人体的所有不同的功能归结为三大类,以适应灵气的三种形式。灵的灵气——"灵魂"——位于大脑和神经,它支配思维、感觉和意志(有意识的运动);心的灵气——"心脏"——具有"发动功能",职掌着心跳、脉搏和制造热量;最后是肝的灵气,位于肝,它是所谓植物性生命活动、营养、新陈代谢、发育和生殖的源泉。他特别重视血液在肺部的纳新,希望总有一天能成功地从大气中离析出一种成分,这种成分作为灵气而进入血液。只是过了一千五百多年以后,拉瓦锡(Antoine-Laurent de Lavoisier)才发现了这一呼吸的灵气——氧气。像人体解剖学一样,盖仑的生理学这一伟大的体系在漫长的一千三百年间成了一部圣典,是一切知识的神圣不可侵犯的源泉。基督教反文明的影响,像对所有其他自然知识领域一样,对生理学也构成了不可逾越的障碍。从 3 世纪一直到 16 世纪,还没有出现一个科学家敢于对人的生命活动进行独立研究,并越出盖仑的体系一步。直到 16 世纪,一些著名的医生和解剖学家(帕拉塞尔苏斯②、塞尔维

---

　　①　埃拉西斯特拉图斯(Erasistratus,约公元前 300 年),古希腊著名医生。
　　②　帕拉塞尔苏斯(Theophrastus Bombastus Paracelsus,1493—1541),瑞士医生、炼金术士和化学论哲学家,采用化学药剂,为近代医学开拓者之一。

特①、维萨里等)才有所尝试。直到 1628 年英国医生哈维②才公布了关于血液循环的伟大发现,并证实了心脏是一个泵,它通过肌肉有规律的无意识的收缩推动血液在血管系统中畅流。哈维对于动物繁殖的研究也有很大的意义,他曾有一句名言:"一切生物都发源于卵。"

哈维所做的生理学方面的观察和试验大大推动了 16 世纪和 17 世纪的一系列发现。在 18 世纪中叶,学者阿尔布雷希特·哈勒③把哈维的观察和实验第一次归纳在一起。他在他的伟大著作《基础生理学》一书中,论证了这门科学的独立价值,这种价值还不仅表现在它和实用医学的关系上。哈勒把一种特殊的"敏感性"看作是神经活动的原因,把一种特殊的应激性看成是肌肉运动的原因,这样,他就为那种独特的"活力"的错误学说给予了有力的支持。

活力(活力论)

从 18 世纪中叶到 19 世纪中叶的整整一个世纪中,在医学方面,特别是在生理学方面,流行着一种陈腐的观点,即生命现象的一部分可归结为物理和化学的过程,而另一部分则由一种特殊的与物理和化学过程不相干的活力在起作用。人们对活力的本质,特别是它与"灵魂"的关系的看法,尽管五花八门,然而大家都一致认为,活力与通常"物质"的理化力是风马牛不相及的。这种活力作为一种独立的无机界所没有的"原始力",可以支配理化力。一般认为不仅精神活动本身,神经的敏感性和肌肉的应激性,甚而至于感官活动、生殖和进化过程,都是很奇妙的,其原因是一个谜,不可能将它们归结为简单的物理化学的自然过程。因为把活力的自由活动看成是有目的、有意识地在起作用,所以哲学上就导致一种彻头彻尾的目的论。"批判的"哲学家康德也在其著名的《目的论的判断力批判》一书中曾承认,人类理性的权限在对一切现象进行机械解释时是无止境的;然而,遇到有机生命的现象时,这种权限便行不通了。所以人们不得不找出一条按照"一定目的来活动"的超自然的法则作庇护。自此以后,这种目的论就更加

---

① 塞尔维特(Michael Servetus,1511—1553),文艺复兴时期西班牙医生、神学家,在研究血液循环方面做出了贡献。

② 哈维(William Harvey,1578—1657),英国医生,科学生理学的创始人之一,发现了血液循环系统。

③ 阿尔布雷希特·哈勒(Albrecht Haller,1708—1777),瑞士自然哲学家、诗人和政论家,具有极端的社会政治观点。

流行泛滥。人们对机械生命活动所作的理化方面的解释越是深入，它们与生命现象的对立就越是鲜明。血液循环和其他运动现象的一部分可以归结为机械过程，呼吸和消化像无机界的情况一样，归结为化学过程，然而一进到特有的"灵魂生命"的神经和肌肉的奇妙功能时就解释不通了，还有个体生命中所有各种力量协调一致的现象也难以说明。于是一种完整的生理学二元论便乘机发展起来，它把有机界与无机界，机械过程与生命过程，物质力与活力，躯体与灵魂，看成是根本不同的对立面。这种活力论于 19 世纪初为法国人路易·迪马（Louis Dumas）所创立。1795 年亚历山大·洪堡[①]在他的小说《罗得岛的天才》中曾给二元论一个优美的诗意的表述。最近活力论以"新活力论"的形式重新出笼，然而更加不堪一击。

生命机械论（一元论生理学）

17 世纪上半叶，著名的笛卡儿（René Descartes）根据哈维对血液循环的发现，曾表示这样的想法："人和动物的躯体就像一部复杂的机器，它的运动是按照同一种机械规律来进行的，就像人们为了一种特定的目的而制造的机器的运动一样。"尽管如此，笛卡儿还认为，只有人才具有一个完全独立的非物质的灵魂，他甚至解释说，灵魂的主观感觉即思维是我们在世界上能够直接可靠地认识的唯一东西。然而这种二元论并没有妨碍他从多方面去认识机械的生命活动。接着博雷利[②]（1660 年）把动物躯体的运动归结为纯物理规律，与此同时，西尔维乌斯[③]试图把消化与呼吸解释为纯化学的过程。博雷利在医学上创立了经典派医理学学派，西尔维乌斯创立了经典派医化学学派。可是对生命现象的合乎自然的机械解释这种合理倾向，并没有得到发扬光大。在整个 18 世纪中，随着目的论的活力论甚嚣尘上，这种合理倾向反而停滞不前了。直到 19 世纪 40 年代，由于新的比较生理学的出现，才把目的论的活力论彻底推翻，使生命机械论得以恢复。

---

① 亚历山大·洪堡（Alexander von Humboldt，1769—1859），德国作家、博物学家和旅行家。
② 博雷利（Alfonso Borelli，1608—1679），意大利数学家，曾把静力学法则应用于血液循环。
③ 西尔维乌斯（Franciscus Sylvius，1614—1672），荷兰著名医生。

比较生理学

我们关于人体构造的知识和生命活动的知识，绝大部分不是通过对人类机体本身的直接观察，而是通过对血缘关系相近的高级脊椎动物，首先是对哺乳动物的直接观察而获得的。就这点而论，人体解剖学和生理学的最初萌芽就是"比较的"。比较生理学有联系地概括了从最低级的动物一直到人类的整个生命现象的领域，这是 19 世纪的一个成果，它的伟大奠基人就是柏林的约翰内斯·弥勒（1801 年生于科布伦茨，是一个鞋匠的儿子）。这位 19 世纪的多才多艺的渊博的生物学家，从 1833 年至 1858 年在柏林大学从事教学和研究工作整整达 25 年之久，只有哈勒和居维叶两个人共同的贡献才能同弥勒的学术活动媲美。最近六十年中，在德国执教和研究的几乎所有伟大的生物学家都直接或间接地出自约翰内斯·弥勒的门下。弥勒以人体解剖学和生理学为出发点，把所有从高级到低级动物的主要种类都纳入他的比较范围。弥勒把绝了种的动物的组织和生存着的动物的组织，把人类健全的机体和病态机体同时进行比较，他努力把有机生命的一切现象真正从哲学上加以总结，这样，他就在生物学知识方面攀登了前所未有的高峰。

《人类生理学手册》（1833 年初版，1844 年第 4 版，2 卷，8 册）是约翰内斯·弥勒广泛研究的最有价值的成果。这部经典著作的内容盛于其名，是一部全面的"比较生物学"的大纲。至今还没有人能够超越它所涉及的内容与范围。特别是书中所用的观察和实验的方法，即哲学上归纳与演绎的方法，也可以奉为典范。不过弥勒与他同时代的生理学家一样，原来也是活力论者。可是这种风行一时的活力学说在他那儿却采取了一种新的形式，并逐渐转化为自身的根本对立面。在生理学的所有领域里，弥勒却坚持以机械论来解释生命现象，他的已经变革了的活力没有超越自然界的其他物理化学规律，而是严格地遵循着这些规律；归根到底，活力就是"生命"本身，也就是我们在生命体上所观察到的所有运动现象的总和。对感官和灵魂的活动、肌肉的活动、血液循环、呼吸和消化的过程以及生殖和进化现象等的运动，他也力图用机械论的观点来加以解释。弥勒的研究工作总是从低级动物最简单的生命现象出发，循序渐进，逐步追溯到高级，一直到最高级的人，这是他所取得的最大进步。在生理学和解剖学上他采用的是批判比较法。约翰内斯·弥勒对他研究的各个方面都很精通，并能融会贯通，他确实是一个伟大的独树一帜的自然科学家。在他死后，他的伟大的学说领域立即分成四个方面，现在一般形成了四个或更多的普通学科，即人体和比较解剖学、病理解剖学、生理学和进化史。这种浩如烟海的知识领域在 1858 年突然出现的分工，只有当初亚历山大大帝一统的世界帝国的突然崩溃才可与之相比。

细胞生理学

约翰内斯·弥勒有许多学生，有些学生在他生前，有些在他死后，都对生理学的各个部门做出了巨大贡献，其中最成功的（虽然不是最卓越的）一个就是特奥多尔·施旺。天才的植物学家施莱登于 1838 年在耶拿发现了植物的共同基本器官是细胞，并证实了植物体所有各种组织都是由细胞组成的。约翰内斯·弥勒马上认识到，这一意义重大的发现具有特别深远的影响。弥勒自己也试图证实动物体的各种不同的组织，如脊椎动物的脊索，也是由细胞组合而成的。这也启发了他的学生施旺，他立即将他的老师的论断推广到所有动物的组织体。他在他的《动植物结构和生长相似性的显微研究》（1839）一书中，成功地完成了这一艰巨任务。这样就为细胞理论奠定了基石。自此以后，细胞理论对生理学和解剖学的基本影响逐年增长，而且越来越深远。特别是约翰内斯·弥勒的另外两个学生，思想敏锐的生理学家恩斯特·布吕克（Ernst Brücke）（在维也纳）和著名的组织学家阿尔贝特·克利克（在维尔茨堡），都证明了所有有机体的生命活动可以归结为机体的组织成分即显微细胞的生命活动。恩斯特·布吕克把细胞正确地称之为"基本机体"，并指出在人体和所有其他动物体内的细胞是生命的唯一现实的独立活动的因素。克利克的特殊功绩不仅在于他建立了整个组织学，更重要的是他证实了动物的卵以及由卵分裂出来的"分裂球"都是简单的细胞。

尽管人们普遍认识到细胞理论对所有生物学的学科具有很大的意义，可是以细胞理论为基础的细胞生理学作为独立的学科出现却只是最近的事。特别是马克斯·维尔丰[①]（在波恩）在这方面做出了很大的贡献。他在其《原生生物的精神生理学研究》（1889）一书中，根据意义深远的实验研究指出："通过对单细胞原

---

① 马克斯·维尔丰（Max Verworn，1863—1921），德国生理学家和人类学家。

生生物的仔细研究,更加圆满地证实了我(于 1866 年)所提出来的'细胞灵魂理论'。"他又指出:"原生生物的灵魂过程构成了一座把无机界的化学过程与最高级动物的灵魂生命连接起来的桥梁。"维尔丰在其《普通生理学》一书中根据现代进化论的学说进一步阐明了这些观点。某些现代生理学家自以为只要通过单纯的物理化学实验这种狭隘片面的方法就可以阐明生命现象的本质;与此相反,维尔丰则首先回复到约翰内斯·弥勒的全面的立场上来。他指出,只有用弥勒的比较方法和对细胞生理学进行深入研究才能获得那样高度的立场,对整个生命现象的奇异王国有一个完整的概念,只有如此,我们才得到这样一个信念,即人类和其他动物的整体生命活动都应受到同样的物理与化学规律的支配。

细胞病理学

19 世纪下半叶,形态学和生理学的巨大进步以及生物科学的根本变革,都证明了细胞理论对生物学所有部门的根本影响。生物学由于它和实用医学的关系而对病理学也具有重大的意义。古代很多医生早已确信:人的疾病就像其他所有生物的疾病一样,都是一种自然现象,也像其他的生命功能一样,可以用自然科学的方法来加以研究。在 17 世纪已有个别的医学学派,如经典派医化学家和经典派医理学家,就试图将疾病的原因归结为一定的物理或化学的变化。由于当时自然科学水平很低,这种正确的努力并没有取得进展。因此,那些把疾病的本质归之于超自然的或神秘的原因的陈腐理论,直到 19 世纪中叶还非常流行。

这时,约翰内斯·弥勒的学生鲁道夫·微耳和有个可喜的想法,就是要把健全机体的细胞理论引申到病体上去。他试图从病态细胞和由病态细胞组成的组织的细微变化中找出那种重大变化的真实原因,那种重大变化作为一定的"症状"有威胁生命体的危险,并会造成死亡。微耳和在维尔茨堡执教的七年(1849—1856 年)中完成了这一伟大任务,并取得了辉煌的成就。他在 1858 年发表了《细胞病理学》。这样,他一下子就把整个病理学和以病理学为基础的实用医学纳入了一个崭新的有高度成效的轨道。这种医学上的变革对解决我们的任务具有重大意义,因为它可以使我们对疾病作出一元论的纯科学的判断。无论是病人或是健康的人,像整个其他有机界一样,都应受到同样的物理和化学的"永恒不变规律"的支配。

哺乳类生理学

在最新动物学所分的无数动物中,哺乳动物不仅在形态上,而且在生理上都占有一个特殊地位,人类按其整个躯体构造也属于哺乳动物,因为人类的生命活动也具有其他哺乳类的特点。事实上也的确如此。人类的血液循环和呼吸所遵循的规律和采取的形式与其他哺乳动物——也只有哺乳动物!——是一样的。这是由其心脏和肺脏的特殊细微构造所决定的。只有哺乳类的动脉血是从左心室出来经过左主动脉弓周流全身,而鸟类则是通过右主动脉弓、爬行类则是通过两个主动脉弓来完成的。哺乳类与所有其他脊椎动物的血也不同,因为哺乳类的血红细胞中的细胞核(由于退化而)消失了。哺乳动物的呼吸运动是通过横膈膜来进行的,横膈膜构成了一堵将胸腔和腹腔完全分开的隔墙。特别重要的是这个进化程度最高的一类能通过乳腺产生乳汁,其哺育方式非常独特,母亲用乳汁来哺育幼子。这种哺乳的方式对其他的生命活动也有强烈的影响,哺乳类的母爱起源于这种哺乳方式的内在形式,所以这一类的命名使我们自然而然地想起它的高尚含意。在千百万幅绘画中(其中大部分都是第一流画家绘制的),有一幅《圣母与基督》是歌颂最纯洁、最高尚的母爱的典范。母猴的过分抚爱就是这种出于本能的母爱的极端形式的表现。

猿猴生理学

因为在所有的哺乳动物中猿猴的整个躯体构造和人类最相似,所以它们的生命活动也应该相同,事实上也的确是这样。人所共知,猿猴的生活习性、运动、感官功能、灵魂生活、哺育方式等都和人类的相差无几。而且科学生理学也证实,它们的其他一些较少为人们知道的现象,如心脏活动、乳腺分泌、性生活,也与人类的很相似。特别值得注意的是许多种性成熟的牝猴,子宫内有周期性的出血,这和妇女的"月经"一样。母猴乳腺的乳汁分泌和哺乳的方式完全与妇女相同。

最后,特别有趣的是,经生理学比较证明,猿猴的发音,与人类分音节语言的初级阶段相似。在现在还存在的类人猿中,有几种印度类人猿还富有音乐感:敏捷长臂猿和合趾长臂猿发音清晰,声音嘹亮,用半音能唱完八度音节。没有偏见的语言学家都毫不怀疑,现代高度发达的概念语言是从我们新第三亚纪猿猴祖先不完全的发音逐步缓慢发展而成的。

新活力论(1908 年补充)

约在 19 世纪末,生理学又出现了一个新的流派,它妄图把本世纪中叶业已被推翻了的旧的"活力论"重新复活,并自称为"新活力论"。在公正地评论这些含混不清的概念时,可能对"生命"的含义产生各种不同的理解。如果我们把生命中所有的现象都综合起来,而这些现象通常又是为有机体所特有,而为"无机体"即"无生命的天然物体"所缺少的那种力的形式(或质能)时,那么,我们完全有理由称之为"活力"。因为这些现象只是在原生质及其化学化合物中才会出现,我们同样也可以称之为"生命物质"。生理化学无疑已证实,这些在无数善变的组合中所出现的奇异的"生命物质",也是由无机界中到处出现的相同元素构成的。同样,生理物理学使我们相信,所有那些出自原生质的独特的"生命过程"只不过是物理力或能量形态的独特的组合和变异,而这些在无机界中也到处可见。这种对"活力"可理解的机械的和一元论的观点在广义上说也属于物理学的范围。

而那种二元论的和神秘的新活力论,则是不科学的,应该完全加以唾弃。因为新活力论把"活力"看成是一种超自然的并与所有其他自然力或物理能量形态根本不同的现象;这种目的论假设的所谓"目的性"或结果性,是与我们在自然界到处可以遇到的"自然规律性"或真正的因果性完全背道而驰的。如果我们从更高的遗传学和宇宙学的观点来看,这种二元论则矛盾百出。无论从时间和空间来看,有机生命——我们只指在我们星球上所认识到的——只是无限"宇宙生命"中一个非常微小的部分,这种宇宙生命自从难以想象的时间起就在无限的空间里一直演进着。

第四章 我们的胚胎史

关于人类个体发生和比较个体发生的一元论研究
人类和脊椎动物的胚胎形成和进化的相似性

人是一种什么特殊的生物吗？人是否与狗、鸟、蛙、鱼的起源完全不同？人是否已被证明在自然界没有位置，并且和较低级的动物界没有真正的亲缘关系呢？或者人是否也和其他动物一样起源于一个相似的胚体，并经历过同样缓慢和渐进的演变过程呢？这些问题的答案已明确无疑，而且在近三十年来也没有人怀疑过。人类起源的方式及其早期进化状况无疑是和比人稍低级的动物相同，在这方面，人和猿猴的确要比猿猴和狗更接近得多。

托马斯·赫胥黎

1863 年

比较个体发生，即个体动物或个体的进化史，同比较解剖学和比较生理学相比，可以更确切地说是 19 世纪的产物。人在子宫里是怎样形成的？动物是怎样由卵发展的？植物是如何由种子长成的？数千年来，这一内容艰深的问题一直为人们思考着。直到 1828 年，胚胎学家卡尔·恩斯特·贝尔①才给我们指出了一条深入探索胚胎史秘密真相的正确途径。1859 年，达尔文通过其物种起源论的革新给我们提供了一把打开胚胎史紧闭的大门的钥匙，从而使我们可以登堂入室，追本溯源。对这些极有趣但又极深奥的内容，我的《人类起源》一书已作了详细的论述，所以，在这里我只是对最重要的一些现象作一个简略的综述和说明。我首先想从历史上追溯一下早期的个体发生和与此相关的预成论。

---

① 卡尔·恩斯特·贝尔(Karl Ernst Baer，1792—1876)，生于爱沙尼亚的生物学家，比较胚胎学的创始人。

预 成 论

　　博学多才的"博物学之父"亚里士多德的古典著作，无论对比较解剖学还是对进化史来说，都是我们所熟知的最古老的科学源泉（在公元前 4 世纪）。这位伟大的哲学家不仅在他的卷帙浩繁的动物史中，而且在他的一本特别的小册子《论动物的繁殖和进化的五记》里，向我们讲述了很多有趣的事实，并论证了它们的意义。其中有许多观点现在又被发现并流行起来。除此之外，当然还有不少杜撰和谬误，但对人的胚胎的隐秘的形成却一无所知。在此后漫长的两千多年间，处于蒙昧状态的科学一直没有取得任何进步。直至 17 世纪初，人们才重新开始从事这方面的研究。意大利解剖学家法布里修斯·阿贝·阿奎彭登特[1]（在帕多瓦）于 1600 年发表了许多关于人类和某些高级动物胚胎的最早的图片和说明。著名的马塞罗·马尔比基[2]（在波伦亚）是动植物学的开路先锋，他于 1687年首次系统地描述了小鸡在孵化卵中成长的过程。

　　所有这些早期的观察家都坚持这种观点：在动物的卵里像在高级植物的种子里一样，整个躯体及其一切部分都早已存在，只是处在一种极纤细和透明的状态，以致人们不能识别；因而整个发育过程只不过是被束缚部分的成长或"展开"。这种错误论点，直至 19 世纪初还普遍流行，我们称这种预先形成的学说为"预成论"，它也常常被称为"展开论"。新近许多作者，特别是在英国，把这一概念理解成意义完全不同的"变形论"。

装 填 论

　　在 17 世纪，进一步又产生了一种与预成论密切有关并从其中合理推论出来的理论，这就是那些有见识的生物学家所致力研究的独特的"装填论"。人们设

---

　　[1]　法布里修斯·阿贝·阿奎彭登特（Fabricius ab Aquapendente，1533—1619），意大利解剖学家和外科医生。

　　[2]　马塞罗·马尔比基（Marcello Malpighi，1628—1694），意大利解剖学家和医生，显微解剖学的奠基人之一，1661 年发现了联系动脉和静脉之间的毛细血管。

想,在卵里已存在着整个机体及其各个部分的胚芽,而在胚芽中必然又先已形成了一种带着下一代卵的幼小胚胎的卵巢,卵巢中又必然含有再下一代的卵,这样以至于无穷! 著名的生理学家哈勒曾作过这样的计算,在六千年以前,上帝——在他创世的第 6 天——把 2000 亿人的胚胎同时造了出来,并巧妙地把它们装填进可敬的人类之母夏娃的卵巢里。甚至连德高望重的哲学家莱布尼茨也赞同这种说法,并将其用于它的单子论。单子论认为,灵魂和躯体永远不可分割地存在于一体。莱布尼茨还把这种说法引申到灵魂上。他说:"人类的灵魂,从其先祖一直上溯到亚当,即从万物之始起,总是存在于有机体的形态之中。"

渐 成 论

1759 年 11 月,一个 26 岁的青年医生卡斯帕尔·弗里德里希·沃尔弗[①](一个柏林裁缝的儿子)在哈勒那里为他的博士论文《发育论》进行答辩。他在经过一系列最艰苦、最细微的观察以后断言,盛极一时的预成论和装填论是错误的。在孵化的鸡卵中刚开始根本不存在后期鸡的躯体及其各个部分的痕迹,只是在大家所熟知的黄色的卵黄上面有一层很小的白色圆盘。这层薄的"胚盘"是椭圆形的,并分离为相叠的四层,即四个最重要器官系统的雏形:最上层是神经系统,其次是肌肉系统,再下面是心血管系统,最后是肠道系统。是的,沃尔弗说得很对,胚胎的构造并非是早已形成的器官的展开,而是一系列新构造的产生,即真正的"渐成",一部分接着一部分产生,开始时都是简单的形式,与以后发育成形的截然不同,通过一系列显著的演变才能发育完全。这一发现是 18 世纪最伟大的发现之一! 它通过对所观察的事实的检验就可以直接得到证明,在这个基础上所创立的"发育论"并不是一种理论,而是一种地地道道的事实,但是整整有半个世纪之久,根本得不到承认。哈勒的崇高威望特别阻碍了这一理论的发展,他顽固地坚持这样一种教条来反对它:"根本没有发育! 动物体的各个部分不是次第发育的,而是同时被创造出来的。"沃尔弗不得不出走到彼得堡去。在他死后很久,他所观察到的、可是早已被人遗忘了的事实却于 1806 年又被耶拿的罗伦

---

① 卡斯帕尔·弗里德里希·沃尔弗(Kaspar Friedrich Wolff,1733—1794),出生于德国的胚胎学家。1766 年移居俄国,成为彼得堡科学院院士。

茨·奥肯[①]重新发现。

胚 层 论

奥肯证实了沃尔弗的渐成论,梅克尔(于 1812 年)又把《肠道进化》这一重要著作从拉丁文译成德文。自此以后,德国许多年轻的科学家都满怀热情地投入胚胎史的研究工作。其中最著名和最有成就的是卡尔·恩斯特·贝尔,1828 年他发表了他著名的主要著作:《动物进化史:观察与回顾》。这本书不仅全面清晰地描绘了胚胎构造,而且书里还充满了机智的推断。他首先把人类和脊椎动物的胚胎构造作了详细的论述,此外还涉及较低级的无脊椎动物的根本不同的个体发生。贝尔认为,较高级脊椎动物的圆形胚盘中的两层叶状层,首先各自再分离为两层,这四个胚层变成四个管道即基本器官——皮肤层、肌肉层、血管层和黏膜层,再通过复杂的发育过程而形成了后来的器官,人类及所有的脊椎动物都是如此。无脊椎动物的三个大类的情况则完全两样。贝尔的许多发现中最重要的一个就是发现了人卵。以前人们认为,人和所有其他哺乳动物的卵是卵巢中为数很多的小泡。1827 年贝尔向我们指出,真正的卵被封闭于这些小泡即"囊状卵泡"中,它们非常微小,为直径 0.2 毫米的球体,在条件好的情况下,用肉眼可看到是一个小点。他还首先发现了从哺乳动物这些小的卵细胞中最先发育成的一个独特胚泡,即含液的中空球体,它的壁是一层薄薄的胚膜(囊胚层)。

卵细胞与精细胞

贝尔以其胚层论给胚胎学奠定了坚实的基础。十年之后,由于细胞理论的建立(1838 年),胚层论又面临着一个新的重要任务:组成发育成熟的动物体的组织与细胞,它们和动物卵以及由卵产生的胚层究竟有什么关系? 19 世纪中叶,约翰内斯·弥勒的两个杰出的学生:罗伯特·雷马克[②](在柏林)和阿尔贝特·克利克(在维尔茨堡)才正确地回答了这一内容深奥的问题。他们证实,卵原来

---

① 罗伦茨·奥肯(Lorenz Oken,1779—1851),德国博物学家和自然哲学家。
② 罗伯特·雷马克(Robert Remak,1815—1865),德国解剖学家和精神病学家。

只是个简单的细胞。经过不断分裂而产生的为数众多的胚胞或"分裂球"也是简单的细胞,首先由这些"分裂细胞"构成了胚层,然后通过这些胚层的分工或分裂构成了各个不同的器官。此外,克利克的另外一个伟大贡献是,他证实了雄性动物的黏液状的精液也是一摊显微的细胞。精液中活跃的扣针状的"精虫"(或精子),就像我在 1886 年就海绵的精子所证实的那样,只是一种奇特的"纤毛细胞"。这也证明了动物的两种重要生殖物质,一是雄性的精子,一是雌性的卵,也是和细胞理论相吻合的。这一发现的伟大哲学意义只是在后来通过对生育过程的过细研究(1875 年)才为人们所了解。

原 肠 祖 论

所有早期胚胎构造研究的对象,都是人和较高级的脊椎动物,首先是禽类的胚胎,因为鸡蛋可以随时大量供应,所以它是最大量最方便的研究对象。人们可以用孵化机(像母鸡自然地孵小鸡一样)很方便地孵化鸡蛋,而且可以在 3 个星期里每时每刻地观察从简单的卵细胞到成形的禽体这一系列变化。也是这个贝尔,证实了不同种类的脊椎动物在其胚层的独特构造以及由胚层所形成的各个器官方面都有相似的地方。可是种类很多的无脊椎动物——这种动物的数量很大,其胚胎发育与脊椎动物具有本质的不同,大多数似乎没有真正的胚层。直到 19 世纪中叶对个别无脊椎动物的研究,如 1844 年克利克对头足类、1849 年赫胥黎对水母的研究,都证实有这样的胚层。后来科瓦列夫斯基[①]在 1866 年的发现具有特别重大的意义,他发现最低级的脊椎动物文昌鱼是用同一种很原始的方式发育而成的,跟血缘关系显然很远的一种无脊椎的被囊动物海鞘类的发育方式一样。他还证实了各种不同的蠕形动物、棘皮动物和关节动物也具有相似的胚层结构。我本人从 1866 年开始就从事海绵、珊瑚、水母和管水母胚胎学的研究,发现这些多细胞的最低级动物中都有同样的两个原始胚层结构,所以我坚信,整个动物界这种意义重大的胚胎发育过程从根本上说是一致的。

我认为特别重要的是:海绵动物和低级的刺胞动物(水螅和水母),其躯体在很长时间内或终生都由两个简单的细胞层所构成。赫胥黎于 1849 年曾把脊椎

---

① 科瓦列夫斯基(Alexander Kovalevski,1840—1901),俄国生物学家,胚层理论的创始人之一。

动物的两个原始的胚层与水母的两个简单的细胞层进行了比较。根据以上的观察和比较,我于1872年在我的《石灰海绵生物学》一书中曾提出了"原肠祖论",其基本论点如下。

1.整个动物界分成两个不同的大类,一是单细胞的原生动物,一是多细胞的后生动物。原生动物(根足类和纤毛虫类)的整个机体终生总是一个简单的细胞(很少情况是松散的细胞团,而没有组织结构,是一种组合),而后生动物的机体开始阶段是单细胞,以后由许多细胞组成,细胞构成了组织。

2.这两大类动物的繁殖与发育是根本不同的。原生动物的繁殖通常通过分裂、芽生或孢子形成来进行无性繁殖,它们根本没有真正的卵和精子,而后生动物分成雌雄两性,主要通过真正的受精卵来进行有性繁殖。

3.所以只有后生动物才产生真正的胚层和由胚层所构成的组织,而原生动物却完全没有这些东西。

4.所有的后生动物首先产生的是两个原始的胚层,这两个原始的胚层不管对哪一种后生动物来说,都具有同样的重要意义,即由外部的皮层发育而成为外皮和神经系统,由内部的肠层发育而成为肠道系统和所有其他器官。

5.由受精卵发育起来并由这两种原始胚层所构成的胚胎形式,我称之为原肠胚,其杯状的双层体原先包围着一个简单的消化腔,即原肠,其简单的小口就是胚孔(亦称原口)。这是多细胞动物体的最早的器官。肠壁的两个细胞层,即简单的上皮也就是多细胞动物体的最早的组织,所有其他的器官和组织都是以后(第二次)由这些组织产生的。

6.我根据生物发生基本律,从原肠胚在各类后生动物总根源方面的相似性中得出了如下的结论:所有后生动物最初都起源于共同的祖先,即原肠胚,这些上古的(劳伦纪)、早已绝种的祖先基本上具有现在通过遗传所保留下来的原肠胚的体形和构造。

7.从对个体发生事实的比较而得出的种系发生的结论证实,至今还存在着个别的原肠动物(扁盘虫、直游类、胚虫)以及其他动物祖先型的最原始形态,这些动物的结构稍微高级一些,如海绵中的原海绵(属石灰海绵类,亦称篓海绵)、水螅(属刺胞动物,如淡水螅),扁虫类中的涡虫以及其他的隐体腔类和最低级的蠕虫。

8.由原肠胚产生的各种后生动物的进一步进化就分成两个大类。一是古老的低级动物(腔肠动物,亦称无体腔动物),它们既没有体腔,又没有血,也没有肛门。原肠动物、海绵动物、刺胞动物以及扁虫类都是如此。一是较为后期的高级动物(体腔动物或两侧对称动物),有真正的体腔,绝大多数还有血和肛门。蠕形动物以及由其进化而来的更高一级的动物——棘皮动物、软体动物、关节动物、被囊动物和脊椎动物属于这一类。

这就是我的原肠祖论的基本论点,对初稿(1872年)我以后又多次加以充实,在1873—1884年我又写了一系列关于"原肠祖论"的著作来加以论证。这种理论起初虽然遭到普遍反对,受到许多权威的猛烈攻击达十年之久,可是目前却为所有同行专家们所接受。我们现在可以看到,从原肠祖论和比较胚胎史中为我们"人类在自然界的位置"这一主要问题得出了一个意义多么深远的结论。

人的卵细胞和精子细胞

人卵和所有其他后生动物的卵一样,都是一个简单的细胞,这个小的球形卵细胞(直径为0.2毫米)具有与其他所有胎生哺乳动物的卵相同的特性。这种原生质小球外面裹着一层厚而透明的细网状的卵膜(称之为明带);小的球形胚泡(细胞核)被原生质(细胞体)所包围,它的大小和性质与其他哺乳动物的相同。活跃的精子的情况也是如此,它们是极细小的带丝状鞭毛的细胞,在一滴精液中包含有数百万之多。由于它们很活跃,所以早就被看作是一种特殊的"精虫"。这两种重要的性细胞在生殖腺中的产生,对人类和其他哺乳动物来说都是相同的;卵巢中的卵和睾丸或精巢中的精子,都是以同样的方式由发源于体腔上皮即发源于覆盖着休腔的细胞层的细胞所产生。

怀孕或受精

每个人和每一个其他后生动物的生命中最重要的一刻就是其个体生存开始的一刻,也就是父母双方的性细胞相遇而融合为一个单一细胞的那一刻,这个新细胞即受精的卵细胞就是个体的种细胞(即受精卵),原肠胚胚层的细胞就是由这个受精卵的不断分裂而成的。受精卵的形成即受精过程本身就是一个人生存的开始,一个独立生命生存的开始。这种个体发生的事实是非常重要的,从中我们可以得出意义深远的结论。首先应该明确认识，人和其他后生动物一样，其个体的所有特点，即肉体上和精神上的特点，都是从双亲那儿通过遗传而获得的；从而进一步充分相信，如此产生的新的个体，不可能提出"不死"的要求。

怀孕和有性生殖的细致过程具有特别重大的意义，自 1875 年以来才为我们详细了解。我当时的学生和旅伴奥斯卡·赫特维希①在科西嘉的阿雅克修开始对海胆卵受精进行研究。他发现，受精过程中最重要的事件是两个性细胞及其核的融合。几百万个带鞭毛的雄性细胞包围一个卵细胞，而只有一个进入原生质体中。两个细胞核，即精核和卵核由一种神秘的力量互相吸引、互相接近和互相融合，我们可以把这种神秘的力量解释为一种化学的与嗅觉相类似的感官活动。两个性核的感官感觉由于"恋爱的化学向性"而产生了一种新的细胞，这个新细胞统一了双亲的遗传特性。精核将其父性的、卵核将其母性的体质与精神的特征都引渡到种细胞中去，而种细胞则发育成为婴儿。

人的胚胎发育

种细胞不断分裂而形成了层，原肠胚的出现以及由原肠胚所形成的胚胎形态等对人和其他高级哺乳动物来说都是相同的；他们还具有区别于低级脊椎动物的相同的特点。在胚胎史早期，有胎盘类的这种特点表现得还不明显。最初由原肠胚产生的重要的脊索胚胎形态，其构造对所有的脊椎动物来讲基本上都是一样的，一根简单的直轴杆（即脊索）纵向地通过长圆形的盾状体（即"胚盾"）的主轴。在脊索的上方由外胚层发育成脊髓，下方则发育为肠道。在轴杆的左右两侧出现了"原条"的体节和肌肉层的胚芽。脊椎动物的躯体组织就从此开始。在前肠的两侧出现了鳃孔，这就是喉孔。我们的鱼类祖先就是通过喉孔把吸入嘴里的水从头部两侧排出体外的。鳃孔对我们生活在水中的鱼类祖先来说是很重要的，然而由于顽强的遗传关系，鳃孔至今还在人和其他所有脊椎动物胚胎中出现，不过以后消失罢了。甚至在头部的五个脑泡以及两侧的耳和目的雏形已清晰可见、体腔上扁圆形的四肢胚芽由鱼状的人类胚胎中产生之后，人的胚胎构造和其他脊椎动物还很相似，以致难以分辨。

---

① 奥斯卡·赫特维希(Oskar Hertwig，1849—1922)，德国生物学家，发现受精过程和细胞核在遗传中的作用。

脊椎动物胚胎的相似性

在早期发育阶段，人和其他脊椎动物的胚胎的外形与内部结构基本上是相似的。这一胚胎学的事实具有非常重要的意义，我们根据生物发生基本律从中可以得出极其重要的结论。这只能设想是由于共同祖先的遗传所造成的，除此以外没有其他的解释。我们可以看到，人和猴猿、狗和兔、猪和羊的胚胎在一定的阶段内可以认出是高级动物的胚胎，此外就很难加以区别，这一事实只能用共同的起源来加以解释。如果我们注意到胚胎形态后期所出现的趋异的话，那么这种解释就更加可靠了。两种动物在其整个形体构造及其自然系统中越是接近，其胚胎相似的过程就越长，在有关种类的系谱关系上就越密切，"亲缘关系"也就越近。人和类人猿的胚胎即使在后期，即在高度发展阶段也是高度相似的，在这个阶段内，人和类人猿的胚胎和其他哺乳动物的已有明显的差别。我在《自然创造史》和《人类起源》中通过对一系列各种不同脊椎动物相应发育阶段的对照，阐述了这一意义重大的事实。

人　的　胚　膜

上述相似性的高度种系发生的意义不仅表现在对脊椎动物胚胎的比较方面，而且还表现在对它们胚膜的比较上。三个较高级的脊椎动物，即爬行类、鸟类和哺乳类，在其特有的胚膜即羊膜和浆膜的构造上是与较低级的脊椎动物有区别的。胚胎被包围在充满羊水的囊里面，这样就可以防止外来的压力和碰撞。在二叠纪，当最古老的爬行动物即羊膜动物的共同祖先完全适应了陆栖生活的时候，才可能出现这种相应的保护性构造。它们的直系祖先两栖类和鱼类就没有这种膜状构造；这种构造对水栖动物来讲是多余的。所有羊膜动物还有其他两个变化，这种变化与获得保护膜有密切关系：第一是鳃的完全消失（鳃弓和鳃孔则作为"退化器官"遗传下来）。第二是尿囊的形成。这种充满了羊水的泡状囊是由羊膜动物胚胎的后肠中生长出来的，它只不过是两栖祖先的扩大了的膀胱而已。当其外面较大的部分退化时，其最里面和最下面的部分后来就长成了羊膜类的保留的膀胱。当强大的血管伸延到膀胱壁时，这种膀胱在一定时期内一般就起胚胎的呼吸器官所起的作用。无论是胚膜（羊膜和浆膜），还是尿囊的形成，人和其他的羊膜动物一样，都要经过同样复杂的发育过程，所以人是真正的羊膜动物。

人 的 胎 盘

众所周知，人的胚胎在子宫内的营养是通过一种特殊的外表充满血液的器官即所谓胎盘（富有血管的圆盘，也就是胞衣）来获得的。这个重要的营养器官是一个海绵状的圆盘，直径为16到20厘米，厚有3到4厘米，重达1到2磅。婴儿生出后，它就剥落了，并作为所谓"胞衣"而排出。胎盘可分为两个根本不同的部分，即胎儿胎盘和母体胎盘。后者含有丰富的四通八达的血窦，其血液由子宫的血管输入。胎儿胎盘由无数树枝状的绒毛组成，而绒毛则由胎儿尿囊的外表生出，血液是通过尿囊的脐血管而获得的。胎儿胎盘的中空而充满血的绒毛则与母体胎盘的血窦相连接，这两者之间的柔软的隔膜非常之薄，营养的血流利用渗透作用通过这层薄膜进行直接的物质交换。

早期低级的原始有胎盘类，它们外层绒膜的整个表面由无数短绒毛覆盖着，这种绒膜绒毛一直长到子宫黏膜的凹陷处，在分娩时很容易与子宫脱离。大多数蹄足类（如猪、骆驼、马）和大多数鲸鱼及狐猴的情形都是如此，人们把这种带绒膜的有胎盘哺乳动物称为元蜕膜动物（带弥散的绒毛膜，即绒膜胎盘）。在其他有胎盘类和人的身上，刚开始一个阶段都具有同样的构造。不过这种构造很快就发生变化，一部分绒膜上的绒毛退化了，而另一部分却长得更加发达，并和子宫的黏膜长在一起，因为内部连生在一起，所以在分娩时后一部分子宫绒毛膜也要随之脱落，和血一道排出。这种可脱落的膜或称为蜕膜，是高级有胎盘哺乳动物的一种特殊构造，因此，人们称高级有胎盘哺乳动物为蜕膜动物。食肉类、啮齿类、猴类和人类都属于这种动物。食肉类和个别的蹄足类（如象）的胎盘是带形的（环状胎盘），而啮齿类、食虫类（鼹鼠和刺猬）、猴类和人类的胎盘是圆盘形的（盘状胎盘）。

直到1890年，绝大多数的胚胎学家还认为，人类的胎盘在构造上有某些特点，即具有所谓的包蜕膜和脐带的特殊构造，脐带把包蜕膜和胚胎连接起来，这种独特的胚胎器官是其他有胎盘类，特别是猴类所没有的。脐带是一根圆柱状的软束管，长约 40—60 厘米，有一小手指粗（直径 11—13 毫米）。它把胚胎和母体胎盘连在一起，并将带有营养的血管从母体胎盘引入胎儿。此外，脐带还带有尿囊和卵黄囊的肉茎。在怀孕的第三周人胎中的卵黄囊还占胚泡的大部分，不过后来很快退化了，以至于在分娩以前已完全消失，不过作为一种退化器官仍然残存着，在分娩后就成了很小的脐囊。尿囊的泡状胚芽本身在人胎中退化得很早，这与羊膜有些偏斜的构造有关，也和腹柄的产生有关，关于这些构造的复杂的解剖学与胚胎学的关系，我已在《人类起源》中加以叙述。

反对进化论的人则特别强调人胎构造这种"完全特殊的特性"，说这种特性是造成人和其他哺乳动物的区别的原因。1890 年埃米尔·泽伦卡证实了，在类人猿身上，特别是在猩猩身上，发现有同样的特点，而低级的猿猴却缺乏这些特点。赫胥黎的猿类测定学论文里也证明了这一点："人类与类人猿之间的差别小于类人猿与低级猿猴之间的差别。"所谓"反对人类和猿猴血缘关系相近的证明"，经过对事实情况的仔细研究，相反却成了有利于"人类和猿猴血缘关系相近"这一论点的重要论证。

每一个科学家，只要他睁大眼睛深入黑暗而极有趣的人类胚胎史的迷宫，并能把人的胚胎史和其他哺乳动物胚胎史进行批判的比较，那么他就可以在这迷宫里发现意义重大的能照亮我们人类种系发生的灯塔。因为按照生物发生基本律来讲，胚胎构造的各个不同阶段，是一种重演性发生的遗传现象，它像一盏明灯一样照亮了我们祖先的各个相应的阶段。但新性发生的适应现象，暂时的胚胎器官的构造，如独特的胚膜，首先是胎盘等，完全肯定地证明了人类和灵长类有着相近的种系亲缘关系。

第五章　我们的种系发生

关于人类由脊椎动物,首先由灵长类
动物起源与进化的一元论研究

在第三纪中,从最古老的始新世的狐猴一直上溯到人类这一灵长类系谱的概貌都已一清二楚,并没有什么重要的"缺少的环节"——人类起源于第三纪的已经绝种的灵长类并非是一种虚妄的设想,而是一种历史事实。关于人类起源于灵长类这一可靠的认识所具有的不可估量的意义,也清楚地为一个没有成见的坚定的思想家所理解。

> 剑桥演说
> 《论当前关于人类起源的知识》
> 1898 年

生物学生命树上的主要分支中,最新的一个分支就是种系发生,它比起它的姊妹学科胚胎史(或个体发生)来说,发展要迟缓得多,所遇到的困难要大得多。胚胎史的任务就是研究有机个体,即动植物个体由卵发育而来的神秘过程,而种系发生则要回答更为模糊、更为困难的问题:"有机物种,即动植物物种是怎样起源的?"

个体发生 (胚胎学和变态学)

个体发生可以直接通过观察的经验方法来解决所面临的任务。要了解有机胚胎在短期内由卵演变的过程,只要每日每时去观察这期间明显的变化就可以了。从一开始就要追溯其遥远过去的种系发生的任务却要困难得多。因为动植物物种在形成时所发生的变化是极其缓慢的,在千百万年间进行得并不明显,对其直接的观察只有在极狭小的范围内才能进行,对它的绝大部分的历史过程只能用间接方式加以推论,即对属于各个不同领域的学科,如古生物学、个体发生学、形态学的经验科学进行批判思考、比较利用才能得出。此外，传统的偏见，特别是与超自然的神话和宗教教条密切相关的"创世史"，也成了自然种系发生的巨大阻力。因此，真正种系发生在科学上得以确立和巩固，是艰苦斗争的结果。

神话创世史

所有关于回答有机体起源问题的认真的研究，直到 19 世纪初还都深陷在超自然创世说的神学迷宫里。某些卓越的思想家力图从这个迷宫中解脱出来，以达到合乎自然的认识，可是这样的努力都徒劳无益。在一切古老的文明民族中，五花八门的创世神话都伴随着宗教而广泛流传。在中世纪占统治地位的当然是基督教，基督教把回答创世问题视为己任。由于《圣经》是基督教宗教大厦不可动摇的基础，所以整个创世史都取自摩西的《创世记》。1735 年伟大的瑞典博物学家卡尔·林奈在其经典著作《自然界系统》一书中，也是根据摩西的《创世记》，首先试图对无数天然物体进行系统的整理、命名和分类。林奈采用了众所周知的双重命名法，这是认识天然物体最好最实用的手段。对每种动植物他都给以特殊的种名，并在前面冠以普通的属名。亲缘关系相近的"种"都被归在一个"属"里，例如，林奈把家犬、豺、狼、狐等作为不同的种归在"犬属"里，以及其他等等。这种双重命名法是很实用的，以致很快就被普遍采用，在动植物的分类学中一直沿用到今天。

林奈的实用物种概念所依据的理论教条，对科学来说非常有害。有识的分类学家所面临的第一个问题自然就是物种概念的本质、内容和范围的问题。但是物种概念的创立者林奈在回答这一基本问题时却幼稚地引用普遍流行的摩西创世神话："现有的物种都是全能的上帝原来所创造的物种。"这种神智学的教条扼杀了对物种起源的任何合乎自然的解释。林奈只认识当前存在的动植物界，而对我们经常变化的地球早期所生存的许多已经绝种的动植物却一无所知。

直到 19 世纪初，通过居维叶的研究，人们对动物的化石才有了更进一步的了解。1812 年他在他的名著《论四足脊椎动物化石骨骼》一书中，首次对很多化石作了详尽的描述和正确的解释。同时他指出，在地球史的不同时期里曾先后连续生存过一系列不同种类的动物。居维叶顽固坚持林奈的物种绝对不变的学说。他认为只有通过地球史上相继发生的一系列灾变和重新创世等这样的假想才能解释物种产生的原因。每当地球大变动开始时，一切生物都被灭绝，而在大变动的末期又有新的生物被创造出来。居维叶的这种灾变论必然会导致极端荒谬的结论，以致走上迷信奇迹的邪途。尽管如此，这种论点却还广泛流行。在1859 年达尔文的生物学出现以前，它在生物学中还占着统治地位。

生物变化论（歌德）

不言而喻，这种关于有机物种绝对不变和超自然创造的流行说法，是不能使有思考能力的研究者得到满足的。18 世纪后半叶，某些杰出的思想家就试图合理地解决这一重大的"创造问题"。其中最重要的就是我们最伟大的诗人和思想家沃尔夫冈·歌德。他早在一百多年以前通过对形态学的多年精心研究就已清楚地认识到一切有机形态的内在联系，并确信它们之间有一个共同的自然起源。他在他的著名的《植物变态学》(1790)一书中断言，所有不同形态的植物都来源于一种最原始的植物，所有植物不同的器官都来源于一个最原始的器官，即叶子。他在他的《头骨脊椎论》一书中试图指出：一切脊椎动物的头骨（包括人）都以同样的方式由排列有序的骨群组合而成，而骨群只不过是变异的脊椎。他对比较骨骼学的详细研究使他深信有机结构的统一性；他认识到人的骨骼和所有其他脊椎动物的一样，都是按同一个类型组合起来的，"按照一个原型成形，大体固定，稍有变化，通过繁殖，不断变异和转化"。歌德认为，这种变异或转化是由于两种创造力相互不断作用的结果：一种是机体内在的向心力，即"特别倾向"；另一种是外在的离心力，即"变异倾向"或"变态学的观念"。前者相当于我们今天所称的遗传，后者相当于我们今天所称的适应。从他著作的有趣的段落中可以看出，歌德通过对"有机界构造和变异"的自然哲学的研究，对有机界本质的认识是多么深刻，歌德不愧是达尔文和拉马克的最卓越的先驱者。这些我在《自然创造史》的第四次演说中曾经概括地谈到过。在我的《关于达尔文、歌德、拉马克的自然观》(1882 年于爱森纳赫)的演说中有更为详细的说明。不过歌德的合乎自然的进化观念像康德、奥肯、特雷维拉努斯[①]以及 19 世纪初其他自然哲学家的类似观点一样，并没有超出一般认识的范围。他们还缺少一根用来批判物种教

[①]　特雷维拉努斯(Gottfried Reinhold Tréviranus,1776—1837)，德国博物学家，生物进化论的早期拥护者之一。

条以创立《自然创造史》所必需的有力杠杆,在这一点上我们首先要感谢拉马克。

物种起源论（拉马克于 1809 年）

19 世纪初,法国伟大的自然哲学家让·拉马克首先极力想从科学上论证生物变化论,他是他的巴黎同事居维叶的最大反对者。1802 年,拉马克在他的《对有生命天然物体的观察》一书中阐明了他对物种的不稳定性和变异的创见。1809 年,他在他的思想深刻的著作《动物哲学》(两卷集)一书中又对这种见解作了更进一步的论述。拉马克在书里针对盛行的物种教条第一次阐述了一种正确的思想:有机物种是人为的抽象,是一种有相对价值的概念,就像属、科、目和纲等顺序概念一样。此外,他认为一切物种都是可变的,都是在漫长的时间里由古老的物种演变而来的。物种的共同祖先,原先都是简单的低级有机体,其最初最古老的物种是自然发生的。在发育系列中,某一类物种由于遗传的关系被永久保持了下来,另一方面由于器官的适应的关系,通过器官的习性和锻炼,物种渐渐发生变异。我们人类有机体也是以同样自然的方式通过变异由许多类似猿的哺乳动物演变而来的。对于所有这些过程就像对自然和精神生活中的一切现象一样,拉马克独把机械的物理的和化学的过程看作是真正起作用的原因。他的充满智慧的动物哲学包含以进化论为基础的纯一元论的自然系统的因素。对于拉马克的这些功绩,我在我的《人类起源》的第四讲和《自然创造史》的第五讲中曾深入地加以论述。

人们本来期望,流行的物种起源神话一旦被动摇,自然进化论发展的道路一旦被开辟,科学的物种起源论就会立即建立起来。然而拉马克面对保守的权威——他的最大的反对者居维叶却寸步难行。二十年后,他的同事和志同道合者圣依莱尔的遭遇也是一样。1830 年在巴黎科学院,自然哲学家圣依莱尔与居维叶进行了有名的辩论,而以后者大获全胜告终。当时,对生物学进行经验研究的浪潮的兴起,在比较解剖学和比较生理学领域中的有趣的发现,细胞理论的创立和个体发生学的进步等,都给动植物学家提供了相当丰富而有益的研究资料,以致他们把物种起源这一困难而又模糊的问题完全置之脑后了。人们对传统的创世教条心安理得。甚至在英国伟大的科学家查尔斯·莱伊尔①于 1830 年在其《地质学原理》一书中驳斥了居维叶荒诞无稽的灾变论并证实了地球上的无机界有一个自然连续发展的过程以后，他的简单的"连续性法则"也没有在有机界得以应用。在拉马克著作中所孕育的自然种系发生的萌芽，像五十年前（1759 年）卡斯帕尔·弗里德里希·沃尔弗在其《发育论》中所创立的自然个体发生的萌芽一样，都同样地被忽略了。半个世纪以后，自然进化的伟大思想才得到应有的承认。1859 年，达尔文完全从另一角度来解决创世问题，他巧妙地运用了当时积累起来的丰富的经验知识。此后人们才怀念起拉马克这一最卓越的老前辈。

自然选择论（达尔文于 1859 年）

查尔斯·达尔文的空前成就是人所共知的。今天如果说达尔文不是一个最伟大的，那么他至少是 19 世纪最有影响的科学家。在这引人注目的时代里，在为数众多的精神巨人中，还没有哪一位在一部经典著作里能像达尔文于 1859 年在其主要名著《根据自然选择，即在生存斗争中适者生存的物种起源》（《物种起源》）中取得如此巨大、深刻、全面的成就。的确，约翰内斯·弥勒对比较解剖学和生理学的改革为整个生物学开辟了一个硕果累累的新纪元。施莱登和施旺创立的细胞理论，贝尔对个体发生学的革新，罗伯特·迈尔②和赫尔姆霍茨③所创立的实体定律等，这些的确都是科学上第一流的伟大功绩，可是就其深度和广度来说，其中还没有哪一种能像达尔文的物种起源论那样产生如此巨大的使人类的知识为之一新的影响。神秘的"创世问题"解决了，与此有关的深奥的"一切疑问的疑问"，人的真正的本质和起源问题，也随之迎刃而解了。

如果我们对生物变化论的这两位伟大的奠基人作一比较，我们就会发现，拉马克主要倾向于演绎法，他企图设计一幅完整的一元论的自然图式，而达尔文则与此相反，主要用归纳法，他主要关心的是通过观察与实验来尽可能可靠地论证物种起源论的各个部分。

---

① 查尔斯·莱伊尔（Charles Lyell，1797—1875），英国博物学家、地质学家。
② 罗伯特·迈尔（Robert Mayer，1814—1878），德国物理学家，最先发现能量守恒和转化规律的科学家之一。
③ 赫尔姆霍茨（Hermann Helmholtz，1821—1897），德国物理学家和生理学家，对热学和电学有较大贡献。

这位法国自然哲学家远远超越了当时经验知识的范围,并为未来的研究特别设计了一幅蓝图;而这位英国的实验科学家则与之相反,他有一个极大的优点,就是他为当时累积起来的,但却无人理解的大量经验知识确定了一个详细解释的原则。正因为如此,达尔文才显得功劳卓著,而拉马克则相形见绌。达尔文的伟大功绩不仅在于他把生物学各个不同研究领域所取得的普遍成就集中到起源原则的这一共同的焦点上,并对它们加以统一的解释,而且他还从自然选择原则中发现了变异的直接原因,而这正是拉马克所缺少的。达尔文作为一个实际的动物驯化者,把人工选择的经验用于处在自由的自然状态的有机体的身上。在"生存竞争"中,他发现了自然选择的选择法则,这样,他就创立了意义重大的自然选择论,即达尔文主义。

种系发生（1866 年）

达尔文对现代生物学提出了很多重要任务,当务之急就是对动植物系统的革新。如果说无数的动植物物种不是由超自然的奇迹"创造"出来,而是通过自然的变异"进化"而来的话,那么,这种动植物物种的"自然系统"就是它们的系谱。1866 年,在我的《有机体普通形态学》一书中,我首先从这种意义上来试图革新这种系统。这部著作的第一卷(普通解剖学)讲的是"进化形态"的机械科学,第二卷(普通进化史)讲的是"发生形态"的机械科学。对后者的系统的引言就成了《有机体自然系统的系谱概论》一书。在此以前,人们把动植物学的"进化史"仅理解为有机个体的进化史(胚胎学和变态学)。我认为这种胚胎史(个体发生)是与种系发生相对立、但与之并驾齐驱和密切相关的第二个分支。我认为进化史这两个分支有着极密切的因果联系,这种关系是以遗传律和适应律的相互作用为基础的;这一点在我的《生物发生基本律》一书中曾有详尽的论述。

自然创造史（1868 年）

我在《有机体普通形态学》一书中所持的新观点虽然具有严谨的科学结构,然而却为同行的专家们所漠视,不受欢迎。所以,我想把这部书中最重要的部分写进一本短小而又通俗的小册子里,以奉献给广大的学术界。这本小册子就是我在 1868 年所写的《自然创造史(关于普通进化史,特别是关于达尔文、歌德和拉马克进化史的通俗科学报告)》。《有机体普通形态学》没有收到预期的效果,而《自然创造史》却得到了我所没有预期到的成功。这本小册子在 34 年里已修订了 10 次,译为 12 种不同的文字。该书虽有许多缺点,但在广泛传播我们现代进化论的基本思想方面还是做出了不少贡献。当然,我在书里只能约略提示一下我的主要目的,即自然系统的种系发生演变。对种系发生体系详尽而被忽略的论述,我在以后一部较大的著作《系统的种系发生(以种系发生为基础的有机体自然系统大纲)》中作了补充。这部书的第一卷(1894 年)讲的是原生生物和植物;第二卷(1869 年)讲的是无脊椎动物;第三卷(1895 年)讲的是脊椎动物。大小种类的系谱,只是尽我的关于"三大种系证据"即古生物学、个体发生学及形态学的知识所及而写的。

生物发生基本律

我认为在有机进化史这两个分支之间存在着密切的因果联系,我在《有机体普通形态学》一书中曾把这种联系作为生物变化论的最重要的概念提了出来,并在《关于个体进化和种系进化的因果关系》的论文中作了详细的论述:"个体发生就是种系发生的短暂而迅速的重演,它是由遗传(生殖)和适应(营养)的生理功能所决定的。"达尔文于 1859 年曾强调他的理论对解释胚胎学所具有的重大意义。弗里茨·弥勒[①]则于 1864 年在一本生动活泼的《献给达尔文》的小册子里,曾以甲壳类一种动物为例来阐明这种意义。我本人在一系列的论著里,特别是在《石灰海绵生物学》(1872)和《原肠祖论研究》(1873—1884)中,曾试图指出生物发生基本律的一般效用及其基本意义,其中所提出胚层同源论和重演性发生与新性发生之间关系的理论,后来都为其他动物学家的许多著作所证明,这样,也就证实了动物的形形色色的胚胎史中都具有统一的自然规律,对其种系发生来讲,它们都共同起源于一个最简单的原始祖先。

---

① 弗里茨·弥勒(Fritz Müller,1821—1897),德国动物学家,最早支持达尔文理论的德国科学家。

人类起源（1874 年）

拉马克是起源学说的高瞻远瞩的奠基人，他于 1809 年就已正确地认识到起源学说所具有的普遍意义，人作为高度进化的哺乳动物，和所有其他哺乳动物一样，都起源于同一个祖先，而哺乳动物又和其他的脊椎动物在系谱上共同起源于一个更为古老的分支。拉马克早已指出人类起源于亲缘关系最近的哺乳动物——猿猴的过程，并可能用科学来解释。达尔文当然也具有同样的观点，但他在其主要著作中（1859 年）却有意回避自己学说中的这一最棘手的结论。这一问题只是以后在其《人类的由来及性选择》（1871）一书中才机智地加以论述。当时他的朋友赫胥黎在那本有名的《人类在自然界的位置》（1863）的小册子里早已非常敏锐地在探讨起源论这一重要结论了。赫胥黎借助于比较解剖学和个体发生学，根据古生物学的事实指出，人类起源于猿猴是达尔文主义的必然结论，对人类的起源不可能再有其他的科学解释。当时卡尔·福格特[①]和卡尔·格根鲍尔也持有相同的信念，后者是比较解剖学家最卓越的代表，他一贯机智地运用起源论，从而把这一重要的科学提高到一个更高的阶段。

这种似猿论（或人类的"猿源论"）的进一步结论就是要解决更为艰巨的任务：不仅要探讨第三纪与人类血缘关系较近的哺乳动物祖先，而且还要研究地球史早期生存过并在千百万年中进化了的一系列更古老的动物祖先。早在 1866 年，我在《有机体普通形态学》一书中就设想解决这一伟大的历史任务。1874 年，我在《人类起源》一书（第一编"胚胎史"，第二编"种系发生"）中对此有了更进一步的阐发。这部书的第六次修订版（1910 年）也包括了对人类进化史的论述。我个人认为，就我们目前所掌握的资料情况来看，这种论述是最接近真理这一遥远目标的。我一直努力尽可能均衡而连贯地利用古生物学、个体发生学和形态学（或比较解剖学）这三方面的所有经验证据。这里提到的起源学说的假设，将来一定会通过对种系发生的研究在个别问题上得到多方面的补充和证实，同时我也坚信，书中所拟的人类种系发生阶段，大体上是与实际情况相符合的。脊椎动物化石的历史序列是与由比较解剖学和个体发生学向我们所揭示的形态进化序

---

① 　卡尔·福格特(Karl Vogt, 1817—1895)，德国博物学家，庸俗唯物主义者。

列完全相吻合的:在志留纪的鱼类之后的是泥盆纪的肺鱼,石炭纪的两栖类,二叠纪的爬行类和中生代的哺乳类;此后在三叠纪又首先出现了最低级的形态叉骨动物(单孔类),在侏罗纪出现了有袋动物(有袋类),此后白垩纪出现了最古老的有胎盘动物;在第三纪始新世紧接着有胎盘类之后又出现了最低级的灵长类的祖先,即狐猴,接着(在第三纪中新世)又出现了真正的猿猴,最初是狭鼻猴中的犬猴,以后就是类人猿;在上新世从类人猿的一个分支中由进化而出现了没有语言的猿人(直立猿人),从猿人终于进化到有语言的人类。

对早期无脊椎祖先的各个环节的研究,比起对我们脊椎动物的祖先的研究来说要困难得多,而且也更无把握。因为它柔软无骨的躯体也没有给我们遗留下什么化石残骸。古生物学在这方面也不能提供任何证明。所以比较解剖学和个体发生学所提供的证据在这里就显得特别重要。由于人的胚胎像其他所有脊椎动物的胚胎一样要经历同样的原索阶段,而且也是由一个原肠胚的两个胚层发展而来的。我们根据生物发生基本律可以推论出早期相应的祖先形态(蠕虫,原肠幼虫)的存在。这一基本事实是非常重要的,即人类的胚胎也像所有其他动物的胚胎一样,起初都是由一个简单的细胞进化而来的,因为这一受精卵无疑已表明是一个相当于单细胞的祖先,即上古的(劳伦纪)原生动物。

对我们一元论哲学来说,我们动物祖先的阶段系列如何在细节上更确切地确定是无关重要的。对一元论来说,人首先由猿猴进化而来,进一步则追溯到由一系列更低级的脊椎动物进化而来,这一事关重大的认识始终是可靠的历史事实。1866年,我在《有机体普通形态学》第七卷中曾强调对猿类测定学论题进行逻辑论证:"人类是由低级的脊椎动物,首先是由真正的猿猴进化而来的这一论题,是一种特殊的演绎结论,这一结论是从具有绝对必然性的起源论的普通归纳定律中得出的。"

近三十年来,古生物学的发现对于明确确定和承认猿类测定学这一基本论题具有极大的意义。特别是很多绝种的第三纪哺乳动物化石的意外发现,使我们有可能对这一最重要的动物种系发生,即从最低级的产卵的单孔类一直上溯到人类,有一个大体的了解。有胎盘类的四个大类,即食肉类、啮齿类、蹄足类和灵长类的形态多样的种类,要是我们将其至今还生存着的后裔当成它们的代表来看的话,它们之间就有着不可逾越的鸿沟。假如我们将第三纪这四个大类的已经绝种的祖先进行比较的话,如果我们上溯到老第三亚纪始新世的历史蒙昧时期(至少上溯到300万年以前)的话,那么这种鸿沟将完全被填平,其明显区别也完全消失。我们发现有胎盘类这一大类现在就包括 2500 多种，但只代表少数很小的无足轻重的"原始有胎盘类"。这种原始有胎盘动物所表现出来的四类动物的特征都互相混杂，模糊不清，所以我们可以有理由认为它是有胎盘类的共同的祖先。最原始的食肉类、最原始的啮齿类、最原始的蹄足类和最原始的灵长类基本上都具有相同的骨骼构造以及和原始有胎盘类相同的典型齿系，它们共同有 44 颗牙齿（每半颚有 3 颗门齿、1 颗犬齿、4 颗前臼齿和 3 颗臼齿）。其显著的特征是体态很小，脑的构造很不完善（特别是最重要部分，即大脑皮层很不完善，大脑皮层在其中新世和上新世的后裔身上发展成为真正的"思想器官"），它们的腿都很短，脚有 5 趾，脚底平坦。对始新世的某些原始有胎盘类如何分类起先是犹疑不决的，到底应该把它们分入食肉类，还是啮齿类？分入蹄足类，还是灵长类？有胎盘类后来分为不同的四类，它们在早期是非常接近的，由此可知，它们无疑是由一个共同的祖先进化而来的。在白垩纪（大约 300 万年以前）这种原始有胎盘类就已经出现，它们大约在侏罗纪是一群食虫的有袋类由原始的分散胎盘即一种最简单的胎盘进化而来的。

在古生物学方面，新近一些最重要的发现可以证明有胎盘类的种系发生，其中有些也涉及我们自己的祖先灵长类。以前灵长类化石残骸也很少发现。甚至古生物学的伟大奠基人居维叶至死（1832 年）还认为没有灵长类的化石。虽然他自己也考证过一个始新世的狐猴头骨，但他却错误地认为那是蹄足类的头骨化石。在最近的二十年中发现了不少狐猴和猿猴的完整的骨骼化石，并发现其中有所有重要的中间环节，这种中间环节令人信服地证明从最古老的狐猴一直到人类这一相互连接的祖先链条。

在发现的化石中，最有名最有趣的就是 1891 年荷兰军医欧根·杜布瓦①所发现的爪哇化石猿人，即脍炙人口的直立猿人。直立猿人事实上正是从低级的狭鼻猴一直到高度进化的人类这一中断的灵长类链条中，所多方寻找的"缺少的一环"，即所谓"缺少的环节"。1898 年 8 月 26 日，我在剑桥举行的第四届国际动物学家会议上所作《论当前关于人类起源的知识》的演说中，曾详细论述这一引人注目的发现的伟大意义。这位熟悉化石构造与保存条件的古生物学家，把直立猿人的发现看成是一件侥幸的偶然事件。因为生活在树上的猿猴死了以后（如果不是落水而死的话），它的骨骼只有在罕有的情况下才能形成化石，并保存

---

① 欧根·杜布瓦（Eugène Dubois，1858—1941），荷兰解剖学家和地质学家，于 1891—1892 年在爪哇发现直立猿人的遗骸。

下来。从古生物学的角度来看，爪哇化石猿人的发现更清楚可靠地证明了人类是由猿猴进化而来的，就像以前为比较解剖学和个体发生学所证实了的一样，现在我们事实上已经掌握了我们种系发生的所有重要论据。

补充（1908 年）

近十年来发表了许多关于人的"猿源"，特别是人与化石直立猿人关系的论文，其中有很多论文妄图贬低"爪哇猿人"的伟大意义。他们否认爪哇猿人处于人和类人猿之间的确定无疑的形态学的中间阶段，要么就是不承认它存在于第三纪。一些反对者把爪哇猿人看成是一种巨大的长臂猿，而另一些则认为是洪积世人种的残骸，根本不能证明从猿到人。争论的结果表明，我们的观点是正确的，直立猿人确实是人和猿猴之间所要寻找的"中间的一环"。

另一方面，不少人类学家也力图否认人与猿猴和狐猴的亲缘关系，而且也否认人与所有其他人所共知的哺乳动物的亲缘关系，并把人类起源上溯到一系列完全未知的已绝种的哺乳动物。某些对哺乳动物、比较解剖学和个体发生学一知半解的门外汉，甚至想把人类归之为哺乳动物的最原始的形态，而所有的其他哺乳动物则由人类退化（——由于犯罪而下凡？——）而成。所有这些异想天开的设想在解剖学上都为赫胥黎的猿类测定学所驳倒，而在生理学上则为弗里登塔尔和乌伦胡特有趣的实验所驳倒，他们的实验为人和类人猿真正的血缘关系提供了直接的证明。

洪积世化石人的骨骸，特别是从尼安德特人（1856 年），从比利时的斯巴人（1886 年）和克拉皮纳（1899 年）的骨洞中发现了争论很多的头骨，在种系发生的意义上得到了正确评价。解剖学家古斯塔夫·施瓦尔贝[1]在斯特拉斯堡进行了细致而慎重的研究，在 1904 年证实了尼安德特人是已经绝了种的原始人类的残骸，它处于第三纪的直立猿人和现代人之间的中间阶段。在我的《我们的祖先系列》的论文（1908 年）中，我对此又提供了其他进一步的证据。

---

[1]　古斯塔夫·施瓦尔贝（Gustav Schwalbe，1844—1916），德国解剖学家和人类学家。

第二部分

心理学：灵魂

II. Psychologischer Teil: Die Seele

　　我们所代表的关于灵魂生活的自然观点认为，灵魂生活是生命现象的总和，也和其他所有的现象一样，是以一定的物质为基础的。

　　人类最高级的精神活动，如理性、语言和意识都是由灵长类祖先系列（猿猴和狐猴）中的精神活动的低级初步阶段发展起来的，精神活动并不为人类所独有，人类整个灵魂生活与亲缘关系相近的哺乳动物的灵魂生活只有程度的差别，而没有种类的区分，只有量的不同而没有质的差别。

第六章　灵魂的本质

关于心理概念的一元论研究科学
心理学的任务与方法心理学的变异

人和类人猿心理上的差别小于类人猿与最低级猿猴心理上的差别，这种心理学上的事实是与解剖学的检验结果完全相符的，因为在最重要的"灵魂器官"，即大脑皮层的构造上也发现有关的差别。——如果现在还普遍地把人的灵魂看作是一种特别的"本质"，而且首先把它当作反对"人类由猿进化而来"这一"不体面"说法最重要的证据的话，这一方面是由于所谓"心理学"还处于蒙昧状态，另一方面是由于灵魂不死的迷信还广泛流行。

剑桥演说
《论当前关于人类起源的知识》
1898 年

在我们已知的所有现象中，一般归之于灵魂生活或心理活动的那些现象是最重要、最饶有趣味的，同时也是最复杂、最难以捉摸的。由于自然知识本身，我们面临的哲学研究的任务，都是灵魂生活的一部分。由于正确认识"心理"是研究人类学和宇宙学的先决条件，所以人们可以把心理学，即真正科学的灵魂学说看成是一切其他科学的基础和前提。从另一方面来看，心理学又是哲学、生理学或人类学的一部分。

当然，创立心理学的严重困难就在于首先要通晓人体的知识，特别是要了解作为灵魂生活最重要器官的大脑。

为数众多的所谓"心理学家"对心理的解剖学基础一知半解，甚至一无所知。所以深为遗憾的是，没有哪一门科学像心理学那样，它自身的概念及其基本任务有着如此互相悖谬、如此毫无根据的说法。近三十年来，解剖学和生理学越是有

◀ 海克尔（右一站立者）1865 年 8 月赴黑尔戈兰岛科学考察途中与同伴的合影

着长足的进步，我们关于最重要的灵魂器官的构造与功能的知识越是扩大，这种混乱就越发变本加厉。

灵魂研究的方法

我认为，通常称为灵魂的东西，实际上是一种自然现象，所以我把心理学看作是自然科学的一个分支以及生理学的一个分支。因为这个缘故，我一开始就不得不强调，我们用以研究心理学的方法只能是其他自然科学的研究方法，即第一是观察和实验，第二是研究其进化史，第三是形而上学的思辨，即通过归纳与演绎的推理尽可能触及现象的未知"本质"。对这种未知"本质"进行原则判断，我们首先要清楚地看到二元论和一元论观点的对立。

二元论心理学

我们所反对的在灵魂生活上所盛行的观点是：把灵魂与肉体看成是两个不同的"本质"。这两个本质可以彼此独立，而无须相互结合。有机肉体是一种必死的物质本质，它由富有活力的原生质及由其产生的化合物（原生质的产品）化合而成。而灵魂则与此相反，是一种不死的非物质的本质，是一种精神的原动力，它不可思议的活动是我们所完全未知的。这种陈腐的观点纯粹是唯心的，其根本的对立面在某种意义上来说则是唯物的。这种见解同时也是先验的和超自然的，它认为存在着一种没有物质基础并在起作用的力，这种见解立足于如下的设想：在自然界之外和在自然界之上有一个"精神世界"，一个经验所不能感知的非物质的世界。从人的天性来说是无法知道的。

这种完全独立于物质世界之外的假想的"精神世界"，在其基础之上所建筑起来的整个二元论世界观的人工大厦完全是幻想、杜撰的产物，神秘的与之密切相关的"灵魂不死"的信仰也是如此。以后我还要特别谈谈它在科学上的脆弱性（参阅本书第十一章）。如果这种传说中的信仰真的被证实，那么，其相应的现象就不受实体定律的制约，这就造成了至高无上的宇宙基本规律的一个唯一的例外，而这种例外也必定在有机界的历史中出现得很迟，因为它只是和人与高级动物的"灵魂"有关。"自由意志"的教条是二元论心理学的另一个要素，它与宇宙实体定律是完全不相容的。

一元论心理学

我们所代表的关于灵魂生活的自然观点认为，灵魂生活是生命现象的总和，也和其他所有的现象一样，是以一定的物质为基础的。我们把所有这种心理活动的物质基础（没有这种物质基础，心理活动是难以想象的）暂时称为心理模型。因为经过化学分析证实，它是属于原生质体那一类的物体，亦即蛋白质的碳化合物，所有的整个的生命过程也都发源于此。在具有神经系统和感觉器官的高级动物那里，经过分离心理模型而出现了一种神经浆，即神经物质。我们的观点在这个意义上说是唯物主义的，同时也是经验的和自然的，因为科学的经验告诉我们，没有哪一种力量不是以物质为基础的，没有什么"精神世界"是处于自然之外或自然之上的。

像所有的其他自然现象一样，灵魂生活的现象也要受到至高无上的统治一切的实体定律的制约。在这方面没有什么东西可以超越这种至高无上的宇宙基本规律。单细胞的原生生物和植物以及低级动物的低级灵魂生活过程——它们的应激性、反射活动，它们的敏感性、自我保存的本能等，都是直接由其细胞原生质中的生理过程、由物理和化学的变化所决定的。这些变化部分归之于遗传，部分归之于适应。我们认为高级动物和人类的高级的灵魂活动也是同样的情况。表象和概念的形成，理性和意识的奇妙现象，也是这样。从种系发生上来讲，高级是从低级进化而来的，以前分离的功能的更高一级的整合或集中、联想或统一把高级动物和人类的灵魂活动提到一个令人吃惊的高度。

心理学的概念

对任何科学来讲，都要开宗明义地给所研究的对象下一个明确的定义，可见没有哪一门科学在解决这一首要问题时像灵魂学说那么困难。作为抽象学说的逻辑学，本身就是心理学的一部分，这一事实就更显得奇怪了。如果我们把各个时代最著名的哲学家和自然科学家所给出的关于灵魂学说的基本概念比较一下的话，就会发现这些概念互相矛盾、极端混乱。"灵魂"到底是什么？它与"精神"有什么关系？"意识"有什么含义？如何区分"感觉"与"情感"？什么是"本能"？"自由意志"是怎么一回事？"表象"是什么？"悟性"与"理性"有何区别？"情绪"是什么？所有这些"灵魂现象"和"躯体"之间有什么关系？对于诸如此类问题的答案真是五花八门。不光是最有名望的权威有着很大的分歧，甚至同一个科学权威，在其自身的心理演化过程中也常常有着 180 度的改变。许多思想家的这种"心理的变异"，毫无疑问，只能对概念的巨大混乱火上加油，使得灵魂学说比其他知识领域要混乱得多。

心理学的变异

德国哲学最有影响的领袖伊曼努尔·康德曾提供了客观和主观心理学观点全盘转变的最有趣的先例。没有偏见的真正批判的康德认为，神秘主义的三大柱石"上帝、自由和不死"在"纯理性"的光辉照耀下就显得不堪一击；而虔诚的教条的康德则认为，这三大幽灵是"实用理性的公设"，是不可或缺的。声名远扬的新康德学派最近喋喋不休地喊着："回到康德那里去！"认为这是将现代形而上学从极度混乱中拯救出来的唯一办法。他们叫喊得越多，越是清楚地表明，这个批判的和教条的康德之间的基本观点有着不容否定和不可救药的矛盾。我们以后还要谈到这种二元论。

两个最著名的科学家鲁道夫·微耳和和埃米尔·杜布瓦-雷蒙也提供了与这种深刻转变相类似的有趣的例子。这两位柏林生物学家在整整四十年间都在德国最大的大学担任举足轻重的角色，他们直接或间接地对现代精神生活发生了深刻的影响，为此，他们心理学基本观点的转变就更加值得注意。最有功绩的细胞病理学的奠基人鲁道夫·微耳和在其科学活动的黄金时代，也就是 19 世纪中叶（特别是当他于 1849—1856 年住在维尔茨堡的时候），是一个纯一元论者。他不愧是那种新兴的"唯物主义"最卓越的代表之一。当时两部名著——路德维希·毕希纳①的《力和物质》和卡尔·福格特的《盲从和科学》几乎同时在 1855 年

---

① 路德维希·毕希纳（Ludwig Büchner，1824—1899），德国生理学家和哲学家，庸俗唯物主义和社会达尔文主义的代表人物。

发表，而使得唯物主义蓬勃兴起。微耳和把他的关于人的生命过程（总的把它当成机械的自然现象）的一般生物学观点都写进了他一系列优秀的论文，发表在由他出版的关于病理解剖学的第一批著作中。在这些著作里，最重要并将他当时的一元论世界观概括得最清楚的是《科学医学的统一趋向》（1849）这篇论文。1856年，微耳和将《医学信条》放在《科学医学论文集》的最前面，这是他经过深思熟虑和对其哲学价值具有坚定信念的结果。他在这里明确坚定地主张我们今天一元论的基本原则，和我在解决"宇宙之谜"中所持的观点是一致的。他捍卫了经验科学所独有的权利，经验科学唯一可靠的源泉就是感官活动和大脑的功能。他同样坚决反对人类学的二元论，反对任何所谓的启示和"先验"及其两条道路——"信仰和人神同形说"。他首先强调人类学的一元论本质、精神和躯体、力和物质的不可分割的联系，在其序言的末尾他写了这样一句话："我坚信我任何时候也不会否定人的本质的统一性及其一贯性。"很遗憾，这种"信念"是一重大的迷误，28年后微耳和又主张完全相反的基本观点。这些观点在他的《现代国家中的科学自由》长篇演说（1877年他在慕尼黑举行的博物学家协会会议上所作的）中被和盘托出，对这篇演说中的攻击，我在《自由的科学和自由的讲授》（1878）一书中曾进行回击（1907年出了最近一版）。

埃米尔·杜布瓦-雷蒙在最重要的哲学原则上也有着和微耳和相类似的矛盾，这种矛盾得到二元论学派，首先是好战的教会的喝彩。这位柏林科学院的著名演说家一般主张一元论的原则，并驳斥了活力论和先验的生命观。正因为如此，当他于1872年在其影响深远的不可知论的演说中提出"意识"是不可解的宇宙之谜，将其视为与其他大脑功能不同的超自然现象时，反对派的胜利的欢呼声才喊得更响。以后我还会谈到这一问题。

客观心理学和主观心理学

许多灵魂现象，特别是意识的全部特征，决定了自然科学研究方法的某些改变。这里特别重要的是，一般客观的外部观察还要加上内省法，即主观的内省，这种主观内省则受到我们的"我"在意识上的反映的制约。从这种"自我的直接确实性"出发，绝大多数的心理学家得出"我思故我在"的结论。让我们先来看一看这一认识途径，然后再讲讲其他辅助方法。

内省心理学（灵魂的自我观察）

千百年来在关于人的灵魂生活的卷帙浩繁的著述中所写的知识，绝大部分都来自内省的灵魂研究，也就是来自自我观察，来自对客观的"内在经验"进行综合和批判所得出的结论。对于灵魂学说的一个重要部分，即首先对意识的研究来说，这种内省的方法是唯一可行的途径。因而大脑这一功能占有一个完全特殊的地位，比起任何其他的功能来，它更是无数哲学谬误的根源。把精神上的自我观察看成是最重要的或者是唯一的认识源泉，这是远远不够的，并会导致很片面的甚至是错误的概念，很多有名望的哲学家就是犯了这样的错误。灵魂生活中大部分最重要的灵魂现象，首先是感官功能（看、听、嗅等等），此外还有语言，只能用对有机体的任何一种生命活动所采取的那种途径来研究，也就是：第一，对器官进行过细的解剖学上的研究，第二，对其赖以存在的功能进行精确的生理学上的分析。为了对灵魂活动进行"外部观察"并以此来补充"内省"的结果，需要精通人类解剖学、组织学、个体发生学和生理学的知识。对于人类学的不可缺少的基本知识，绝大部分"心理学家"竟毫无了解或者知之甚少，所以他们对自己的灵魂也无法得到一种像样的看法。此外更为糟糕的是，这些被人崇敬的心理学家本身的灵魂，通常表现为高等民族文明人的片面发展（虽然在思辨游戏时是高度发展的！）的心理，也是漫长的种系进化系列的最后一环，这一种系进化系列为数众多的古老而低级的前代，对正确理解这些心理学家的心理也是不可缺少的。正因为如此，绝大部分心理学文献都成了没有价值的废纸。内省的方法无疑是非常有价值的，是不可缺少的，不过它需要其他方法的协作与补充。

精密心理学

19世纪人类知识之树的各个分支越是茂盛，各门科学的不同研究方法越是完善，人们越是要努力精密地描述这一学科，也就是说用尽可能精确的经验来研究现象，并尽可能用数学来严格表达由现象所产生的规律。人类知识只有一小部分能用精确的方法来表达，特别是那些大小可测量的科学，第一是数学，其次是天文学、力学以及物理化学的大部分。这些科学在狭义上可称之为精密学科。把所有的自然科学都看成是与其他的科学，特别是历史学和"精神科学"相对立的"精密"科学，那是不对的，甚至会导致错误。像历史学和精神科学一样，自然科学大部分都不能精密地表达，特别是生物学，还有生物学中的心理学。心理学是生理学的一部分，所以对心理学来说，生理学的基本认识方法乃是必由之路。心理学对灵魂生活的实际现象必须用尽可能精确的经验，即通过观察与实验进行探讨，并通过归纳与演绎的推理，从观察与实验中导出心理规律，尽可能地给以鲜明的表述。不言而喻，单用数学来推导心理规律，只是在罕有的情况下才有可能。用数学的方法研究感官心理中的一部分，才能卓有成效，而其对大脑心理学的极大部分却无能为力。

心理物理学

心理学中的一小部分可进行"精密"的探讨，1860年以来，人们精确研究的结果，把它上升为一个专门的学科，即心理物理学。心理物理学的奠基人是莱比锡的生理学家特奥多尔·费希纳①和恩斯特·亨利希·韦伯②，他们首先研究了感觉对外界作用于感官的刺激的依赖性，特别是研究刺激强度和感觉强度两者之间的量的关系。他们发现引起感觉需要一个最低限度的刺激强度（"刺激阈限"），一个已知的刺激必须达到一定的量才能使感觉发生变化（"区别阈限"）。对最重要的感官感觉（视觉、听觉和压觉）来说，其变化和刺激强度成正比。费希纳通过数学的演算，从这一经验的"韦伯定律"推导出"心理物理学的基本定律"：感觉强度是以算术级数增加的，而刺激强度则以几何级数增加。不过这一费希纳定律也像其他心理物理学"定律"一样受到多次的攻击，而且被怀疑是"不精密"的。无论如何，现代"心理物理学"完全辜负了当初人们对它所抱的巨大期望，其可能应用的范围是非常有限的，可是心理物理学能够把物理学的规律严格地应用到哪怕是"精神生活"一小部分，因而在原则上就具有高度的价值。唯物

---

① 特奥多尔·费希纳（Theodor Fechner，1801—1887），德国物理学家、哲学家和讽刺作家，心理物理学的奠基人之一。

② 恩斯特·亨利希·韦伯（Ernst Heinrich Weber，1795—1878），德国生理学家和解剖学家，实验心理学的奠基人之一。

主义心理学早就需要将这种物理学的规律应用到灵魂生活的整个范围。这种"精密方法"在这里以及对生理学的许多其他部门来说，有着很大的局限性，而且收效甚微。尽管原则上都在努力用它，可是在绝大部分情况下用不上，而比较法与发生法却有用得多。

比较心理学

人与高级动物——特别是亲缘关系相近的哺乳动物——之间在灵魂生活上的明显的类似早已成为众所周知的事实。绝大多数的原始民族至今还不能够严格区分这两种心理现象，比较广泛流行的动物寓言、古老的传说以及灵魂轮回的观念等，便是证明。大多数古代的古典哲学家相信并发现，人与动物的心理没有重大的质的区分，只有量的差别。甚至柏拉图，他首先认为躯体与灵魂之间有着根本的不同，他主张一种灵魂轮回说，说什么同一对灵魂（或"理念"）要经过不同的兽体与人体。基督教将对不死的信仰和上帝的信仰紧密结合起来，认为人的灵魂是不死的，动物的灵魂是必死的，所以它们之间有原则的区别。在二元论的哲学中，由于首先受到笛卡儿（1643 年）的影响，这种原则区别的说法才得以流行。笛卡儿认为只有人才具有真正的"灵魂"，以及随之产生的感觉与自由意志，而动物却是没有意志与感觉的机器，是自动装置。自此以后，大多数的心理学家，特别是康德，都完全忽略了动物的灵魂生活，把心理研究局限在人的身上。居维叶由于创立了比较解剖学，从而把人类心理学提到一个"哲学自然科学"的高度，在此以前，人类心理学由于大部分是纯内省的心理学，并且缺乏有效的比较，所以也停留在与人类形态学相同的低级阶段。

动物心理学

人们对于动物的灵魂生活的科学兴趣只是在 18 世纪后半叶才又活跃起来，这与系统动物学和生理学的进步是分不开的，特别是雷马路斯（Hermann Samuel Reimarus）的《动物本能概论》（1760）一书在汉堡的发表曾引起了轰动。生理学的根本改革为更深入的科学研究提供了可能，这种改革我们要归功于伟大的柏林科学家约翰内斯·弥勒。他是才华横溢的生物学家，他对整个有机界、形态学和生理学都有精湛的研究，他首先把观察与实验的精密的方法应用到生理学的整个领域。同时他还天才地辅之以比较法，并把这些方法应用到最广义的灵魂生活（语言、感觉、大脑活动）和所有其他的生命现象。他的《人体生理学手册》（1840）的第六册专门讲了"灵魂生活"，并用 80 页篇幅描述了最重要的心理学方面的观察。

1859 年查尔斯·达尔文所著的《物种起源》一书，以及把进化论应用到心理学的范围，这对当时的学术界起了巨大的推动作用。所以在最近的五十年中出现了一大批关于动物比较心理学的著述。这些著作中最重要的是以下几个人的著作：英国的罗马尼斯[①]和卢伯克[②]，德国的威廉·冯特[③]、路·毕希纳、格·赫·施奈德（G. H. Schneider）、弗里茨·舒尔策[④]和奥古斯特·福雷尔（Auguste-Henri Forel），法国的阿尔弗雷特·埃斯皮纳和埃·儒尔当，以及意大利的蒂托·维涅里、莫泽里[⑤]等。

当代德国最重要的心理学家之一就是莱比锡的威廉·冯特，他具有其他哲学家无可比拟的优点：精通动物学、解剖学和生理学方面的知识。冯特作为赫尔姆霍茨的助手与学生，早期就惯于把物理化学的基本定律应用到生理学的整个领域，也应用到约翰内斯·弥勒所下定义的心理学，即生理学的一部分。从这些观点出发，冯特在 1863 年发表了颇有价值的《关于人类灵魂与动物灵魂的讲演录》。正如他自己在前言里所说的那样，他证实了最重要的心理学过程的舞台是无意识的灵魂，他向我们揭示了"一种机制，这种机制是以无意识灵魂为背景来巧妙地处理由外部刺激所产生的印象"。冯特工作中特别重要、特别有价值的贡献是他"第一次把力的守恒定律扩大到心理学的范围，并用一系列电生理学的事例加以证明"。

三十年后（1892 年），冯特发表了他大大压缩了和全面修订了的《关于人类灵魂与动物灵魂的讲演录》的第二版。第二版完全抛弃了第一版中最重要的原则，在第二版中以纯二元论的观点取代了第一版的一元论观点。冯特在其再版前言

---

① 罗马尼斯（George Romanes，1848—1894），英国生理学家，达尔文主义者。

② 卢伯克（John Lubbock，1834—1913），英国博物学家、银行家、政治活动家，达尔文主义者，以动物学方面的著作而闻名。

③ 威廉·冯特（Wilhelm Wundt，1832—1920），德国生理学家，心理学家和哲学家。

④ 弗里茨·舒尔策（Fritz Schultze，1846—1908），德国德累斯顿工业大学教授，新康德主义者。

⑤ 莫泽里（Emico Moselli，1852—1929）——意大利神经学家和精神病学家。

中说，他只是逐步地从第一版的重大谬误中解脱出来，说他"多年前已学会了将这部作品看成是他青年时代的罪过"，它"像一种罪恶一样压在他的心头，他想尽可能地加以摆脱"。的确，在冯特这两版广泛流行的《讲演录》中，灵魂学说的最重要的基本观点是完全对立的：第一版纯粹是一元论的和唯物的；而第二版则纯粹是二元论的和唯心的。第一版把心理学当成一门自然科学，按照自然科学的基本规律来讲，心理学只是自然科学的一部分；三十年之后他却把灵魂学说当成一门纯粹的精神科学，其原则和对象则与自然科学完全两样。这种改变最鲜明地表现在他的"身心平行论"的原则中，按照这一理论"心理过程是与身体活动完全相吻合的"。可是这两者又相互独立而没有自然的因果联系。这种关于躯体与灵魂、自然与精神的彻头彻尾的二元论，不言而喻，得到占统治地位的经院哲学的大力赞扬，并被称为重要的进步，特别是由于冯特是一位赫赫有名的科学家，加之他又代表了与我们现代一元论相反的观点，所以这种颂扬就更加热烈了。四十多年来，由于我本人一直站在这一"狭隘"的立场，并且无论进行怎样的努力我都离不开这一立场，所以我很自然地将这位年轻的生理学家冯特"青年时代的罪过"当成是正确的自然认识，并积极地加以捍卫，以反对年迈的哲学家冯特的那种相反的基本观点。

　　非常有趣的是，我们发现有些人，如冯特，以前还有康德、微耳和、杜布瓦-雷蒙以及卡尔·恩斯特·贝尔和其他人等，在哲学原理上都有完全的转变。这些勇敢而富有才华的科学家在他们的青年时代都高瞻远瞩地研究了生物学的整个领域，热心追求一个统一的自然知识的基础，而在晚年他们发现这种知识基础是无法完全达到的，所以他们干脆完全加以放弃。当然他们对这种心理学上的转变可以作以下的辩解："青年时代他们忽视了伟大任务的艰巨性，而错认了他们真正的目标；一到他们深知老之将至、积累了无数经验之际，他们才认识到自己的迷误，并发现了通向真理源泉的真正途径。"人们相反也可以这样认为：这些科学的伟人在他们年富力强的时候，更无偏见，更有勇气知难而进，他们的眼界更为开阔，他们的判断力更为纯正；晚年的经验不仅丰富了他们的认识，而且也可以使这些认识模糊起来。到暮年时他们的大脑也像其他器官一样逐渐退化了。无论如何这种认识上的自我转变本身就是一件富有教益的心理学上的事例，它和"思想转变"的其他许多形式都证明了：最高的灵魂功能也像所有其他生命活动一样，在其生命的过程中也必定发生重大的个别的变化。

民族心理学

要想使比较灵魂学说取得成就,极为重要的是,不要把批判的比较只局限于一般的动物与人,而要把人与动物的灵魂生活的各个不同阶段并列起来加以比较。只有如此,我们才能对心理发展漫长的阶段有一清楚的认识。这一阶段是不间断地从最低级的单细胞的生命形式一直到哺乳动物,最后上溯到它的顶峰即人类。即使对人类本身来讲,每一个发展阶段也非常显著,"灵魂系谱"的分支也极端纷繁,最低阶段的最野蛮的原始人和最高阶段的最完善的文明人的心理差别是巨大的,比人们一般想象的还要大。基于对这种事实的正确认识,特别是在 19 世纪后半叶,对"原始民族人类学"(魏茨[①])的研究便掀起了一个热潮,而比较人种学也对心理学发生了巨大的影响,遗憾的是这种大量搜集起来的原始科学资料没有经过足够的批判整理,还充满着模糊的和神秘的概念,比如著名的旅行家阿道夫·巴斯蒂安[②]提出的所谓"民族思想"就是一例。阿道夫·巴斯蒂安作为柏林"民族学博物馆"的奠基人而功劳卓著,然而他作为多产的作家所写的东西却是毫无批判的堆积与胡乱思辨的怪物。相反弗里茨·舒尔策(莱比锡,1900 年)的批判比较的"原始民族心理学"却很富有教育意义。

个体发生心理学

在灵魂研究的一切方法中,至今最为人们所忽视和最少问津的是灵魂进化史,而这恰恰是一条少有的必由之路,它可以最迅速、最可靠地把我们从充满着心理学的偏见、教条和迷误的黑暗原始森林中引导出来,去彻底认清许多最重要的灵魂问题。像有机进化史的任何一个其他领域一样,我在这里可以先对比一下早在 1866 年就加以区分的进化史的两个主要分支:胚胎史(即个体发生)和种系发生(即系统发生)。灵魂的胚胎史,即个体心理发生,是研究个人灵魂的渐进

---

① 魏茨(Franz Waitz,1821—1864),德国人类学家和哲学家。
② 阿道夫·巴斯蒂安(Adolf Bastian,1826—1905),德国民族学家,柏林民族学博物馆的奠基人和馆长。

的阶段发展，并力求认识支配这种发展的规律。千百年来，人们对人类灵魂生活重要的这一章已经进行了很多探讨，因为合理的教育学必须在早期就提出这样的任务，即从理论上认清儿童灵魂的阶段发展和受教育的能力，教育必须在实践上进行和谐的训练和领导。

可是大多数的教育家都是片面的理想主义者和二元论的哲学家，他们一开始就以唯心主义的心理学的传统偏见来着手他们的任务。只是在最近几十年来针对这种教条倾向，学校里才更多地采用了自然科学的方法，现在人们更加努力地运用进化论的基本规律来判断儿童的灵魂。儿童灵魂的个体原料通过父母及其祖先的遗传，从质上是先天获得的；教育的美好任务就在于通过智育和德育，亦即通过适应来使这种原料结出丰硕的果实。威廉·普莱尔①在其有趣的著作《儿童灵魂：对人类早年心理演化的观察》(1882)一书中才为我们关于早期心理发展的知识奠定了基础。对个体心理的后期阶段和变态的认识还有很多工作要做，在这里，对生物发生基本律的正确与批判的应用，像科学理解的北极星一样开始发出明亮的光辉。

种系发生心理学

五十年前，查尔斯·达尔文把进化论的基本规律应用到心理学，这为心理学，也像为生物学的其他学科一样，开创了一个高度进化的硕果累累的新时代。他的划时代的《物种起源》的第七章是专门研究本能的，里面有着很有价值的论证：动物的本能和所有其他的生命活动一样，也受到历史进化的普遍规律的制约；个别种类动物的特殊的本能通过适应发生改变，而这种"获得的改变"通过遗传又传递给下一代。通过"生存竞争"来进行的自然选择对物种的保持与改变，也像对任何一种生理学的活动的改变一样，都起着一种选择的作用。后来达尔文在他的很多著作中进一步阐发了这一基本观点，并指出：这种"心理演化"的规律也支配整个的有机界，无论是人，还是动物，无论是动物，还是植物，都概不例外，有一个共同起源的有机界的统一性也适用于灵魂生活的整个领域，从最简单的单细胞的有机体一直到人类。

---

① 威廉·普莱尔(Wilhelm Preyer，1841—1897)，德国生理学家。

对达尔文心理学的进一步阐发并将它特别应用到灵魂生活的所有领域,这要归功于英国科学家乔治·罗马尼斯。遗憾的是他的早逝使他不能完成他的一部伟大的著作,这部著作始终是按一元论的进化论来阐述比较灵魂学的所有部分。这部著作已发表的两部分是整个心理学文献中最有价值的成果。第一,书中总结和整理了一些最重要的事实,这些事实千百年来通过对比较灵魂学说进行的观察与实验而从经验上完全得到了确证,这也完全符合我们现代一元论自然研究的原则;其次,这些事实受到客观评论的审查,并按照一定的目的加以分类;第三,由此得出了关于心理学最重要的普遍问题的推理,这些推理完全符合我们现代一元论世界观的基本原则。罗马尼斯著作的第一册叫作《动物界的心理演化》(莱比锡,1885),这部书表述了动物界心理演化的整个漫长阶段,对从最低级动物最简单的感觉与本能一直到最高级动物的意识与理性的最完善的现象,按其自然系统进行了论述。书中还收集了达尔文《论本能》遗稿的许多抄本,凡是有关心理学领域的著述,他都收集在他的书里。

罗马尼斯著作的第二部分,也是最重要的部分,谈的是《人类的心理演化和人类才能的起源》(莱比锡,1893)。这位思想敏锐的心理学家在书中令人信服地证明了"动物和人之间的心理上的界限打破了(!)":人类的概念思维和抽象能力是由亲缘关系相近的哺乳动物的思维与表象的非抽象的初步阶段逐步发展而来的。人类最高级的精神活动,如理性、语言和意识都是由灵长类祖先系列(猿猴和狐猴)中的精神活动的低级初步阶段发展起来的,精神活动并不为人类所独有,人类整个灵魂生活与亲缘关系相近的哺乳动物的灵魂生活只有程度的差别,而没有种类的区分,只有量的不同而没有质的差别。

我向那些对这种极端重要的"灵魂"问题感兴趣的本书读者推荐罗马尼斯这部基本著作。我几乎在所有观点和信念上都与罗马尼斯以及达尔文完全一致,如果这两位作者之间以及在我的以前的文章中有什么明显的分歧的话,那只是因为我的表达的方式不完善或者是基本概念的运用上那种微不足道的差异。此外,最有威望的哲学家对心理学最重要的基本概念也往往有着完全不同的见解,这也是概念科学的特点。

补充 (1908 年)

正当盛行的二元论心理学对生物学的现代进步漠不关心并继续把它"不死

的灵魂"当作一种什么特别神秘的本质时，1904 年出版了一部重要著作，该书坚决地支持了合乎自然的一元论灵魂学。这就是理查德·西蒙①的《记忆是有机界变化中的永恒法则》一书，它为我们对记忆和遗传的复现过程的同一性提供了生理学的证明。1870 年，生理学家埃瓦尔德·赫林②就已提出了"记忆是有机物质一种普遍的功能"，以后我本人于 1875 年在我的《原生体的交替发生》的论文中就试图通过那些天才的思想来解释后天"获得性的遗传"，可是只有西蒙才成功地通过彻底的生理学分析而清楚地证明了类似复现过程的同一性。

---

① 理查德·西蒙（Richard Semon,1859—1918），德国生理学家，以研究记忆和意识著名。
② 埃瓦尔德·赫林（Ewald Hering,1834—1918），德国生理学家，对呼吸、血液和眼睛的立体感觉很有研究。

第七章　灵魂的阶段

关于比较心理学的一元论研究
心理学等级　心理模型和神经系统
本能与理性

　　我们通常称之为"精神"或"灵魂"的那种自然现象中最奇异的现象是生命体的最普遍的属性。在所有生命的物质中,在所有的原生质里,我们不得不承认灵魂生活的首要因素,即喜爱与厌恶的简单的感觉形式,也就是吸引与排斥的简单运动形式。这种"灵魂"的形成与组合的阶段,在不同的生物中也是不同的,它引导我们从静止的细胞灵魂沿着一系列漫长而上升的中间阶段逐渐上溯到有意识的和理性的人类灵魂。

《细胞灵魂与灵魂细胞》
1878 年

　　19 世纪后半叶,心理学在进化论的促进下取得了巨大的进步,而以承认有机界心理学的统一性为其顶峰。比较灵魂学和心理的个体发生与系统发生相结合使我们相信,从最简单的单细胞的原生生物一直上溯到人类,即一切有机生命的所有阶段,都是从相同的基本自然力发展起来的,也就是从感觉与运动的生理功能发展起来的。科学心理学的主要任务将来不能再像以前那样,仅仅只是对高度发达的哲学家的灵魂进行主观和内省的剖析,而是要对人类的精神,首先从一系列低级的动物状态逐步发展起来所经历的漫长阶段进行客观和比较的研究。区分心理学等级的各个阶段,求证其不间断的系统发生关系,这一美好的任务只是在 19 世纪最近的几十年里才认真着手解决。罗马尼斯的杰出著作就是首先这样做的。我们在这里只是简单地谈谈那些重要阶段的认识所涉及的最为普遍的几个问题。

心理的物质基础

所有灵魂生活的现象，毫无例外都和躯体的生命实体中的、也就是原生质中的物质过程分不开。我们把作为心理不可缺少的基础的那一部分原生质称之为心理模型（从一元论的意义上讲是"灵魂实体"），也就是说我们并不认为其中有什么特殊的"本质"，而且把心理看成是原生质的整个心理功能的集体概念。从这个意义上讲，"灵魂"就像"新陈代谢"或"繁殖"一样，也是一种生理学的抽象。由于器官和组织先进分工的结果，人和高级动物的心理模型就是神经系统、神经节细胞的神经浆及其传导分支，即神经纤维所分化出来的组成部分。低级动物却相反，它们还没有单独的神经和感觉器官，心理模型还没有达到单独分化出来的程度，植物也是如此。对于单细胞的原生生物来说，归根到底，其心理模型要么和该简单细胞的整个活的原生质完全等同，要么与其一部分完全等同。在所有的情况下，不管是在心理等级的最低阶段还是最高阶段，心理模型必然具有一定的化学成分及其一定的物理性质，如果"灵魂"要起作用或活动的话。对原生动物来说，其原生质的感觉和运动的基本灵魂活动是这样，对高级动物及其顶峰人类来说，其感觉器官和大脑的复合机能也是这样。我们称之为"灵魂"的心理模型的活动始终与新陈代谢有关。

感 觉 等 级

所有有生命的机体，毫无例外地都是有感觉的，它们对周围外界情况进行辨别，并通过其内部一定的变化作出反应。外界的光和热、重力和电、机械过程和化学过程，作为"刺激"作用于有感觉的心理模型，并在其分子的组合中引起变化。我们一般把心理模型感觉的主要阶段分为下列五个阶段。

1. 在结构的最低阶段，整个心理模型都具有感觉，并对作用的刺激进行反应。最低级的原生生物、许多植物和一部分最原始的动物就是如此。

2. 在第二个阶段，躯体的表皮出现了最简单的无关紧要的感觉器官，而以原生质丝和色素斑的形式出现，它们是触觉器官和眼睛的先导。一部分高级的原生生物以及许多低级动植物就是这样。

3.在第三个阶段中,从这种简单的基础分化出专门的感觉器官,这些感觉器官有其生物的适应性,是嗅觉和味觉的化学器官,是触觉和温觉、听觉和视觉的物理器官。这些较高级的感觉器官的"特殊的能力"并不是其固有的属性,而是通过功能的适应和渐进的遗传一步步获得的。

4.在第四个阶段出现了神经系统的集中,同时还有感觉的集中,对于以前孤立或者是局部感觉联想的结果出现了表象,这种表象对许多低级的和高级的动物来说,起初还是无意识的。

5.在第五个阶段中,感觉在神经系统中枢反映的结果就出现了最高的心理功能,即有意识的感觉,人类和较高级的脊椎动物,大约还有一部分较高级的无脊椎动物(关节动物)就是如此。

运 动 等 级

所有生物都毫无例外地可以自发运动,而死的不动的无机物(晶体)却与此相反,也就是说在活跃的心理模型中,由于内因而发生了分子的位移,而这种内因要归之于其自身的化学结构。这种活跃的生命运动,部分可以通过观察而直接发现,部分只能间接从其所起的效应来推知。我们把运动分成下列五个阶段。

1.处于有机生命最低阶段的绿蓝藻类、很多原生植物类以及低级的后生植物类等,我们只能知道它们生长的运动,而生长运动是一切有机体所共有的。这种运动一般进行得很慢,人不能直接观察到,只能间接地从其结果,即从生长体的大小与形状的变化推论出来。

2.许多原生生物,特别是硅藻科和鼓藻类中的单细胞的海藻,它们通过分泌,亦即单方面的将胶状物排出而进行着爬行或浮游式的运动。

3.其他的水中浮游生物,比如放射目、管状水母、栉状水母等,它们由于空气的渗透和排出而使其比重发生改变,做着一浮一沉的运动。

4.很多植物,特别是敏感的含羞草属和其他的豆科植物,借助于膨压的变化来进行叶子和其他部分的运动,也就是说变化细胞内的张力从而也使细胞内对其周围有弹性的细胞壁的压力发生变化。

5.所有有机物运动中最为重要的运动就是收缩现象,亦即物体表面的变形,这和分子的相互位移是分不开的,而总是在收缩和膨胀这两种情况下进行的。原生质收缩有四种形式:A. 变形运动(根足类、血细胞、色素细胞等运动);B. 封闭细胞内部原生质的涨溢运动(或潮汐运动);C. 毡毛运动(鞭毛运动、纤毛运动),纤毛虫、精子、纤毛上皮细胞等都是这样;D. 肌肉运动(绝大部分动物都是如此)。

反射等级(反射现象、反射运动等)

通过感觉与运动相结合而出现的最基本的灵魂活动,我们称之为(在广义上!)反射或反射功能(反射的传导),最好称之为反射活动。不管是哪一种运动,都是引起感觉的那种刺激的直接结果,所以人们在其最简单的情况下(如在原生生物身上)干脆称之为"刺激运动",所有活的原生质都具有应激性。周围外界的任何一种物理的或化学的变化,在任何情况下都可以作为刺激而对心理模型发生作用,并引起或者"释放"运动。我们以后将会看到,"释放"这一重要的物理学概念怎样把最简单的有机反射活动与无机界类似的机械运动过程直接结合起来(例如由火花引起的火药爆炸,由撞击引起的炸药爆炸)。我们将反射等级分成下列七个阶段。

1. 在结构的最低级阶段,比如最低级的原生生物,外界的刺激(光、热、电等)对其无所区别的原生质只能引起生长和新陈代谢这种必不可少的内部运动,这种运动对所有的有机体来说都是共同的,而且对其物种的保存也是不可或缺的,绝大多数的植物也是这样。

2. 对许多自己活动的原生生物来说(特别是阿米巴、日光虫甚至根足类),外部刺激于单细胞体赤裸表皮的任何一点都会引起躯体的外部运动,这种外部运动以变形或经常以位移的形式表现出来(变形运动,伪足形成,伪足的伸展和收缩)。原生质的这种变化不定的突起还不是固定的器官。普通的有机体的应激性作为无所区别的反射,同样也表现在有感觉的"含羞草"以及低级的后生动物身上,在这种多细胞的有机体身上,刺激可以从一个细胞继续传递给另外一个细胞,因为所有的细胞都由细纤维联结在一起。

3. 许多原生生物,特别是高度发达的原生动物,在其单细胞躯体上已经具有两种最简单的小器官:敏感的触觉器官和自动的运动器官。这两种小器官都是原生质外部的直接突起。作用于触觉器官的刺激直接由单细胞体的心理模型传导给运动器官，从而引起躯体的收缩。对许多静态的纤毛虫（例如鞭虫纲的蕨齿双毛藻、纤毛虫纲的钟珠虫属）就可以特别清楚地观察到这些现象，并可以从实验上加以证实。细胞游离末梢的敏感的毡毛（鞭毛）一受到最轻微的刺激，就会立刻引起另一端固定末梢的线状蒂的收缩，人们把这种现象称之为"简单的反射弧"。

4.纤毛虫的单细胞机体的这种过程直接引起了神经肌肉细胞的有趣的机制，而这种机制是低级的后生动物的多细胞体所具有的，特别是刺胞动物（水螅和珊瑚虫）。每一个"神经肌肉细胞"都是一个"单细胞的反射器官"。神经肌肉细胞的表皮有一个感觉点，其内部相反的一端有一个运动肌肉纤维，前者一受到刺激，后者就进行收缩。

5.其他的刺胞动物，特别是自由游动的水母（它是定居的水螅的近亲），其简单的神经肌肉细胞分为两个不同的细胞，其间有一条神经纤维将它们联结在一起：一个是表皮上的外部感觉细胞，另一个是皮下的内部肌肉细胞。在这双细胞的反射器官中前者是感觉的基本器官，而后者是运动的基本器官，心理模型纤维作为一座联系的桥梁，把刺激从感觉器官传导到运动器官。

6.在反应机制渐次形成中，最重要的进步是三种细胞的分离，上述简单的联系桥梁已为一个独立的第三细胞，即灵魂细胞或神经节细胞所取代，同时也出现了一种新的心理功能——"无意识的表象"，其位置正是这个中心细胞。刺激先由敏感的感觉细胞传给这种中介的表象细胞或者是灵魂细胞，然后由表象细胞向自动的肌肉细胞发出运动的命令。大多数的无脊椎动物都具有这种"三细胞的反射器官"。

7.绝大多数的脊椎动物，具有四细胞的反射器官，以取代上述的结构：在敏感的感觉细胞和自动的肌肉细胞之间不是一个而是两个不同的灵魂细胞插了进来。外界刺激先由感官细胞向心地传导给感觉细胞（敏感的灵魂细胞），然后再由感觉细胞传递给意志细胞（自动的灵魂细胞），最后由意志细胞传导给收缩的肌肉细胞。当为数众多的反射器官互相联系并插入新的灵魂细胞时，这就形成人类和高级脊椎动物的复杂的反射机制。

简单和复杂的反射

单细胞机体（原生生物）和多细胞机体之间，其形态与生理上最重要的差别是与它们的基本灵魂活动,亦即反射活动是互相印证的。单细胞的原生生物(建原生质的原生植物与噬原生质的原生动物一样),其反射的整个物理过程仅发生在单细胞的原生质内部,其"细胞灵魂"还具有心理模型的一种统一功能,随着特殊器官的分化,它的各个阶段才开始显现出来。组合原生生物,即细胞组合(团藻虫属和独缩虫属),已经开始了灵魂活动的第二个阶段,即复合反射活动。将这些细胞组合结合在一起的无数社会性细胞,往往直接通过纤维状的原生质之桥或密或疏地连在一起。对集团中一个或几个细胞的刺激将通过联系之桥而传递给其他的细胞,从而引起所有细胞的共同收缩。这种联系也存在于多细胞的动植物组织之内。以前人们错误地认为,植物组织的细胞是各自孤立的,而现在到处都证实了有一种纤细的原生质纤维穿过厚厚的细胞膜,而使得活跃的原生质体在物质上和心理上联系在一起。当行人踏过含羞草所在的地面时,含羞草敏感的根部便摇颤起来,这个刺激立即传导给茎干的所有细胞,其柔嫩的叶子马上紧闭,叶柄也随之下垂,这都是上述原因引起的。

反射活动和意识

所有反射现象的一个重要和普遍的特点是没有意识。基于我们在第十章所分析的理由,我们认为只有人类和高级动物才具有真正的意识,而植物和低级动物以及原生生物却没有真正的意识。植物和低级动物所有的刺激运动只能看作是反射,亦即非自发的和通过内因而引起的运动(冲动和自动的运动)。而高级动物却完全两样,它们有着发达的中枢神经系统和完善的感官。在这里,心理反射活动逐渐发展成为意识,而进行有意识的意志行动,与那种继续存在的反射活动适成对照。不过反射就像本能一样,可以区分为两种根本不同的现象,一个是一级反射,一个是二级反射。一级反射从种系发生来说从来就不是有意识的,而保有其原有的本性(由低级动物祖先遗传下来的)。二级反射则是祖先有意识的意志行动,后来由于习惯或意识的丧失而成为无意识的动作。不过在有意识和无意识的灵魂功能之间并没有严格的界限。

表 象 等 级

较早的心理学家(例如赫尔巴特[①])把"表象"看成是灵魂基本的现象,其他一切现象都是由此引出的。现代比较心理学虽然接受这种看法,但只限于无意识的表象概念,而把有意识的表象则看成是灵魂生活的次级现象。植物和低级动物完全没有这种次级现象,只有高级动物才能形成这种现象。在心理学家对"表象"的概念下的很多矛盾的定义中,我们认为通过感觉能把外界事物的内部映象传达给我们的那种表象的定义是最确切的(在某种意义上说是"观念"),我们将表象功能的逐步上升阶段分为下列四个主要阶段。

1. 细胞表象　在最低阶段,表象是心理模型的一般生理的功能。最简单的单细胞的原生生物,其感觉又在心理模型中留下了永久的痕迹,而这种痕迹可由记忆再复现出来。我所讲的4000余种放射动物中,每一种都具有一种特殊的遗传骨骼形态。这种特殊的构造极端复杂的骨骼是由形状极端简单(绝大多数是圆形的)的细胞所组成,其产生是可以解释清楚的,因为,我们认为只有参与构造的原生质才具有表象的官能以及使"可塑的距离感"进行特殊复现的官能。我在《放射动物心理学》一书中曾论及这一问题。

2. 组织表象　群居原生生物的细胞组合,更多的是植物以及低级无神经动物(海绵动物、珊瑚虫)的组织中已经有无意识表象的第二个阶段,这种表象起因于很多相互紧密联系的细胞的共同灵魂生活。如果某一种刺激不仅引起一种器官暂时的反射运动(例如植物的叶子、珊瑚虫的一肢),而且还留下一种永久印象,而这种印象又可以由这种器官在以后自发地复现出来的话,那么,我们则认为这种现象是一种与联合组织细胞的心理模型有关的组织记忆。

3. 神经节细胞的无意识表象　表象的第三个较高级的阶段是动物界灵魂活动最常见的形态,这一阶段表现为表象在某些"灵魂细胞"中的定位作用。在最简单的情况下,对反射活动来说,它只是在发展的第六个阶段才出现,如果三细胞的反射器官形成了的话。表象的所在地是一种中间灵魂的细胞,它位于敏感的感官细胞与自动的肌肉细胞之间。动物界中中枢神经系统越是发达,其分化

---

①　赫尔巴特(Johann Friedrich Herbart,1776—1841),德国哲学家、心理学家和教育家。

与整合越是增强，这种无意识表象的形成所达到的阶段就越高。

4.大脑细胞的有意识表象　只是当动物结构发展到最高阶段，意识才作为神经系统的某一种中央器官的特殊功能出现。当表象变为有意识的表象，大脑的特殊部分充分发展成有意识表象的联想时，这样有机体才具有那种最高的心理功能，这种功能我们称之为思维和思考、悟性和理性。对早期无意识表象和晚期有意识表象之间的发生界限虽然很难确定，不过我们可以作这样的估计，即后者是由前者多源发生而来，因为我们发现不仅脊椎动物种系的最高级的形式（人类、哺乳动物、一部分低级的脊椎动物）具有有意识的和有理性的思维，而且其他种类动物高度进化的代表（蚂蚁和其他昆虫、关节动物中的蜘蛛和较高级的蟹类，也许软体动物中的头足类）也具有这种思维。

记 忆 等 级

和表象发展阶段密切联系的是记忆阶段。心理模型这一极重要的功能——所有灵魂进一步发展的条件——从根本上来讲是表象的复现。由刺激所引起的感觉在原生质中产生印象，这种印象留存下来而变成表象，并由记忆加以重新复活，然后从潜在状态过渡到现实状态，心理模型的潜在的"张力"转化为积极的"活力（动能）"。相应于表象的四个阶段，记忆在其上升发展中也可以分为四个主要阶段。

1.细胞记忆　1870年，埃瓦尔德·赫林在其一篇思想丰富的论文中就已经把记忆称之为"有机物质的普遍功能"，并特别强调这种灵魂活动的高度意义，"我们是什么，我们有什么，这一切都归功于灵魂活动"。我本人后来在1876年在我的《原生体的交替发生（生命微粒之波状发生：试论基本发展过程的机械解释）》一文中，曾进一步阐发这一思想，并将其卓有成效地运用于进化论。我在文中试图证实，"无意识的记忆"是所有原生体的一种普遍的最重要的功能，这种原生体也就是那种所臆想的分子和分子群，耐格里称之为分子团，其他的人则称之为原生质。活的原生体，作为活跃的原生质的单个分子可以复现，并具有记忆。这就是有机界和无机界的主要区别。可以说"遗传是原生体的记忆，变异性是原生体的理解力"，单细胞原生生物的基本记忆是由原生体或分子团的分子记忆组合而成，活动的细胞体就是由这种原生体构成的。就单细胞原生生物的无意识记忆的惊人效应来说,再也没有什么比其复杂的保护器官即外壳和骨骼的极端复杂而又有规律的构造更有意义了。原生植物中的硅藻科和鼓藻以及原生动物中的放射动物的苔藓虫类等,提供了许多有趣的例证。数千种原生生物中世代相传的特殊的骨骼形式是相对稳定的,这是其无意识记忆的确证,最近理查德·西蒙在一本很有意义的著作《记忆是有机界变化中的永恒法则》(1904)一书中对此进行了生理学的论证。

2.组织记忆　同样,植物和没有神经的低级动物(海绵动物等)体中,个别器官和组织的遗传也为记忆的第二个阶段即组织的无意识的记忆提供了有趣的证明。第二个阶段是组织—表象的复现,即那种细胞表象联想的复现,这种细胞—表象是随着群居原生生物的细胞组合的形成而开始的。

3.无意识记忆　该阶段是已经具有一种神经系统的动物的"记忆",它同样可以作为相应的"无意识表象"的复现来看待,这些无意识的表象储存于某一些神经节细胞之内。绝大多数的低级动物的记忆可能都是无意识的。人和高级动物必定具有意识;其无意识记忆的日常功能要比有意识的记忆来得更为经常,更为多样。我们只要没有偏见地考察一下千百件无意识的活动,就会很容易地相信这一事实,例如,我们每天由于习惯而无须任何思考就会进行走路、说话、吃饭等活动。

4.有意识记忆　对人类和高级动物来说,由一定的脑细胞所参与的有意识的记忆,是一种在后期才出现的"内部反映",是其心理表象复现的最高成果,而这种表象复现在我们动物祖先那里则表现为神经节细胞中的无意识过程。

表象的联结

表象的联结,我们通常称之为观念的联想,同样也经历了一个从最低到最高阶段的漫长过程,刚开始时大多都是无意识的("本能"),只是在较高级的动物中,这种观念的联想才逐渐变成有意识的("理性")。这种"观念联想"的心理产品是极其复杂的,它经历了一个漫长的不间断的逐渐进化的阶段,从最低级的原生生物的最简单的无意识的联想,一直进化到文明人的非常完善的有意识的观念联想。人类意识的统一也是人类本身的最高成果（休谟[1]、孔狄亚克[2]）。所有较高级的灵魂生活越是完善，对无数表象的正常联结越是扩展，这些表象就被"纯理性批判"安排得越是合理。梦中就没有这种批判，所以其复现表象的联想就采取了一种极为混乱的形式。但是在诗歌幻想的创作中，现存的表象通过复杂的联结产生了一个全新的表象组合，还有在幻觉中，表象常常完全反常地排列着，因此，清醒地观察一下，即可看出它们完全是非理性的，特别是那种超自然的"信仰形象"，唯灵论和玄秘主义的幽灵，以及先验的二元论哲学的幻想图景也莫不如此。不过恰恰是这种"信仰"和所谓"启示"的反常联想被奉为最珍贵的"精神财富"。

本　能

　　至今还为很多人所信奉的中世纪的陈腐的心理学，把人类和动物的灵魂生活看成是完全不同的现象：前者出于"理性"，后者出于"本能"。人们根据传统的创世史认为，每一种动物在其被创造时都由造物主赋予一种一定的无意识的灵魂品质，每一物种的这种"本能"也像其躯体结构一样，是不变的。1809 年拉马克创立了他的起源论，从而证实了这一谬论是站不住脚的；1859 年其又被达尔文驳得体无完肤。

　　达尔文根据自己的选择论证实了以下的重要法则：（1）物种的本能各不相同，同样通过适应而发生变异，如同躯体构造的形态特征发生变异一样。（2）这种变异（大部分是由于变化了的习惯所引起的）通过遗传部分传给后代，在世代相传的过程中逐步积累并趋于固定。（3）选择（无论是人工的还是自然的）在遗传的灵魂活动的这种变异中进行选择，保留其适应者而剔除其不那么适应的变种。（4）由此所造成的心理特性的趋异，在世代相传的系列过程中产生了新的本能，就如同形态特性的趋异而产生了新的物种一样。达尔文的本能论现已为绝大多数的生物学家所承认，约翰·罗马尼斯在其杰作《动物界的心理演化》（1885）一书中曾对这种理论作了详细深入的阐发，并加以大大的发展，所以我在这里只是约略地提一下。按我的意见，一切有机体都具有本能，所有原生生物、

---

　　① 休谟（David Hume,1711—1776），英国哲学家、历史学家和经济学家，不可知论者的代表之一。
　　② 孔狄亚克（Etienne de Condillac,1715—1780），法国启蒙思想家、哲学家，感觉论者，洛克的信徒。

植物以及所有动物和人类都概不例外。

无数的本能形式主要可分为两种，即初级本能和后起本能。初级本能是一般的较低级冲动，它从有机生命的开始就处于心理模型中，并且是无意识的：自我保持的冲动（防御和营养）和种族保持的冲动（繁殖和孵育）。有机生命的这两种基本冲动——食欲和性恋，原先都是无意识的，与悟性或理性无关，以后在高级动物那里，比如人类，就成了意识的对象。后起本能则与此相反，它们原来是通过智力的适应而产生的：通过理智的思考和推断的有目的的意识行动，渐渐变成了习惯，这种"其他的特性"在无意识地发生作用，在遗传中作为"先天的"传给下一代。原生体在时间的过程中，丧失了原来与高级动物和人类这种特殊本能有关的意识和思考（如"缩短遗传"），高级动物的无意识有目的的行动（比如艺术冲动）现在已经作为先天的本能出现。人类的"先天的认识"的产生也可以这样解释，它在祖先那里是后天的，是由经验发展而来的。

理 性 等 级

对动物的灵魂生活毫无所知并对其心理进行肤浅的观察，那就会只承认人类才具有"真正的灵魂"，"理性"和意识是人类独有的最高财富。这种陈腐的谬误（至今还在许多教科书上出现）已为近五十年来比较心理学彻底推翻了。高级的脊椎动物（首先是与人类亲缘关系相近的哺乳动物）像人类自己一样，也具有理性。动物界如同人类一样，其理性经历了一个漫长的逐渐进化的过程。这一重要的命题已为罗马尼斯及其他人所进行的公正的彻底批判比较令人信服地证明了。我们在这里不予赘述。对于理性和悟性的区别也不再进行深入的探讨，关于它们的概念和界限如同心理学的许多其他基本概念一样，连一些最有名望的哲学家都下了互相矛盾的定义。一般可以这样说，构成概念的能力是这两种大脑功能所共有的；对于悟性来说，只包括具体的近似的联想这样狭小的范围，而理性则包括抽象的全面的联想群的更为广阔的范围。从低级动物的反射活动和本能一直到最高级动物的理性，在这个漫长的阶段中悟性是先于理性发展的。从我们一般的生理学观察来说，首先这一事实是至为重要的，即最发达的灵魂活动像其器官一样，也受到遗传和适应规律的制约。

语　言

概念、悟性和理性的更高一级的发展使人类远远地超越动物，而且也与人类语言的形成有密切的关系。但在这里也像前面所讲的一样，有一个漫长的发展阶段，即从最低级到最高级阶段的不间断的形成阶段。语言和理性一样，并非为人类所专有，从广义上讲，语言是所有高级群居动物所共有的特点，至少所有群居的关节动物和脊椎动物是如此。为了表达和传达它们的想法就一定要有语言。这可能通过接触或者发出信号或者通过具有一定意义的声音来表示，鸣禽和会唱的类人猿的歌声，属于唇动语言，犬吠和马嘶也是如此，此外则是蟋鸣和蝉噪，而只有人类才发展出一种有音节的概念语言，它使人类的理性具有更高的效能。比较语言研究是 19 世纪出现的最有趣的科学之一，它向我们说明为数众多的不同民族高度发展的语言是由少数的简单的原始语言逐步发展而来的（威廉·洪堡[①]、博普[②]、施莱歇尔[③]、斯泰恩塔尔[④]等）。特别是施莱歇尔在耶拿指出，语言的历史发展遵循着同样的种系发生的规律，这与其他生理活动和器官的历史发展一样。罗马尼斯在 1893 年进一步阐发了这种论证，确证人类语言只是在发展的程度上与其他高级动物不同，其实质和性质则相同。

情感或情绪等级

我们所说的"情感"是灵魂活动的一个重要部分，它无论在理论的还是实践论理学说中都起着巨大的作用。所以它对我们的观察特别重要，因为它说明了大脑功能和其他生理功能（心跳、感官活动、肌肉运动）的直接关系，借此特别可以搞清楚那些企图在原则上把生理学和心理学割裂开来的哲学的反常性和脆弱性。人类情感生活的所有表现，高级动物都有（特别是类人猿和狗）；它们的发展

---

① 威廉·洪堡（Wilhelm Humboldt，1767—1835），德国教育家、语言学家、外交官。
② 博普（Franz Bopp，1791—1867），德国语言学家、梵文学家，比较历史语言学的奠基人之一。
③ 施莱歇尔（August Schleicher，1821—1868），德国语言学家。
④ 斯泰恩塔尔（Heymann Steinthal，1823—1899），德国语言学家。

尽管很不相同,可都归之于心理的两种基本功能,即感觉和运动,以及它们在反射和表象中的联系。喜与厌的感觉是属于广义的感觉,并决定情感,另一方面相应的好与恶("爱与憎")是属于运动的范围,亦即务得其所喜,而力避其所厌。"吸引与排斥"同时是意志的源泉,即极度重要的灵魂要素的源泉,它决定了个体的性格。热情在所有人的灵魂生活中起着非常重要作用,只是"情感"增强的结果。罗马尼斯最近很清楚地指出,情绪是人类和动物所共同的。在有机生命的最低级阶段,在所有的原生生物那里,我们就发现了喜与厌的这种基本情感,这种情感就表现在它们的所谓向性上,向光或向暗,向暖或向寒,表现在对正负电的不同反应上。在灵魂生活的最高阶段,文明人有了最细致的情感,有程度不同的好与恶、爱与憎,这些就是文明史的动力,是诗歌的不竭源泉。在单细胞原生生物的心理模型中,其情感的最原始的状态和人类热情的最高发展形式之间,有着一根可以把所有能够想象到的过渡阶段连接在一起的互相联系的链条。人类的热情是在大脑皮层的神经节细胞或神经元中产生的,它也绝对受物理定律的制约,正如伟大的斯宾诺莎在其名著《情感静力学》一书中所证明的那样。

意 志 等 级

意志的概念也和其他心理学的基本概念(表象、灵魂、精神等概念)一样,有各式各样的说法和定义。一会儿将意志广义地说成具有宇宙学的属性:"世界就是意志和表象"(叔本华);一会儿又将意志狭义地看成人类学的属性,作为人类所独具的性质,笛卡儿就主张这种狭义的说法,他认为动物是没有意志、没有感觉的机器。按照习惯的说法,意志是从任意运动的现象中推导出来的,并被看成是绝大多数动物的一种灵魂活动。如果我们在比较生理学和进化史的光耀下对意志进行考察的话,我们就会确信——就如同感觉的情况一样——意志是活的心理模型的普遍性质。我们在单细胞的原生生物中所普遍观察到的自动运动和反射运动,我们认为是与生命本身有着密切联系的向性的结果。植物和最低级动物的这种向性,是所有统一在社会性的组织构造之内的各个细胞向性的总结果。

直到"三细胞的反射器官"发达起来,在敏感的感官细胞与自动的肌肉细胞之间插入独立的第三细胞,即"灵魂细胞或神经节细胞",这时我们才能承认这一灵魂细胞是意志的独立的基本器官。低级动物的意志绝大部分还是无意识的。当高级动物的意识发达起来，并作为客观过程的主观反映而存在于灵魂细胞的神经浆中，意志才达到最高阶段，从质上讲可以与人类的意志相提并论，这对人来讲，就是俗话所说的"自由"。肌肉系统和感觉器官与自由的迅速的空间运动及其与大脑的思想器官的协作越是发展，意志的自由展开和作用就越是明显。

意 志 自 由

在一切宇宙之谜中，人类意志自由问题历来是思想家们研究最多的一个问题，这个问题的高度哲学意义同时又和实践哲学、道德、教育、法律的最重要结论有着密切的关系。埃米尔·杜布瓦-雷蒙把这一问题标为"七个宇宙之谜"中的第七个，他对意志自由这个问题说得很对："这个问题触及每一个人，似乎可以为每一个人所接受，它和人类的社会基本条件有着千丝万缕的纠葛，最深刻地涉及宗教信仰，所以这一问题在精神史和文化史中起了无与伦比的重要作用，对这个问题的态度也就清楚地反映出人类精神的发展阶段——大约根本没有这种人类思索的对象，可是在图书馆卷帙浩繁、尘封发霉的书堆中，却充满了对这个问题的论述。"——康德直接把对"意志自由"的信念与对"灵魂不死"的信念以及对"上帝的信仰"相提并论，从这当中也可清楚地看出这个问题的重要性。康德称这三大问题是"实践理性"不可缺少的"公设"，而他以前曾指出，其现实性在纯理性的光辉照耀下是无法得到证明的！

在这场关于意志自由的极其混乱的大论战中，大约这一事实是最引人注目的：意志自由这个问题从理论上不仅为最高批判的哲学家，也为极端反对派所否定。虽然如此，它至今仍为绝大多数的人当作不言而喻的东西。基督教杰出的大师、教会长老奥古斯丁[①]和改革家加尔文[②]也像纯唯物主义的著名领袖，如18世纪的霍尔巴赫[③]、19世纪的毕希纳一样，确定无疑地否定了意志自由。基督教神学家们否认自由意志，因为它和上帝的全能以及宿命论的坚定信仰是不相容

---

　① 奥古斯丁（Aurelius Augustinus，354—430），基督教神学家和哲学家，宗教世界观的狂热宣扬者。
　② 加尔文（Jean Calvin，1509—1564），宗教改革家，基督教新教加尔文教派的创始人。
　③ 霍尔巴赫（Paul Holbach，1723—1789），法国哲学家，机械唯物主义的代表人物，无神论者，法国资产阶级革命的启蒙思想家之一。

的。上帝全能全知，能预见永恒的一切，并主宰永恒的一切，所以它也规定了人类的行动。如果人能够按其自由意志行动而与上帝所预先规定的不相符合的话，那么上帝就不是全能和全知的了。在这个意义上，莱布尼茨是一个绝对的宿命论者。18世纪的一元论科学家［如拉普拉斯（Pierre-Simon de Laplace）］靠着他们机械论的世界观捍卫着宿命论。

在宿命论者和非宿命论者、意志自由的反对者和拥护者之间的这一大论战，直到今天，在两千多年之后的今天才最终以前者获胜而告终。人类的意志和高级动物的意志都没有什么自由，后者和前者只有程度的差别而没有性质上的区分。在18世纪主要是以哲学和宇宙学的一般原理来驳斥意志自由的老教条，而19世纪却送给我们一种完全不同的武器以对这种教条进行致命的打击，这种强大的武器就是比较生理学和进化史的武器库提供给我们的。我们现在知道每一种意志行为都是由意志个体的结构所决定的，并且也受到当时周围外部世界的条件所制约，这一点和其他的灵魂活动一样。向性的性质一开始就由父母和祖先的遗传所决定，每次行动的决断也是由对当时情况的适应所决定。最强烈的动机发出最后的决断，这和决定情感静力学的规律是一致的。

第八章 灵魂的胚胎史

关于个体发生心理学的一元论研究
人的个体生命的灵魂生活的进化

受孕这一奇异的事实对心理学，特别是对细胞灵魂学说有着极重要的意义，并是其自然基础。我们认为两种性细胞具有较低级灵魂活动的性质，只有如此，对受孕（雄性的精细胞和雌性的卵细胞融合成一种新细胞）这一重要过程才能理解和解释。两种性细胞感觉互相接近，由于一种感官的冲动（可能类似嗅觉）互相吸引；它们彼此不停地运动，直到互相融合为止。——两种双亲的细胞核的特殊融合决定了幼婴的个体心理的特征。

《人类起源》
1891 年

我们人类的灵魂——不管人们怎么理解它的实质——在我们个体生命的过程中永远是发展的。对我们一元论心理学来说，个体发生的事实有着根本的意义，虽然绝大多数的"心理学专家"有的对它很少注意，有的对它根本不加注意。按照贝尔的意见以及现代生物学家的流行说法，个体进化是"研究有机体的真正灯塔"，也给我们点燃了能照亮灵魂生活中最重要秘密的真正火炬。

尽管"人类灵魂胚胎史"极其重要而有意义，可是直到今天它只在非常狭小的范围受到注意。现在只是教育家对人类灵魂胚胎史的一部分进行研究。由于其实践业务的关系，他们对儿童灵魂活动的形成负有引导与监督的责任，所以不得不从理论上去观察心理发生的事例。不过这些教育家——不管他们对这有怎样的想法！——无论在现代还是在古代大都受到占统治地位的二元论心理学的影响，而对比较心理学最重要的事实和大脑的结构与功能却大都一无所知。此外，他们的观察极大部分是针对学龄儿童或者是学龄前几年的儿童。儿童早期个体心理的奇特现象，这正是有识的父母所最感兴趣的，却从来不是科学深入研究的对象。直到 1882 年威廉·普莱尔才以他有趣的著作《儿童灵魂：对人类早年心理演化的观察》开创了这方面研究的道路。不过我们要彻底了解，就得追本溯源直到受精卵中灵魂的最初发生。

个体灵魂的发生

　　人类个体——我们的躯体和灵魂——的起源和最初发生在 19 世纪初还完全是个谜。1759 年,伟大的卡斯帕尔·弗里德里希·沃尔弗在其《发育论》一书中揭示了胚胎发育的真正本质,并根据可靠的仔细观察指出,胚胎由简单的卵细胞进化时,就发生了真正的渐成论,即表现为一系列最引人注目的渐成过程。可是当时以著名的阿尔布雷希特·哈勒为首的生理学家却对这种经验的直接通过显微镜即可显示的知识拒之于千里之外,顽固坚持胚胎预成论的传统教条。根据这一教条,人们认为在人的卵细胞——如在所有动物的卵细胞里一样——机体及其所有部分已经预先形成,胚胎的进化只是被束缚部分的"展开"。于是作为这一谬误的必然结论就产生了前面所讲的装填论:因为在雌性胚胎中已经有了卵巢,所以人们一定会这么设想,在其卵中事先已装填了下一代的胚胎,如此等等,以至无穷。与"卵源论"学派的教条遥相呼应的是另外一种同样荒谬的论调,即"精源论"。这种观点认为胚胎不在母体的卵细胞中,而在父体的精细胞里,在"精虫"(精子)里才装填着世代的系列。

　　莱布尼茨也把这种装填论完全引用于人的灵魂,他像否定躯体一样,也否定灵魂的真正进化(渐成论)。他在其护神论中说:"我认为有朝一日成为人类灵魂的那种灵魂,就像其他物种中的任何物种一样早在精子内存在了,有机体灵魂从其祖先一直上溯到亚当,也就是从万物开始时起,就已存在于有机体的形态之内了。"这种类似的观点在生物学与哲学领域内非常盛行,直到 19 世纪 30 年代贝尔的胚胎史才给这些观点以致命的打击。这种观点直到今天在心理学领域里还广泛流行,它是目前关于心理个体发生的许多奇异的神秘观念中的一部分。

灵魂起源的神话

　　最近通过对比较人种学的研究,我们得知关于古老文明民族以及现代原始民族丰富多彩的神话,其形成的进一步说明,对心理发生也有着巨大的意义。不过我们要详细叙述那就离题太远了，为此，我想给读者介绍阿德尔伯特·斯沃博达(Adalbert Svoboda)的一部杰作《信仰的形成》(1897)。有关心理发生的神话中，涉及科学或诗歌内容的可分下列五种：(1) 灵魂轮回神话：灵魂以前原寄居在另一种动物的躯体之内，然后由动物的躯体移居于人体。例如埃及僧侣就认为，人的灵魂在肉体死后在各种动物中轮回，三千年后又回到人的肉体。(2) 灵魂植入神话：灵魂独立存在于某一个地方，存在于心理发生贮藏室(大约处于一种胚眠状态或者潜伏生命的状态中)，它由一种鸟(有时是鹰，而经常是"白鹳")衔来并植入人的躯体。(3) 灵魂创造神话：造物主，即被想象为具有人格的"天父"，创造了灵魂，并将它们有时贮藏于灵魂池内(作为"浮游生物"而生活着)，有时置于灵魂树上(作为显花植物的果实)，然后由造物主从中取来并将其置入人的胚胎中(在生殖的过程中)。(4) 灵魂装填神话：即我们在前面已提到过的莱布尼茨的理论。(5) 灵魂分裂神话(鲁道夫·瓦格纳[①]的理论，1855 年，也为其他生理学家所承认)：在生殖过程中居于双亲体内的两个非物质的灵魂中的一部分被分离出来，雌性灵魂胚踞于卵细胞，雄性灵魂胚踞于活跃的精虫，两个胚胎细胞融合时，那两个伴随着胚胎细胞的灵魂就融合成一个新的非物质的灵魂。

灵魂起源心理学

上面所列举的有关人类灵魂起源的虚妄说法，至今还广泛流行，并得到一致公认，可是其彻头彻尾的神话性质现在已完全被证实。数十年来，对卵细胞的受精及胚胎发生的细微过程进行了极其有趣并令人佩服的研究。研究证明，那些奇异的现象完全属于细胞生理学的范围。雌性受胎体(即卵)和雄性授精体(即精子)都是简单的细胞。这种活跃的细胞具有许多名之为细胞灵魂的生理特质，恒定的单细胞原生生物也是如此。这两种性细胞都具有运动和感觉的能力。幼小的卵细胞或"原卵"作阿米巴式的运动；微小的精子，在一滴黏液状的精液中有数百万之多，是一种纤毛细胞，借助于摆动的纤毛而运动，就像通常的纤毛虫(鞭毛虫)一样，在精液中活跃地游动。

这两种细胞如果由于交媾而相遇，或者通过人工授精(比如鱼类)而接触，它

---

① 　鲁道夫·瓦格纳(Rudolf Wagner,1805—1864)，德国生理学家和解剖学家。

们互相吸引并紧紧地结合在一起。这种细胞吸引的原因在于原生质的类似于嗅觉和味觉的化学感官活动,我们称之为"恋爱的化学向性",人们也可以直接称之为(在化学和恋爱的意义上)"细胞亲和力"或"性细胞恋爱"。精液中无数的纤毛细胞活跃地向不动的卵细胞游去,并试图突入其中。正如赫特维希(1875 年)所指出那样,在正常的情况下只有一个幸运的竞争者才能真正达到所期望的目标。一旦这个优胜的"精虫"以它的头部(也就是细胞核)钻进卵细胞体内,这时卵细胞内便分泌出一层很薄的黏液,以防止其他的雄性细胞侵入。赫特维希通过低温使卵细胞处于一种冻僵状态,或用麻醉手段(氯仿、吗啡、烟碱)麻醉卵细胞,这种保护膜就不能形成,就会出现一种"受精过度或多精入卵"的现象。为数很多的精丝钻进了失去知觉的卵细胞体内。这一奇异的事实证明,在这两种性细胞内有一种低级的"细胞本能"(或者至少有一种特别的感官活跃的感觉),就像在它们内部发生有一种重要过程一样。这两种细胞核,卵细胞核和精细胞核互相吸引、接近并在接触中彼此完全融合。受精卵就成为一种重要的新细胞,我们称之为种细胞(受精卵)。这种细胞不断分裂的结果就产生了有着很多器官的多细胞机体。

　　近三十年中,从观察到的这种奇特的受孕事实中所取得的心理学的知识是极为重要的。可是直到目前为止,人们还远远没有认识到它的普遍意义。最基本的成果,可以列举下列五点:(1)任何一个个人和任何其他较高级的动物一样,在其存在开始时都为一个简单细胞。(2)这种种细胞(受精卵)到处都用同样的方式产生,即通过两种不同起源的雌雄细胞(一种是雌性卵细胞,一种是雄性精细胞)的融合或结合而产生。(3)两种性细胞具有不同的"细胞灵魂",也就是说它们通过特殊的感觉与运动形式来区分。(4)在受孕的时候不仅两种性细胞的原生质体及其核互相融合,而且其灵魂也互相融合。换句话说,这两种性细胞中所包含并与原生质的物质密不可分的张力,结合在一起而形成一种新的张力,即新形成的种细胞的"灵魂胚胎"。(5)所以每个人都具有双亲肉体和精神的特质,卵细胞核遗传母体的一部分特质,精细胞核遗传父体的一部分特质。

　　通过这种由经验所获知的受孕现象可以确定下面极为重要的事实:任何一个人像任何一个动物一样都有其个体存在的开端,两个性细胞核完全融合也正是新的种细胞的躯体及灵魂产生之时。这一事实本身就可以把灵魂不死的古老神话完全驳倒,对此我们以后还要谈到。此外,那种把人的个体存在归功于"亲爱的上帝的恩赐"这种广为流行的迷信,也可以由此破除。个体发生的原因仅仅在于双亲的"相爱",在于那种一切多细胞动植物所共有的强烈的性冲动,这种性冲动就导致了交媾。这一生理过程中最根本的东西并非像以前人们所认为的那样，是"拥抱"或与此有关的爱情游戏，而仅仅是雄性精液进入雌性阴道的结果。不过授孕精子和游离卵子结合只有陆栖的动物才有可能（人类通常在子宫内授精）。而低级的水栖动物（例如鱼类、蚝、水母等），其成熟的精子与卵子直接排于水中，使其在偶然的机会中相遇。所以它们没有什么交媾，也没有那种"爱情生活"的复杂心理功能，而这在高级动物中起着重要的作用。正因为如此，不交媾的低级动物就没有那种有趣的器官，达尔文称之为"副性征"（性选择的产物）：如男子的胡须、鹿的角、极乐鸟和许多鹑鸡目的美丽羽毛，以及雄性所有而为雌性所没有的其他许多标志。

灵 魂 遗 传

上述受孕生理学的结论中，双亲灵魂品质的遗传对心理学具有特别重要的意义。大家都知道，任何一个儿童都从双亲那里继承其特殊的性格、气质、才能、锐感、意志力等。人所共知的事实是，祖父母的心理特质也常常可以遗传给下一代。一个人在某些方面，无论在其精神特质，还是在其体质的特点方面，比起其父母来要更像其祖父母。所有这些奇特的遗传规律，我首先于 1866 年在我的《有机体普通形态学》一书中作了阐述，并在《自然创造史》一书中加以通俗化，它们对于灵魂活动和躯体构造的特殊现象都是普遍适用的，对于精神活动比起躯体构造来说其适用程度往往更为明显和清楚。

1859 年，达尔文首先给我们阐明了遗传在科学认识上的极其伟大的意义。遗传本身是一很大的领域，这里面有着很多不解之谜和生理学上的困难，我们不能要求现在就完全清楚地了解它的各个方面。不过就我们所知，我们可以确切地断定，遗传就是有机体的一种生理功能，它与有机体的生殖活动是分不开的。归根到底，我们把遗传，像所有其他的生命活动一样，都归之于物理和化学的过程，也就是归之于原生质的力学。现在我们对受孕的过程已经了如指掌，我们知道精子核将父体的特质、卵核将母体的特质遗传给新形成的种细胞。两种细胞核融合也就是遗传的关键时刻。通过遗传，灵魂与躯体的个体特质就传给新形成的个体。面对这种个体发生的事实，至今还占统治地位的二元论的和神秘的心理学束手无策，而我们的一元论心理学却以极其简单的方式完满地解释了这一现象。

灵魂融合（心理两性生殖）

对正确判断个体心理发生有着头等意义的生理学方面的事实，是世代系列的心理连续性。受孕之际事实上正是一个新的个体发生之时。这一新的个体，无论就其精神还是体质来说，都不是独立的新形成的个体，而仅仅是双亲因素融合的产物，亦即母体的卵细胞和父体的精细胞融合的产物。在受孕过程中，两种性细胞的细胞灵魂融合就形成一个新的细胞灵魂，如同两个细胞核（它们是心理张力的物质载体）结合而成为一个新的细胞核一样。我们看到同一种类的个体——甚至同胞姊妹——也总有某些细微的差异。我们认为，这些差异在结合的胚细胞的化学原生质结构中就早已存在了。

有机界个体灵魂现象和形态现象的千变万化可以从上述事实中得到解释。魏斯曼[1]却从中导出一个极端而片面的结论。他认为：两性融合，即有性生殖时种的融合，是个体变异性的普遍的也是唯一的原因。这种独创的观点与其种质连续性理论是分不开的，而我认为是言过其实。我确信渐进遗传以及与此有关的功能适应，这两大规律无论是对灵魂还是躯体来说都是适用的。个体在生活中所获得的新的特质，可以部分地对卵细胞和精细胞的种质的分子组合起反作用，并在某种条件下（当然作为潜在的张力）遗传给下一代。

心理返祖现象

如果在受孕之际，即灵魂融合之时，双亲灵魂的张力通过两个恋爱细胞核的融合也可以遗传的话，那么较早的一代，甚至常常是远祖所遗传的心理影响也可以同时传之于后代。这种潜在遗传或返祖现象的规律对心理和解剖结构都同样是适用的，这种"返祖"的奇异现象，我们在珊瑚虫和水母的"世代交替"的很简单而有益的形式中常常看到。两种不同的世代有规律地相互交替变化，第一、第三、第五一样，而第二（和前者不一样）、第四、第六一样。人类和高级植物由于连

---

[1]　魏斯曼（August Weismann，1834—1914），德国生物学家，提出"种质连续"的遗传理论，胚胎原生质理论的奠基人。

续遗传的关系，每一代都和另一代一样，而没有那种规则性的世代交替，尽管如此，许多返祖现象还是非常明显的，这要归之于潜在遗传的规律。

一些杰出人物的灵魂生活细貌，一定的艺术天才和爱好，性格的毅力，气质的热情，多半像他们的祖父母，而不大像他们的父母。也有一些显著的性格特点，既不像他的祖父母，也不像他的父母，而像他很早以前祖先系谱中的某一个祖先，这种情况也并非绝无仅有。在这种奇特的返祖现象中，遗传的规律像适用于容貌、感官、肌肉、骨骼和其他躯体部分的个体品质一样，也适用于心理。在各国的统治王朝和古代贵族的名门世家中，我们可以最明显地看到这种现象。由于他们在国家生活中所占的显要地位，从而提供了个人在世代的锁链中所表现出来的更精确的历史形象，例如霍亨索伦、霍亨斯托芬、奥兰治、波旁等王朝，以及罗马帝国的历代皇帝。

心理学的生物发生基本律（1866 年）

个体进化和种系进化的因果关联，我已在《有机体普通形态学》一书中把它当作一切生物发生研究的最高规律，对形态学和心理学都是普遍适用的。这个规律在两方面对人类有着特殊的意义，我在我的《人类起源》(1874)第一讲"有机进化的基本规律"中对此作了详细的论述。无论是人类，还是其他的有机体，其"胚胎史是种系发生的缩影"。由于稳定遗传的作用，其原有的重演性发生保持越多，则其持续而简略的重演就越完全；反之，由于交互适应的结果，后天的新性发生越多，其重演就越不完全。

将这一基本规律应用于灵魂进化史，我们必须特别强调要用批判的眼光对待这一规律的两个方面。无论是人类，还是高级的动、植物，在其种系发生的数百万年间受到极大干扰或形成新性发生，以致重演性发生或"历史缩影"的原有的纯粹图景显得模糊和有变化。一方面由于同时同地遗传规律的作用，重演性发生的重演得以保存，另一方面由于缩短的简化的遗传规律的作用，新性发生也有了很大的变异。这首先在灵魂器官、神经系统、肌肉和感官的胚胎史中可以清楚地看到。而这也同样适用于与这些器官的正常构造有着密切联系的灵魂活动。因此，人类和一切其他胎生动物的这些器官的胚胎史已有了很大的新性发生的变异，这是因为胚胎的完全形成在母体内需要很长时间。为此，我们可将个体心理发生分为两个主要时期，一是灵魂胚胎发展史，二是灵魂胚后发展史。

胚胎心理发生学

　　人类胚胎的发育，正常情况下在子宫内需要 9 个月（或 270 天）。在这期间，它完全与外部世界隔绝，不仅受到母体子宫的厚厚的肌壁的保护，而且还受到所有三种高级脊椎动物——爬行类、鸟类、哺乳类所共有的特殊胎膜的保护。在羊膜类的这三种动物中，其胎膜（羊膜和浆膜）的发育是完全相同的。这种保护性的构造是所有羊膜类的共同祖先即最古老的爬行类（原始爬行类）在二叠纪（也就是在古生代的末期）获得的。这时，这类较高级的脊椎动物已习惯于陆地生活并呼吸空气，而其先祖即石炭纪的两栖类则像其更为古老的祖先鱼类一样，主要在水中生活与呼吸。

　　这种较古老和较低级的水栖脊椎动物的胚胎史，在很大的程度上就像现在大多数鱼类和两栖类的一样具有重演性发生的特点。常见的蝌蚪，也就是蝾螈和青蛙的幼虫，直到今天，当其在水中自由生活的初期还保持其鱼类祖先的躯体结构，其生活方式也与鱼类相同，即用鳃呼吸，感官功能和其他灵魂器官的功能也一样。只是当游水的蝌蚪发生了有趣的变态，并习惯于陆地生活时，它们像鱼的躯体才变为呼吸空气的四脚爬行的两栖类。

　　人类和所有的其他羊膜类就不是这样，其胚胎因为处于保护性的卵膜内，可以避免外界的直接影响，可以排除与外界的交互作用。此外，羊膜类的特殊哺乳方式为其胚胎减少重演进化的新性发生创造了非常有利的条件。首先，其胚胎得到良好的营养。爬行类、鸟类、单孔类（产卵的哺乳动物）的胚胎可以从其大的卵黄中摄取营养，而其他哺乳动物（有袋类和有胎盘类）则从母血中吸取营养，母血通过卵黄囊和尿囊的血管输送到胚胎。最进化的有胎盘类，由于胎盘的形成，其营养的方式已达到尽善尽美的程度，所以胚胎在其出生前已经得到完全的发育。其灵魂在这整个期间都处于胚眠状态，即处于一种普莱尔比之为动物冬眠的静止状态。一些昆虫（蝴蝶、蜜蜂、苍蝇、甲虫等）在其成蛹期也有同样长期持续的睡眠，在此期间它们得以完成其完全的变态。这种现象我们称之为蛹眠，在这个过程中，它们的器官和组织发生了最重大的变化。特别有趣的是自由生活的幼虫（毛虫、蛴螬或蛆）在蛹眠状态中已经具有十分发达的灵魂生活，而灵魂生活也明显地存在于蛹眠期过后的阶段里，因为蛹眠期一过，它们就成为完全有翅的能生殖的昆虫。

胚后心理发生学

在个体生活中，人的灵魂活动正像其他高级动物一样，经历一系列发展阶段。其最重要的发展阶段可以分为下列五个：（1）新生儿到自我意识觉醒和学会说话的灵魂；（2）少年男女到青春发动期的灵魂（性冲动的觉醒）；（3）青年男女两性结合时的灵魂（"理想"时期）；（4）成年男女时的灵魂（完全成熟和成家的时期，男的大约至 60 岁，女的大约至 50 岁，退化期才出现）；（5）老年男女的灵魂（退化期）。人类灵魂生活像其他生命活动一样经历了发展、成熟、退化这样的发展阶段。

第九章　灵魂的系统发生

关于系统发生心理学的一元论研究

人类的动物祖先系列中灵魂生命的发展

　　我们称之为灵魂活动（或简称为"灵魂"）的有机体的生理功能，对人类和其他脊椎动物来说都是通过同样的机械过程（物理的和化学的）来沟通的。这种心理功能的器官到处都一样：脑髓和脊髓是中央器官，另外还有外周神经和感官，人类的灵魂器官是由其脊椎动物祖先的低级状态逐步缓慢地进化而来的，灵魂器官的功能，灵魂本身，当然也是如此。

《脊椎动物的系统种系发生学》

1895 年

　　与人类学有关的起源论告诉我们，人类的机体在千百万年间是由一长列动物祖先通过循序渐进的演变逐步缓慢地进化而来的。由于人类的灵魂生活和其他的生命活动是分不开的，我们相信人类整个躯体与精神是统一发展的，所以现代一元论心理学就把探讨人类灵魂由动物灵魂逐步进化的历史过程视为己任。我们的"灵魂系统发生"或者说心理系统发生学就试图解决这一问题。人们也可以把它称之为普通灵魂学说的分支，名之为系统发生心理学或者种系发生心理学（与个体发生心理学相对应）。虽然这一门新的科学几乎还没有被认真地着手研究，而且绝大多数的心理学专家对这门科学的存在价值还有争论，可是我们却认为它有着极其重要的意义，并对它有着极大的兴趣。我们坚信，这门科学将首先指引我们去解决灵魂的实质和起源这一重大的"宇宙之谜"。

系统发生心理学的方法

　　系统发生心理学的目标还处于渺茫的未来，很多问题尚模糊不清，达到这一目标的手段与途径和其他系统发生的研究没有什么两样。首先，比较解剖学、生理学和个体发生学在这里有着极大的价值。古生物学也向我们提供了很多可靠的证据。在有机地球史各个时期相继出现的脊椎动物化石残骸的系列，以其系统发生的关系，向我们部分地揭示了灵魂活动逐步形成的过程。要进行系统发生的研究，的确不得不作很多假设以填补经验系统发生证据的明显空白。虽然如此，经验系统发生的证据还是给历史发展的最重要阶段投以明亮而有意义的光辉，能使我们在其总的过程中得到一个完满的认识。

系统发生心理学的主要阶段

人类和高级动物比较心理学首先使我们在最高级有胎盘的哺乳的灵长类中看到其重要的进步：人类灵魂起源于类人猿的心理。哺乳动物以及低级脊椎动物的种系发生，向我们展示了自志留纪以来在这个种系中发展起来的灵长类古老祖先的漫长系列。所有这些脊椎动物，其独特的灵魂器官即髓管的结构和进化方面都是一致的。从蠕形动物的比较解剖上来看，这种"髓管"是从无脊椎动物祖先的背神经节或脊脑演化而成。比较个体发生进一步告诉我们，这种简单的灵魂器官发源于扁虫外胚层的细胞层。这种最古老的扁虫类还没有独立的神经系统，其外皮就是无所不包的感官和灵魂器官。比较胚胎史最后使我们相信，这种最简单的后生动物是由空球即胚囊通过原肠胚形成而产生的，这个空球的壁是一层简单的细胞层，就是囊胚层。同时借助于生物发生基本律，我们知道这种原生动物细胞团原先也发源于最简单的单细胞原始动物。

我们通过显微镜观察可以直接探讨胚胎的发生，通过对各种胚胎形成的批判性研究，借助于生物发生基本律，可以得知关于我们灵魂生活的系统发生主要阶段的最重要线索。我们首先可以把它分为八个阶段：（1）具有简单细胞灵魂的单细胞原生动物——纤毛动物；（2）具有群体灵魂的多细胞原生动物——媒介动物；（3）有着上皮灵魂的最古老的后生动物——扁虫类；（4）具有简单脊脑的无脊椎祖先——蠕形动物；（5）具有简单髓管而没有大脑的无头骨的脊椎动物——无头骨类；（6）具有大脑（由五个脑泡组成）的头骨动物——有头骨动物；（7）有着非常发达的大脑皮层的哺乳类——有胎盘类；（8）有思维器官（大脑）的高级的类人猿和人类——类人猿。在人类心理系统发生的八个主要阶段中，还可以进一步分出不甚明显的次要发生阶段。当然，要使次要的发生阶段一一建立起来就得求助于经验心理学的零星证明,这些零星材料可以从现代动物志的比较解剖学和生理学中找到。因为第六阶段的有头骨动物即真鱼已在志留纪变成化石,所以我们不得不这样设想,前面五个(还没有变成化石的)祖先阶段在志留纪以前已经形成了。

细胞灵魂(细胞心理)

这是系统心理发生的第一个主要阶段。人类和其他动物一样,其最古老的祖先是单细胞的原生动物。这一合理的系统发生的重要假说,根据生物发生基本律,是从众所周知的胚胎学的事实中得出来的。任何一个人和任何一个后生动物(任何一个多细胞的"组织动物"),在其个体存在的开始都是一个简单的细胞,即种细胞或"受精的卵细胞"。这一受精的卵细胞从一开始就有灵魂。而与此相应,单细胞祖先也一定具有灵魂,因为它在人类最古老的系谱中就代表着一连串的不同的原生动物。

今天还存在的原生生物的比较生理学使我们对这种单细胞有机体灵魂活动有了明确的认识。精密的观察,富有意义的试验,在19世纪后半叶给我们开辟了一个充满着非常有趣现象的全新领域。1889年,马克斯·维尔丰根据他自己独特的试验,写出了一部思想丰富的著作:《原生生物的心理生理学研究》。他在这部著作里对上述现象作了最好的表述。他把关于"原生生物灵魂生活"的近期的观察也搜集在书中。维尔丰坚信所有原生生物的心理过程都是没有意识的;其感觉和运动的过程是与原生质中的分子生命过程分不开的;其原因应在原生质分子(原生体)的性质中去找。他曾经说过:"原生生物界中的心理过程是联系无机界的化学过程与最高级动物的灵魂生活的桥梁,它体现了后生动物和人类最高级的心理现象的萌芽。"

维尔丰和威廉·恩格尔曼[1]、威廉·普莱尔、理查德·赫特维希[2]以及其他近代原生生物研究者的周密观察和多次试验,都为我的一元论的"细胞灵魂理论"(1866年)提供了确凿的证明。根据对各种不同原生生物的多年研究,特别是对根足虫类、放射虫类、纤毛虫类的研究,我曾提出了这样的论题:任何一个有生命

---

[1]　威廉·恩格尔曼(Wilhelm Engelmann,1834—1909),德国生理学家。

[2]　理查德·赫特维希(Richard Hertwig,1850—1937),德国动物学家,胚胎发育的胚层论的创始人。

的细胞都具有其心理特质，多细胞动植物的灵魂生活就是组成其躯体的细胞的心理功能的总和。更为低级的一类（例如海藻和海绵），其躯体所有细胞都均衡地（或者稍有区别地）参与其心理活动。而较高的一类则与此相反。根据分工的原则，只有躯体细胞的精选部分即"灵魂细胞"才参与灵魂活动。这种"细胞心理学"的重要结论，一部分我于1875年在我的《原生体的交替发生》一文中曾经探讨过，另一部分我于1877年在慕尼黑所作的《关于目前进化论和整个科学的关系》的演说中曾作了论述。其更通俗的描述则收在我的两本演讲录即《论感觉器官的起源和发展》(1878)和《细胞灵魂与灵魂细胞》(1902)中。

在原生生物界内部，简单的细胞灵魂显示出一个漫长系列的进化阶段：从简单的原始的一直到最完善的和高级的灵魂状态。最古老的和最简单的原生生物，其感觉和运动能力平均分布在同质躯体的全部原生质中。较高级的原生生物则相反，已经分化出一种特殊的"细胞器官"或细胞器作为生理器官。这类自动的细胞部分，在根足虫类则是伪足，在纤毛虫类就是毡毛、鞭毛、纤毛。细胞核被看成是细胞生命内部的中央器官，而最古老、最低级的原生生物则没有这种细胞核。就生理化学关系来说，特别应该指出的是最原始、最古老的原生生物是建原生质的，进行植物性的新陈代谢，它们也就是原生植物。从这些原生植物中通过新陈代谢的作用才第二性地出现了噬原生质，进行动物性的新陈代谢，也就是原生动物。这种新陈代谢，即"新陈代谢的循环"，意味着一个重大的心理学上的进步，动物灵魂的那种特殊的长处就从此发展起来，而这正是植物灵魂所没有的。

纤毛虫已经具有动物细胞灵魂的最高结构。把这种细胞灵魂和更高级的多细胞动物的相应灵魂活动比较一下，就可以看出它们之间几乎没有什么心理学上的差别。那种原生动物的感觉和运动的细胞器官与后生动物的感觉器官、神经、肌肉的功能完全是一样的。纤毛虫类的大细胞核可以看成是其灵魂活动的中央器官，它在单细胞有机体所起的作用和高级动物灵魂生活的大脑所起的作用相类似。不过这种比较如何做到正确还很难确定，而且纤毛虫类专家对此也有很多分歧的意见。一些人认为纤毛虫类所有自发的躯体运动都是自动的或冲动性的运动，所有刺激运动都是反射，而另外一些人认为其中部分是任意的和有意的运动，后者还认为纤毛虫已经有了一定的意识，即一种统一的自我意识，另外的人就反对这种看法。不管这一十分困难的问题如何确定，但可以断定的是，单细胞的原生动物已经有了高度发达的细胞灵魂。它对于正确判断我们最古老的单细胞远祖一定具有很大的意义。

细胞团灵魂或群体心理

这是系统心理发生的第二个主要阶段。像一切多细胞动物一样,人类个体进化是以一个简单的细胞不断分裂开始的。种细胞或者"受精的卵细胞"最初通过细胞通常的间接分裂的过程分为两个子细胞。这一过程不断重复,依次出现(均等卵裂)4 个、8 个、16 个、32 个、64 个等相同的分裂细胞或者称分裂球。代替这种最初的均等的细胞分裂,通常(也就是说绝大多数的动物)或早或晚还出现一种不均等的细胞分裂。不管在何种情况下,其结果都是一样的,即异质的(原来是同质的)细胞结成了一堆(大多数是球形的)或者构成一个球体,这种状态我们称之为桑椹胚。通常在这种桑椹状的细胞凝聚体内部,有液体存积。因此它就变为一个小球囊,所有的细胞都附着于小球囊的表面,形成一个简单的细胞层即胚膜(囊胚层),这样产生的空球就是胚泡,即囊胚或者囊胚泡的重要状态。

我们从囊胚的形成可以直接观察到的心理学的事实,部分是细胞团的运动,部分是细胞团的感觉。运动分为两部分:(1) 内部运动,这种内部运动基本上都是以同样的方式在通常的(间接的)细胞分裂过程(细胞核轴,有丝分裂,核分裂等形成)中不断地进行;(2) 外部运动,它表现为群居细胞有规律的位移,以及形成囊胚层时的分类。我们认为这种运动是特别遗传来的,是没有意识的,都是以同样的方式从原生生物最古老的祖先系列遗传而来的。感觉也同样可分为两个部分:(1) 个别细胞的感觉,这种感觉是在维持其个体的独立性,以反对于邻近细胞的关系中表现出来(它们和邻近细胞接触,部分通过原生质桥直接结合在一起);(2) 整个细胞团的统一感觉表现在作为空球的囊胚的个体形态中。

囊胚形成的因果关系可以由生物发生基本律加以解释,同时也可以通过遗传来解释直接观察到的囊胚形成的现象,用这一规律追溯囊胚形成的相应的历史过程,这一过程原来在最古老的原生生物组合囊胚体产生时就已逐渐发生了。关于这种最古老的细胞组合的重要过程中的真正生理学和心理学的见解,是通过对目前还生存的细胞组合的观察与实验而得到的。这种稳定的细胞团或细胞群体无论是建原生质的原生植物(例如保罗藻类、硅藻类、团藻类),还是噬原生质的原生动物(纤毛虫类和根足类),至今还分布很广。所有这些细胞组合我们可以把其心理活动分成两个不同阶段:(1) 个别细胞个体(作为"基本机体")的细胞灵魂；（2）整个细胞团的群体灵魂。

组织灵魂（组织心理）

　　这是系统心理发生的第三个主要阶段。所有多细胞的由组织构成的植物（后生植物或组织植物）以及最低级的没有神经的组织动物（后生动物），其灵魂活动可首先分为两种不同的形式：（1）个别细胞的心理，这种细胞组合成为组织；（2）组织本身或"细胞国"的心理，细胞国是由细胞组成的。这种组织灵魂都具有较高的心理功能。它使复杂的多细胞有机体成为一个统一的生物型，或"生理个体"，成为一个真正的"细胞国"。组织灵魂控制社会性细胞的所有个别的"细胞灵魂"，它们作为一个附属的"公民"而组成一个统一的细胞国。这种后生植物和低级的没有神经的后生动物，其心理的基本两重性是非常重要的。通过没有偏见的观察和适当的实验，可以直接证明它：首先，每一个个别细胞都具有自己的感觉和运动；其次，每一组织、每一器官（它们由一定数量的同源细胞组合而成）都表现出它的特殊的应激性以及心理统一性（比如花粉和雄蕊）。

植物灵魂（植物心理）

　　这概括了由组织组成的多细胞植物（后生植物）所有的心理活动，而单细胞的原生植物除外。对植物灵魂的评论直至今天还是多种多样的。以前人们一般认为动、植物的主要区别在于：动物普遍具有一种灵魂，而植物却没有。不过在19世纪初，一些科学家对各种高等植物和低级动物的应激性及其运动进行了公正的比较。他们确信，动物和植物都同样具有灵魂。后来费希纳、莱特格布（Hubert Leitgeb）等热烈赞成"植物灵魂"的假设。最近，特别是海・弗朗斯[1]（慕尼黑，1904 年）也有这样的主张。1838 年细胞理论证实了动、植物具有相同的基本结构，特别是 1859 年马克斯・舒尔茨[2]的原生质理论发表以后，动、植物两界的那种积极的活跃的原生质的相同表现即为大家所公认。从此对植物灵魂才有了

---

①　海・弗朗斯（Heinrich France，1874—1943），奥地利生物学家。

②　马克斯・舒尔茨（Max Schultz，1825—1874），德国解剖学家。

进一步的理解。当代比较生理学表明,各种不同的刺激(光、电、热、重、摩擦、化学影响等)在许多植物的"感觉"体部分引起的生理反应是类似的,由那种刺激所引起的反射运动也具有非常类似的过程。如果说低级无神经的后生动物(海绵、水螅等),其活动由一种特别的"灵魂"所支配,那么人们也有理由设想很多(或者本来就是所有的)后生植物,至少是那种"敏感的"含羞草、捕蝇草(捕蝇草属、茅膏菜属),以及为数众多的攀缘植物也是如此。

当然,现代植物生理学对许多这类的"刺激运动"或向性已经完全可以从物理学上,诸如用生长的特殊关系、用膨胀的变化等等来加以解释。从心理物理上说,这种机械原因也恰恰是海绵、水螅及其他无神经的后生动物相类似的"反射运动"的原因,虽然其机制有着本质的不同。组织心理或组织灵魂的特征在上述两种情况下是一致的:组织细胞(按规则排列的细胞团)将其一部分所接受的刺激传导出去,从而引起另外一部分或者全体器官的运动。这种刺激传导就如同神经动物的刺激传导的完善形式一样,也可以称之为"灵魂活动"。这种传导从解剖学上可以这样解释:组织或者细胞团的社会性细胞不是彼此分离的(像人们以前所认为的那样),而是到处由纤细的原生质纤维或桥将它们联系在一起。敏感的含羞草在被触动或者被摇动时,舒展的小叶子就闭合起来,其叶柄也随之下垂;可刺激的捕蝇草,其叶子被触动时便立即紧闭并捕捉苍蝇。其感觉的活跃,传导的迅速,运动的有力,较之于受到刺激的浴用海绵以及许多其他海绵的反射反应有过之而无不及。

无神经后生动物的灵魂

低级的原生动物,虽已具有组织和分工的器官,然而没有神经和专门的感官。其灵魂活动,一般说对于比较心理学,特别是动物灵魂系统发生,有着完全特殊的意义。属于上述后生动物的有四类不同的最古老的腔肠动物,即:(1)原肠类;(2)扁虫类;(3)海绵类;(4)水螅,即刺胞动物中最低级的形式。

原肠动物是一小群最低级腔肠动物,腔肠动物作为一切后生动物的共同祖群有着极重要的意义。这一小的浮游动物躯体是一个圆的(绝大多数是卵形的)小泡,它有一个简单的带有开口的空腔(原肠和胚孔)。其消化腔壁由两个简单的细胞层或上皮构成,其内壁(肠层)进行营养的植物性活动,其外壁(皮层)具有感觉和运动的动物性功能。这种皮层的同质敏感细胞有着纤细的鞭毛，长长的毡毛、鞭毛的颤动就引起了随意的浮游运动。现在还存在着的少数原肠动物（扁盘虫、原肠祖、胚虫和直游类）是非常有趣的。它们终生都停留在所有其他后生动物（从海绵一直到人类）在其胚胎发育开始时所经历的胚胎阶段。我曾在《原肠祖论》(1872)一书中指出，所有组织动物的极独特的胚胎形式即原肠胚起源于前面所讲的囊胚。作为空球壁的胚膜（囊胚层）在一侧构成一种坑形的凹槽，并很快成为很深的凹陷，以至于胚泡的内腔消失不见。胚膜凹陷的（内部的）一半朝内和外部（没有凹陷的）一半粘连在一起。后者成为皮层或外胚层（外层或上胚层），而前者则形成肠层或内胚层（内层或下胚层）。新形成的杯状体的腔室就是司消化的胃腔，即原肠，其口为胚孔。所有后生动物的皮层或外胚层是原始的"灵魂器官"。所有神经动物的外表皮和感官以及神经系统就是从这一原始的灵魂器官演化出来的。原肠动物还没有神经系统，而组成外胚层的简单上皮层的所有细胞，同时是感觉与运动的器官。在这里组织灵魂以极简单的形式出现。

扁虫类中最古老最简单的形式——扁虫也似乎具有这种原始构造。旋涡虫属中有一些还没有特别的神经系统，而其近亲滴虫类（涡虫类的最简单形式）的神经系统已从其表皮分离出来，除开一对侧神经外还演化出简单的脊脑。

海绵或海绵动物

海绵或海绵动物在动物界成为一个独立的种系，它与其他后生动物不同的是有着特殊的结构。海绵的为数众多的种类绝大多数都固着于海底生长。海绵的最简单形式——厚海绵本来是一种原肠祖，其体壁有很多筛状小孔，以便于含营养的水渗入。绝大多数的海绵（最熟知的是浴用海绵），其球状体形成为一个组合体，它是由千百个原肠动物（"鞭毛室"）集结而成，有一个营养的管道系统贯穿其中。海绵动物的感觉和运动很不发达，没有神经、感官和肌肉。正因为如此，这种固定的无定形的无感觉的动物以前被认为是"植物"，其灵魂生活（对此没有专门的器官分离出来）还远远落后于含羞草和其他的敏感植物。

刺胞动物的灵魂

刺胞动物的灵魂对于比较心理学和系统发生心理学有着非常突出的意义，因为腔肠动物这一形式多样的种系在我们眼前展现出神经灵魂是由组织灵魂历史进化而来的。形态多样的定居的水螅、珊瑚、游离水母、管状水母都属于这一种系。所有刺胞动物，其共同假想的祖先，一定是一种最简单的水螅，其构造和现在还存在的淡水水螅大致相同。淡水水螅和这种定居的近亲的水螅芽体都没有中枢神经系统和较高级的感官，尽管它们都很敏感。由水螅进化而来的自由游动的水母（至今它们之间还有世代交替的关系）已经具有专门的神经系统和分离出来的感官，我们可以从个体发生上直接观察到、从系统发生上理解到，神经灵魂（神经心理）发源于组织灵魂（组织心理）的历史渊源。这种重要的过程是多元发生的，也就是说经过多次（至少两次）各自独立完成的。所以这一认识就显得更加有趣。正如我所证实的那样，水螅水母类是以另外的方式由水螅芽体发生的，如同钵水母发生于钵水螅一样。后者的发芽过程是端生的，而前者的发芽则是侧生的。而且这两类灵魂器官的细致构造有着独特的遗传性的差别。管水母类对心理学也非常有意义。这种由水螅水母类进化来的漂亮的自由游动的管状动物具有双灵魂：为数众多的个体的个体灵魂，这些个体集结为这一管状动物；再一个是全体管状动物共有的统一活动的心理（群体灵魂）。

神经灵魂（神经心理）

这是系统心理发生的第四个主要阶段。所有高级动物的灵魂生活也像人类一样，都是由程度不同的复杂的"灵魂机构"所沟通，这个机构由三个主要构成部分所组成：感官引起各种各样的感觉，肌肉则引起运动，神经通过特殊的中央器官建立了感官和肌肉的联系。这一特殊的中央器官就是大脑或者是神经节。灵魂机构的装置和活动人们一般比之为一个电报系统，神经是导线，大脑是总局，肌肉和感官就是所属的地方分局。自动的神经纤维将意志命令或冲动从这一神经中枢离心地传导给肌肉，并通过肌肉的伸缩而引起运动；而感官的神经纤维则将各种感觉从周围感官向心地传给大脑,将外界所接受到的印象报告给它。组成神经中央器官的神经节细胞或神经元("灵魂细胞")是所有机体基本部分最完善的部分,它不仅沟通了肌肉和感官的联系,而且也促成动物灵魂的最高效能,促成表象和思想的形成,而最重要的是促进意识。

解剖学和生理学、组织学和个体发生学取得了巨大进步,近代有很多极其有趣的发现大大丰富了我们对灵魂机构的认识。假如思辨哲学也把经验生物学中最重要的成果吸收进来的话,那么,它现在的面貌也会为之一新,就不会像现在的状况那样令人遗憾。因为对此要进行深入的讨论,就会离题太远,所以我仅择其要者谈谈。

高级动物的每一种系都有其独特的灵魂器官,中枢神经系统有着独特的形态、状况和组成。在辐射状的刺胞动物中,水母在其伞形体边缘有着一个神经环,绝大部分有四个或八个神经节。五角形的棘皮动物的口部为一神经环所环绕,从神经环中伸展出五支神经干。两边对称的扁虫类和蠕形动物具有一个脊脑或端神经节。脊脑或端神经节是由一对在口部上方的背神经节所组成,从这些"上喉节"向表皮和肌肉分发出两支侧神经干。一部分蠕形动物和软体动物还有一对腹部的"下喉节"。下喉节通过环绕食道的一个环而和上喉节结合在一起。这种"喉环"也复现于关节动物,向伸展得很长的躯体的腹侧延续,也成为"腹髓",即为绳梯状的双轨神经线,这种双轨神经线在每一节中膨胀而成为双重神经节。脊椎动物的灵魂器官的结构则完全两样。内部分节的躯体的背侧一般有一个脊椎,其前面部分膨胀的结果,后来就出现一种特殊的泡状大脑。

高级动物的灵魂器官,其位置、形式和组成方面虽然都有着本质的不同,然而比较解剖学却能够证明它们绝大多数都有一个共同的起源,都起源于扁虫类和蠕形动物的脊脑,都起源于胚胎表面的细胞层,都起源于"皮感层"(外胚层)。同样,我们在神经中央器官的所有形式中发现有相同的基本结构,即都是由神经节细胞、神经元或"灵魂细胞"(心理所固有的活跃的基本器官)以及神经纤维所组成,神经纤维起着联系和传导活动的作用。

脊椎动物的灵魂器官

脊椎动物比较心理学中,我们所碰到的第一个事实,亦即任何一种科学的人类灵魂学说的经验的出发点，就是人类中枢神经系统的独特构造。像任何一种高级动物一样，脊椎动物的中央灵魂器官也具有独特的位置、形态和组成。脊椎动物都有一条脊椎，是一条粗的圆柱形的神经索，它通过脊中线而位于脊柱（或者代表脊柱的脊索）的上方。从这一脊椎中又规则地分发出为数众多的弓状的神经干，每一环节或每一脊椎节有一对神经干。这种"髓管"在胚胎中都是以同样的方式形成的：在背部表皮的中线形成了一个细小的凹沟，这一髓沟平行地两边隆起，彼此相互弯曲，在中线相交而成为一个管子。

这种背部的长长的圆柱形的神经管或髓管，是脊椎动物所特有的。在胚胎发育的早期，这样一个神经管是将来由它演化出来的各种形态灵魂器官的共同基础。在无脊椎动物中，只有一类具有类似的构造，这就是少见的海栖的被囊类，如海蝌蚪类、海鞘类、海樽类。这些动物的躯体构造还有着另外重要的特征（特别是脊索和鳃肠的构造），它和其他的无脊椎动物有显著的不同，而与脊椎动物却相一致。所以现在我们可以设想，脊椎动物和被囊动物都来自一个共同的古老的祖先，即蠕形动物，也就是原脊索动物。这两个种系的重要区别在于被囊类的躯体没有分节，保持着十分简单的结构（大都固着于海底，并发生退化），而脊椎动物在早期出现一种独特的躯体内部分节，这就是原始的脊椎构造。原始脊椎结构促使了机体的形态与生理的进一步进化，最后在人类中达到了完善的最高阶段。

髓管的系统发生形成阶段

"脊椎动物灵魂"漫长的系统发生，始于最古老的无头骨类的最简单的髓管形成之时，经历了几百万年的时间，缓慢而逐步地进化为人类大脑这种复杂的奇妙的构造。这种大脑构造使得最发达的灵长类在自然界中占有一个特殊的位置。对我们系统心理发生这一缓慢而持续的过程获得一个清楚的概念是真正合乎自然的心理学的先决条件，所以把这一漫长的时期分成各个主要阶段是适宜的。在每一阶段中其神经中枢的结构及其功能即"心理"均衡地得到完善。我将髓管的系统发生分为八个时期，并以八类不同的脊椎动物作为代表，即：（1）无头骨类；（2）圆口类；（3）鱼类；（4）蛙类（两栖类）；（5）无胎盘的哺乳类（单孔类和有袋类）；（6）较古的有胎盘哺乳动物，特别是狐猴；（7）近期的灵长类，真猴；

（8）类人猿和人类。

第一阶段：无头骨类，目前以文昌鱼为代表，其灵魂器官还停留在简单的髓管的阶段，表现出均等分节的脊髓，没有大脑。第二阶段：圆口类，最古老的一类有头骨动物，现在的代表是七鳃鳗和盲鳗。其髓管的前端胀起一泡，该泡又分为五个彼此相连的脑泡：大脑、间脑、中脑、小脑和后脑。这五个脑泡构成了演化为全体有头骨动物脑部的共同基础，从七鳃鳗一直到人类都是如此。第三阶段：原始鱼，类似现在的鲨鱼，所有有颌类都是由这种最古老的鱼类进化来的，其五个同类的脑泡有了明显的区别。第四阶段：蛙类（两栖类），这一最古老的陆栖脊椎动物最先出现于石炭纪，开始具有四足（四足动物）的这种独特的体型结构，而且也有鱼脑的相应变化。到二叠纪，它进一步发展而成为爬行类，其最古老的代表始祖爬行类（陆居古龙）是所有羊膜类的共同祖先（一方面是爬行类和鸟类，另一方面是哺乳类）。第五阶段到第八阶段：哺乳动物。

神经系统的形成史以及与此相联系的灵魂系统发生，我在《人类起源》一书中已作了详细的论述，并以很多图片加以说明。所以我在这里向大家介绍这本书以及我特别为一些最重要的事实所作的注释。我要特别指出这些事实中最有趣的部分，即关于哺乳类的灵魂和器官的进化。我还特别提醒大家，这一类的单源的起源，即所有哺乳动物起源于一个共同的祖先（于三叠纪），现在已得到确实的肯定。

哺乳动物灵魂史

从哺乳动物的单源起源中所得出的最重要的结论即：人类灵魂也一定是从其他的哺乳动物灵魂的漫长的进化系列中进化而来的。最高级和最低级哺乳动物的大脑构造和赖以存在的灵魂生活之间横亘着一条很深的解剖上和生理上的鸿沟，不过这一鸿沟被一系列的中间阶段完全填平了。从三叠纪直到现在至少有 1400 万年（按其他计算是 1 亿年以上）的时间足可以取得最大的心理学上的进步。目前深入研究的最为普遍的成果如下：（1）所有哺乳类的脑都具有某些为该类各个分支所共有的特点，以区别于其他的脊椎动物。首先第一个和第四个脑泡，即大脑和小脑特别发达，而第三个脑泡即中脑则完全退化了。（2）尽管如此，最低级最古老的哺乳类（单孔类、有袋类、原始有胎盘类）的脑的构造与它的古生代的祖先,即石炭纪的两栖类和二叠纪的爬行类的脑的构造极为类似。
(3)直到第三纪才完成了大脑完全典型结构,这使得晚期的哺乳类很明显地有别于早期的哺乳类。(4)大脑的特殊结构(量和质)提高了人类的地位,并使人类具有一种特殊的心理效应,此外,第三纪晚期一部分最发达的哺乳动物,首先是类人猿,也有这种大脑的特殊构造。(5)人类和类人猿大脑构造和灵魂生活的差别要小于类人猿和更低级的灵长类(最古老的猿猴和狐猴)之间的差别。(6)人类灵魂是在由低级到高级的哺乳类灵魂的漫长链条中历史地逐步地进化而来的,这一基本事实已为比较解剖学和个体发生学科学地证明了。

第十章　灵魂的意识

关于有意识灵魂生活和无意识灵魂生活的一元论研究
意识进化史和意识论

　　只有高级动物和人类的意识才具有作为一种特殊灵魂能力而可能进行独立研究的意义。然而这并不是一下子就达到了这一地步,而是缓慢地逐渐地在大脑和神经系统结构完善的基础上,在印象和由印象所唤起的表象不断丰富的基础上进行的。——正是这种意识表现出比其他任何一种精神品质更依赖于物质条件或物质状况。意识的来、去、消逝和恢复与对精神器官的大量物质影响有着密切的关系。

路德维希·毕希纳

1898 年

　　在灵魂生活的所有现象中,还没有哪一种现象像意识那样显得如此奇妙,如此众说纷纭。数千年来直至现在,不仅对这种灵魂活动的本质,它与躯体的关系,而且还对它在有机界的范围,以及它的起源和发展,都有着非常矛盾的观点。意识比其他任何一种心理功能更容易导致"非物质的灵魂"这一荒谬观念,从而引起"个体不死"的迷信。至今还支配着我们现代文明生活的许多最严重谬误,其根源就在于此。为此,我曾把意识称之为"心理学的神秘中心"。它是一切神秘的二元论谬误的顽固堡垒,装备极好的理性进攻也难以攻破它的坚壁。仅只这一事实就足以说明,我们有足够的理由从一元论的观点出发,对意识进行特别的批判考察。意识像其他任何一种灵魂活动一样,是一种不折不扣的自然现象;像所有其他自然现象一样,也要受到实体定律的制约。

意识的概念

　　对于这种灵魂活动的基本概念,对其内容和范围,最有名望的哲学家和自然科学家都各执一词,分歧很大。是否把意识的内容最好称之为内观,而比之于一种反映的内观?我们将意识分为两大部分:客观的意识和主观的意识,亦即世界意识和自我意识。所有有意识的灵魂活动的极大部分,正如叔本华所正确认识的那样,大都与外部世界的意识即"他物"的意识有关。这一世界意识包罗了我们完全可以认识的一切可能有的外部世界的现象。我们的自我意识就狭窄得多,它是我们自身总的灵魂活动的内在反映,是一切表象、感觉和意向(或意志活动)的内在反映。

意识和灵魂生活

许多负有盛名的思想家,特别是生理学家(比如冯特和齐亨①),把意识的概念和心理功能的概念看成是一码事:"所有灵魂活动都是有意识的";心理生活的领域也就是意识的领域。我们认为这一定义将意识的意义不适当地扩大了,从而引起了很多谬误和误解。我们同意另外一些哲学家的意见(如罗马尼斯、弗里茨·舒尔策、保尔森②),即:无意识的表象、感觉和意向也都属于灵魂生活的范围。实际上,无意识的心理活动(反射活动等)的范围要比有意识的心理活动的范围大得多。不过这两者有着极密切的关系,并没有严格的界限。一种无意识的表象可以随时突如其来地变为有意识的,我们对此的注意力亦为另外一种客体所束缚,以致这一注意力也可以在倏忽之间完全离开意识。

人 的 意 识

我们对意识认识的唯一源泉就是意识本身,而这正是对意识进行科学研究和说明的特别困难的地方。主体和客体在这里合而为一,认识的主体反映于自身的内在本质。这种内在本质就是被认识的客体。对于他物的意识我们也不能完全客观可靠地加以推断,而只能永远以我们自己的灵魂状态去与他物的灵魂状态进行比较。我们只有对正常人进行这种比较,才能对其意识得出没有人怀

---

① 齐亨(Theodor Ziehen,1862—1950),德国哲学家、心理学家和精神病学家。
② 保尔森(Friedrich Paulsen,1846—1908),德国哲学家和教育家。

疑其正确性的某些结论。然而对于异常的人（天才的和怪癖的人，还有愚钝的人，还有神经病患者）来说，这些类似的结论不是不确切，就是错误的。如果拿人类的意识与动物（首先是高级的，此外还有低级的动物）的意识相比，那更是错上加错。所以这里有着很大的实际困难。杰出的生理学家和哲学家，他们的观点也有着天壤之别。我们仅就最重要的观点略述如下。

一、人类意识论

意识是人类特有的。意识和思想是人类所独具的特征，而且也只有人类才具有"不死的灵魂"。这种观点流传很广，这要从笛卡儿说起（1643 年）。这一位思想丰富的法国哲学家兼数学家（他在一个天主教耶稣会专科学校里受过教育），在人类灵魂和动物灵魂活动之间筑起了一堵密不通风的隔墙。按照笛卡儿的说法，人的灵魂是一种思维的非物质的本质，而人的肉体则是一种广延的物质的本质，灵魂与肉体完全分离。可是灵魂要在大脑的某一点（脑上腺！）与肉体结合，以便接受外部世界的影响，然后作用于肉体。与此相反，动物则没有思维的本质，没有灵魂，是一种纯粹的自动机，是一种结构完美的机器。其感觉、表象和意志完全是机械发生的，是按照物理学的规律活动的。所以人类心理学在笛卡儿那里是纯粹的二元论，而动物心理学则是纯粹的一元论。这种明显的矛盾在一个敏锐、明晰的思想家那里显得特别触目。人们是如此解释这一矛盾的：这一思想家不愿开诚布公地讲出他真正的信念，而让独立思考的思想家去领会，这种说法是有一定道理的。作为耶稣会教徒的笛卡儿，早年就受到这样的教育：昧着良知而否认真理。也许他畏惧教会的权势与烈火。此外，他那怀疑的主张，即每一纯洁的认识进展都要从怀疑传统的教条出发，使他因怀疑主义和无神论而受到狂热的责难。笛卡儿对以后哲学的深刻影响非常引人注目，这与他的"复式簿记"式的二元论是互为因果的。17 世纪、18 世纪的唯物论者都为其一元论心理学引证笛卡儿的动物灵魂论及其机械的机器活动论；与此相反，唯心论者则认为，其灵魂不死和灵魂超脱于肉体之外的教条无可辩驳地是来自笛卡儿的人类灵魂理论。这种观点至今还盛行于神学家和二元论形而上学家之中。可是 19 世纪的自然科学观，借助于在生理学和比较心理学领域里所取得的经验的进步，已完全克服了这种观点。

二、神经意识论

只有人类和具有中枢神经系统和感官的高级动物才有意识。在近代动物学、精密生理学和一元论心理学的学术界里都盛行着这样的观点：大多数动物（至少是高级的哺乳动物）和人类一样，都有思维的灵魂和意识。近来，在生物学各个领域内所取得的巨大进步，使人们对这一重要论点有了一致的看法。我们先仅限于讨论脊椎动物，首先是哺乳动物。在这一高度进化的脊椎动物中，智力最发达的要首推猴类和犬类为代表。其整个灵魂活动和人类高度类似，几千年来这一直都是被人们所公认和赞叹的事实。其表象和感官的活动，其感觉及欲望，和人类的非常近似，我们对这一点也无须举例说明。大脑的高度联想活动，判断的构成和与此相联系的推理，狭义的思维和意识，在猴类和犬类都与人类近似，两者之间只有程度上的差别，而没有本质上的区分。另外，比较解剖学和组织学告诉我们，这种高级哺乳动物的大脑的复杂构造（其粗细结构）基本上和人类一致。从比较个体发生学来讲，灵魂器官的发生也是如此。比较生理学表明，这种最发达的有胎盘动物，其意识的各种状况和人类是完全相似的。实验表明，它对外部世界的侵犯也一样作出反应。人们对高级动物同样可用酒精、氯仿、乙醚等等进行麻醉，通过适当的处理也可像对人一样进行催眠。至于说到动物生活的低级阶段，其意识在何处才可认识，这界限是不能严格划定的。有些动物学家将这一界限划得很高，有些动物学家则将它定得很低。达尔文精确地区分了高级动物的意识、智力、情感的各个不同的阶段，而且还通过不断进化的观点来加以解释。他同时指出确定低级动物的这种最高级灵魂活动的起始是非常困难的，或者根本是不可能的。根据我个人的见解，我认为在各种对立的理论中，这种假设是最有可能性的，即意识的出现与神经系统的集中化分不开，而低级动物却没有这种神经系统的集中化。一种神经中央器官的存在，高度发达的感官，以及对表象群的极完善综合，我认为是形成统一意识所必需的。

三、动物意识论

意识为一切动物所具有，也只有动物才有。按照这一理论，动物和植物的灵魂生活有着明显的区别，这一区别已被很多古代的作者所承认，林奈在其主要著作《自然界系统》（1735）一书中对此曾有精辟的论述。林奈认为，有机界的两大界的区别在于动物具有感觉和意识，而植物则没有。后来，特别是叔本华对这种区别又加以明确的强调："我们坦率地认为意识只是动物本质所具有的特质。全体动物的系列一直到人类，当其已经提高到理性阶段以后，植物仍然没有意识，归根到底，植物没有意识。最低级的动物只有一种蒙昧的意识。"这种观点在 19

世纪中叶已显得不堪一击,这时人们对低级动物种系,特别是腔肠动物(海绵和刺胞动物)的灵魂生活有了比较清楚的认识:真正的低级动物也像绝大多数植物一样,并没有明显的意识痕迹。当人们对动植物的单细胞的生命体进行更精确、更严格的考察时就会发现,它们之间的差别可以一笔抹去。噬原生质原生动物和建原生质原生植物之间没有明显的心理学的差别,在意识这一问题上也毫无二致。

四、生物意识论

意识是一切有机体所共有的,一切动、植物都有意识,而无机体(结晶体等)却没有意识。这种观点一般同这样的假设紧密相关:一切有机体(无机体的对立物)都具有灵魂。三种概念:生命、灵魂和意识一般都合而为一。这一种观点的另一说法是,有机生命的这三种基本现象是密不可分的,而意识只是心理活动的一部分,正如心理活动本身是生命活动的一部分一样。费希纳特别指出,在这种意义上植物和动物一样也具有"灵魂"。有些人认为植物的灵魂像动物灵魂一样,就是一种类似性质的意识。事实上也确实如此。很敏感的"感觉植物"(含羞草、茅膏菜属、捕蝇草属)的叶子有显著的刺激运动。有些其他的植物(苜蓿属和酢浆草,特别是岩黄芪属)有自主的运动。一些"睡眠的植物"(特别是蝶形花科植物)有睡眠的活动,像许多低级动物的睡眠活动一样明显可辨。谁承认低级动物有意识,谁也就一定会承认植物有意识。

五、细胞意识论

意识是每个细胞的生命特征。将细胞论应用于生物学的各个领域,这就要求细胞论和心理学的结合。在解剖学和生理学中,如果人们可以把活的细胞当作一个"基本机体",从而来全面理解较高级的多细胞的动、植物体的话,那么,人们也同样有理由把"细胞灵魂"作为心理学的元素来看待,把高级有机体的复杂灵魂活动看成是组成有机体的细胞联合灵魂生活的总和。1866 年我在《有机体普通形态学》一书中已论述了细胞心理学的概要,随后在我的《细胞灵魂与灵魂细胞》这篇论文中又作了进一步的阐明。通过长年对单细胞生命体的研究,我对于"基础心理学"进行了更深入的探讨。许多微小的(绝大部分是显微的)原生生物和高级动物一样,同样有着感觉和意志的类似表现,有着类似的本能与运动。这种情况特别适合于非常敏感的和活动频繁的纤毛虫类。这种可刺激的小细胞对外界的反应和它的许多其他生命现象(例如根足虫类、苔藓虫类、纤毛虫类的奇妙的外壳构造),都有着有意识的灵魂活动的明显痕迹。如果人们接受意识的生物学理论的话,如果人们认为每一心理功能都是意识的一个组成部分的话,那么人们不得不承认每一个独立的原生生物细胞都有意识。意识的物质基础不是细胞的整个原生质,就是细胞核或部分细胞核。弗里茨·舒尔策的《本体论》认为,本体的基本意识和各个细胞之间的关系,类似高级动物和人类中的个体意识与个体的多细胞机体的关系。我以前所提出的那种假说是无可辩驳的,而现在我不得不同意马克斯·维尔丰在其名著《原生生物心理生理学研究》里的假说:所有的原生生物缺少一种复杂的"自我意识",它们的感觉与运动具有"无意识"的特征。

六、原子意识论

意识是一切原子的基本特征。在所有关于意识分布的形形色色的论点中,这种原子假说最为流行。这个假说可能是要回避那些哲学家和生物学家在意识起源问题上所感到的困难。这种现象具有一种独特的性质:从其他的心理功能所导出的意识起源显得极为可疑,因而人们认为,如同物质引力或者化学的亲和力一样,把意识起源假定为一切物质的一种基本性质,这样才能最轻而易举地克服这一障碍。根据以上假设,基本意识有着化学元素那样多的形式。每一个氢原子有它的氢意识,每一个碳原子有它的碳意识,等等。一些哲学家认为,恩培多克勒的四种古老元素都有意识,这些元素的结合,通过"爱与憎"的作用而引起事物的产生。

我本人从来不赞成这种原子意识的假说,我在这里不得不特别提出来,因为埃米尔·杜布瓦-雷蒙把这种观点错误地强加于我。杜布瓦-雷蒙关于"七个宇宙之谜"的演说,引起了反对我的尖锐论战,他激烈地攻击我的"陈腐的伪自然哲学",并武断地说我在"原生体的交替发生"这篇文章中已经有了这种假说——"原子各有其意识,这已成为形而上的公理"。我要明确地重申:人们可能归之于原子的感觉和意志的基本心理活动,我认为是无意识的,正如同基本记忆是无意识的一样。按照著名生理学家埃瓦尔德·赫林(1870 年)的先例,我把记忆看成是"有机物质(最好说成是"活的实体")一种普遍的功能"。在这里,杜布瓦-雷蒙把"灵魂"和"意识"明显地混淆在一起了。他是否由于疏忽而产生了这种混乱,我姑且不论,由于是他自己把意识而不是把其他灵魂功能(例如感官活动)的一部分解释为一种先验现象,因此我不得不认为：他是将这两种概念看成不相同的。在其辞藻华丽的演说的其他地方,正如这位有名的雄辩家恰巧在重要的原则问题上常常陷入明显的矛盾一样,果然出现了相反的说法。在这里我要再次强调指出,我认为意识仅是灵魂现象的一部分,这是我们在人和高级动物身上观察到的,而灵魂现象的绝大部分则是无意识的。

一元论的和二元论的意识论

关于自然界和意识起源的说法各不相同,莫衷一是。但是用明确的和前后一贯的逻辑方法研究一下,那些形形色色的观点可以归纳为两个相反的基本观点,即先验的(二元论的)和生理学的(一元论的)。我本人一向赞成后一种观点,并从进化论的角度出发来主张这一观点。目前即使不是所有的科学家都同意这种观点,但大多数杰出的科学家都是同意的。相反,第一种观点是陈旧的,然而它流传很广,近来首先由于埃米尔·杜布瓦-雷蒙的关系,这种观点又风行起来。并且由于他的著名的"不可知论的演说",这种观点在近代"宇宙之谜的讨论会"中曾是大家议论最多的话题。这一基本问题有着特殊的意义,我们不得不再一次在这里对其核心加以简要的论述。

意识的先验论

1872 年 8 月 14 日,杜布瓦-雷蒙在莱比锡的科学家会议上作了《论对自然界认识的界限》的著名演说,他对我们的自然认识提出了我们认识的两个不同的"绝对界限",人类的精神,即使是最先进的自然认识也永远不能超越这两个界限——永远不能。在这个演说的结尾,他一再强调："不可知论!"一个绝对不能解决的"宇宙之谜"是"物质和力的关系",也就是基本自然现象的本质,我们将在第十二章详细讨论这个"实体问题"。哲学的第二个不可逾越的障碍就是意识问题：如何从物质的条件出发来解释我们的精神活动及其有关运动(建立在物质和力基础上的),"实体在一定的条件下感觉、切望和思维"的情况是怎样的。

为了简明起见,一语可以道破莱比锡演说的实质,我称它为"不可知论演说"。八年以后（《关于"七个宇宙之谜"的演说》,1880 年）,杜布瓦-雷蒙还自鸣得意地吹嘘他这篇演说空前成功,并说什么:"从愉快的赞扬到激烈的非难,种种评论,不一而足。达到我的研究顶峰的'不可知论'一词已真正成为一种自然哲学的口头禅。"实际上这种响亮的"愉快的赞扬"来自二元论和唯心主义哲学的讲坛,特别是来自好战教徒兵营（"黑色国际"）。所有的唯心主义者和虔诚的谦谦君子也都为这一演说所倾倒,这一帮人妄图乞灵于"不可知论"来使他们不死的宝贵的"灵魂"得救。相反,这种漂亮的不可知论的演说所受到的"激烈的非难",开始只来自少数科学家和哲学家,来自那些既有丰富的自然哲学知识,同时又有必要勇气的科学家和哲学家。他们敢于向柏林科学院权势煊赫的秘书和独裁者所作教条的裁决进行挑战。

由于内外两种原因使得不可知论演说（演说者本人后来在某种场合也认为是不正确的,并且是夸大的）获得了明显的成功。从表面上看,这一演说毫无疑问"是一篇辞藻华丽的艺术品,是形式高度完善的优美的说教,自然哲学的图景在他口中千变万化,妙语惊人。众所周知,人们评价一篇优美的说教不是从真实的思想内容出发,而是看其辞藻的美学价值"。从内容分析来看,这一不可知论的演说就是形而上学二元论的具有决定意义的纲领,世界是"双重的不可理解":一是"物质和力"为其本质的物质世界;而与物质世界对立的是非物质的"精神"世界,在这一世界里不能像在物质世界一样,"思维和意识不能从物质的条件来加以解释"。盛行的二元论和神秘主义迫不及待地要抓住这两个不同的世界,借以证明人的两重性及灵魂不死,这是不说自明的。特别是那时候杜布瓦-雷蒙还是科学唯物主义的重要的有原则的代表人物,所以唯心论者的欢呼也就更为响亮,更不足为奇。尽管埃米尔·杜布瓦-雷蒙作了一些"优美的演说",他还不失为一个科学唯物主义的代表。所有近代实事求是、思想清晰、前后一贯的科学家也有同样的情况。

不可知论演说者在结束他的演说时曾提出这样一个问题:一般的实体问题和特殊的意识问题,这两个对立的"宇宙之谜"是否可以合而为一。他说:"诚然,这一想法是最为便当的,并为人们所乐于接受,然而这样一来,世界就是双倍的不可理解。问题在于事物的本质,这一点我们也没有办法搞清楚;多说等于废话。"一开始我就坚决反对后面这一观点,我曾竭力表明,那两个大的问题不是两个不同的宇宙之谜。"意识的神经问题只是无所不包的宇宙问题,即实体问题的一种特殊情况。"

再次进行有关的论战,并钻进浩繁的文献,在这里是不适宜的。1874年我在《人类起源》一书的第一版前言中,对不可知论的演说,对其二元论的原理以及形而上学的荒谬结论进行了坚决的抨击。对此,我于1878年在我的《自由的科学和自由的讲授》的著作中进行了详细的论述。在《一元论》一书中我又重申了我的抨击。这样一来就击中了杜布瓦-雷蒙的要害,他被激怒了,发表了很多演说。而这些演说也像他的大多数为人们所熟知的演说一样,他那华丽的法兰西风格令人眼花缭乱,他以想象丰富和惊人妙语来蛊惑人心。然而这种华而不实的研究方法并不能对认识世界有什么助益。这和达尔文主义没有丝毫共同之处。作为达尔文主义的拥护者,这位柏林的生理学家曾有条件地承认达尔文主义,尽管他对达尔文主义没有任何贡献。他对生物发生基本律武断的评论,对种系发生的责难,十足表明他对于比较形态学和进化史的经验事实并不那么熟悉,对其高度的理论意义也无法作出哲学上的评价。

意识生理学

意识独特的自然现象并不像杜布瓦-雷蒙和二元论哲学家所认为的那样,是一个完全和"纯粹先验的问题",而像我一贯坚持的一样,这是一个生理学的问题。作为生理学的问题,又可以归结为物理和化学领域里的现象。后来,我将这一问题更加肯定地称之为神经问题,因为我认为,真正的意识(思维和理性)只有那些具有相当发达的中枢神经系统和感官的高级动物才具有。高级的脊椎动物,首先是为人类祖先的那些有胎盘哺乳动物,确定无疑地具有真正的意识。高度进化的猿猴、犬、象等等的意识和人类的意识只有程度上的区分,而没有本质上的差别。这种"理性的"有胎盘类和最原始的人种(维达人、澳洲黑人、巴塔哥尼亚人)在意识上的等级差别小于后者和最发达的智人(斯宾诺莎、歌德、拉马克、达尔文、康德等)的相应差别。所以意识不过是高级灵魂活动的一部分。作为高级灵魂活动,它依存于相应的灵魂器官,即大脑的正常结构。

三十年来生理学上的观察和实验,确切地证明了哺乳动物头部那一狭小的区域就是大脑的一部分。在这一意义上,人们称其为意识的"所在"(比称"器官"好)。后来出现的"灰皮质"或者"大脑皮层"是从原始的第一个脑泡,即前脑背部的突起部分进化而来的。对这种生理学知识进行形态学方面的探讨,取得了有关大脑显微解剖的惊人进步，我们要归功于当代逐步完善的研究方法。

最为重要的是保罗·弗勒希泽西①在莱比锡发现了思维器官。他指出，在大脑皮层即灰皮质区，中央感官分为四个领域或者说四个"内部感觉区"，即顶叶的触觉区、额叶的嗅觉区、枕叶的视觉区、颞叶的听觉区。在这四个"感官灶"之间有四个大的"思维灶"或叫联念中枢，也就是神经生理的实在器官，它们是沟通思维和意识的灵魂活动的最高器官：前面是额脑或者叫额叶联念中枢，后上部是顶脑或者叫顶叶联念中枢，后下部是主脑或者是"大枕颞联念中枢"（是其中最重要的），最后，在下部深处，隐藏在里面的是岛脑或者叫岛叶联念中枢。这四个思维灶有着独特的和高度复杂的神经结构，而有别于分布其间的感官灶，是真正的"思维器官"，是我们意识的唯一器官。近代弗勒希泽西证实，这四个思维灶中的一部分在人类有一种特别复杂的结构，而这正是其他哺乳动物所没有的，这也是人类思维优越的原因所在。

意识病理学

现代生理学重要的认识之一，是人类和高级哺乳动物的大脑是精神生活和意识的器官，这已为病理学，即为有关其病变的知识所明确证实。如果大脑皮层的有关部分为疾病所破坏，其功能也就失灵了。大脑功能的局部化也可以在它那一部分得到证明。这一区域的某一部位发生病变，那么，相应的思维和意识部分也随之丧失。病理学的实验已提供了这方面的证明。一个已知部位（例如语言中枢）遭到破坏，其功能（语言）也随即丧失。举出意识方面一些最常见的日常现象就足以证明，意识完全依赖于大脑物质的化学变化。许多饮料（如咖啡和茶），可以刺激我们的思维能力；另一些饮料（葡萄酒和啤酒），可以兴奋我们的情感；麝香和樟脑作为"兴奋剂"，可以使我们消沉的意识重新活跃起来；乙醚和氯仿也可麻醉我们的意识。假如意识是一种非物质的本质而完全独立于已为解剖学所证实的器官之外，那么这一切又怎么是可能的呢？如果"不死的灵魂"不占有那些器官，那么这种不死的灵魂意识的归宿又在何处呢？

所有这些人所共知的事实表明，人类及其近亲哺乳类的意识都是可变的，其

---

① 保罗·弗勒希泽西（Paul Flechsig，1847—1929），德国著名精神病医生。

意识活动由于内因（新陈代谢、血液循环）和外因（大脑的损伤、刺激等）都可以随时随地发生变化。那种交替的或双重意识的奇异状况是很富有启发性的，它使人联想起表象的"世代交替"。同一个人在不同的日子于不同的情况下有着完全不同的意识。他今天不晓得他昨天干了些什么。昨天他可以说，我是我；而今天他不得不说，我是另外一个。这种意识的间歇不仅可以持续很多天、几个月、几年，它甚至会变成永久性的。

意识个体发生学

人所共知，正如普莱尔所说的那样，一个初生的婴儿，是完全没有意识的，只是在他开始讲话很久以后，意识才发展起来。孩子说话在很长时间内都用第三人称。及至他第一次说"我"时，其中就清楚地有了"自我感"，只是在这一重要时刻，自我意识才开始萌发，与外部世界的对立也随之开始。儿童在 10 岁前通过双亲和学校的教育而获得的认识上的迅速和明显的进步，是跟其成长与意识的发展以及意识的器官大脑的发育并驾齐驱的。从 10 岁到 20 岁直至精神完全成熟的时候，这种进步才缓慢下来。即使学生已取得了"中学毕业文凭"，实际上其意识还远远没有成熟。只是在这时才真正开始与外部世界多方面地接触，其"世界意识"才开始发展。从 20 岁到 30 岁，其理性的思维及意识已完全成熟起来。在以后的三十年中，在正常发展情况下，其理性思维和意识要结出丰硕的果实。一般在 70 岁（有的早，有的晚），一个人的高级神经活动才开始缓慢地逐步地衰退，而这也是老年的标志。记忆力、接受能力和对于特别事物的兴趣逐渐减弱，而创造力、成熟的意识以及对一般关系的哲学兴趣，仍可长久保持。青春时代的意识个体的发展证实了生物发生基本律是普遍适用的，而到了晚年这种规律的适用性则更趋明显。总之，意识的个体发生再清楚不过地向我们证实了以下的事实：意识并非"非物质的本质"，而是大脑的一种生理功能，它也毫无例外地受到实体定律的制约。

意识的系统发生

意识也像其他所有的灵魂活动一样，与一定器官的正常发育有着密不可分的关系。儿童意识的发展与大脑器官的逐渐发展是分不开的。从这一事实中一开始就可以断定意识是在动物系列中逐步地历史发展起来的。在原则上尽管我们坚定不移地主张这样一种意识的自然的系统发生，遗憾的是我们不能对此进行深入的研究，并提出特殊的假说。不过，古生物学给我们提供了一些有趣的不无重要性的线索。比如说特别引人注目的是，第三纪中有胎盘哺乳类大脑的量和质的重要发展。有胎盘哺乳类的许多化石头骨使我们精确地了解到内部的脑壳，从而我们确切地弄清了在脑壳里的脑子的大小以及脑子的部分构造。因此在同一个类里（例如蹄足类、食肉类、灵长类），从古老的始新世和渐新世一直到近代的中新世和上新世，同一种系的代表就表现出巨大的进步，同一种系动物的大脑，在中新世和上新世的就比在渐新世的大 6 倍到 8 倍（指与躯体大小的比例而言）。

文明人所达到的意识发展的最高阶段，是逐渐从低级状态中发展而来的，未开化的原始民族至今还处于低级状态。他们之间的语言比较，亦即同概念有密切关系的语言比较，就可以向我们指明这一点。有思想的文明的概念构成发展越高，从众多的个别事物找出其共同点而给以一般概念的能力越强，那么，其语言就越是富有思想，其意识就越是清晰和深刻。

第十一章　灵魂不死

关于必死论和不死论的一元论研究

宇宙不死和个人不死

灵魂实体的物态

教会用以反对科学所惯用的责难之一，是说科学是唯物主义的。我想顺便提请注意，教会关于来世的全部观念自古以来到现在都是纯唯物主义的。据说物质的躯体会复活并住在物质的天堂里。

姆·耶·萨维奇

我们从对灵魂发生的考察转向灵魂"不死"这个大问题时，就进入了迷信的最高领域，这个领域似乎成为一切神秘主义和二元论观念的顽固堡垒。因为，在这个主要问题上，那些不惜任何代价以求长生不老的人类个人私利，要比其他任何一个问题都更加与纯哲学观念有关。这种"高度的情感欲望"是如此强烈，以致把一切批判理性的逻辑结论全都推翻。对绝大多数人来说，他们所有其他一般观点，包括整个世界观在内，都有意无意受到个人不死这一教条的影响。而影响极其深远的实际结论又和这一理论谬误有关。因此，我们的任务就是要对这一重要教条的各个方面批判地加以检验，并论证其在近代生物学的经验知识面前是站不住脚的。

不死论和必死论

为了简便地表达不死问题的两个对立的基本观点，我们把对"人类个体不死"的信仰称之为不死论。反之，我们则称之为必死论。必死论相信，人死后不仅所有其他生理的生命活动全部停止，而且其"灵魂"即大脑功能的总和也会消失，而心理二元论把这种大脑功能的总和看作是一种与生命体其他生命活动无关的固有的"本质"。

在涉及死亡这一生理问题时,我们要再次强调这种有机自然现象的个体特性。我们所理解的死亡专指有机个体生命活动的绝对停止,不论这个有机个体属于个体的哪种范畴或者哪种阶段。一个人死了,就是说这个人的生命告终,不管他是否根本没有后代,或者是否生有子女,而其子孙却会有效地繁衍许多代。从某种意义上可以说,伟大人物的"精神"(如在杰出君主的一个朝代中,在才华横溢的艺术家的一个家族中)将世代相传。同样可以说,卓越妇女的"灵魂",常常在其子女及子女的后裔身上延续下去。但在这些情况下,它常常与遗传的复杂过程有关。在遗传过程中,一个单独的显微细胞(父体的精细胞、母体的卵细胞)把实体的某些特性转移给后代。产生成千上万性细胞的个人到头来总是要死的。随着个人的死亡,其个体灵魂活动,像其他生理功能一样,都要消失。

单细胞机体的不死

当前,许多著名的动物学家(1882 年魏斯曼谈论得最详细)为下列观点进行辩护:只有最低级的单细胞机体即原生生物是不死的,而所有其他躯体由组织构成的多细胞动、植物则与此相反。这种奇怪的论点特别以下列事实为根据:绝大多数原生生物主要是用无性生殖方式,即通过分裂或孢子形成而繁殖的。此外,单细胞机体的整个躯体分裂成两个或多个均等部分(子细胞),每一部分又通过生长而完备起来,直到大小与形状和母细胞一样为止。可是通过分裂过程本身,单细胞机体的个性连同其生理的和形态的统一性都被消灭了,个体这个字义本身,就含有"不可分"的概念,逻辑上就驳斥了魏斯曼的观点;因为这个概念就意味着一种不取消其存在就不可加以分开的统一性。从这个意义上来说,单细胞的原始植物(原生植物)和单细胞的原始动物(原生动物)终生是生物或者生理个体,如同多细胞的由组织构成的动、植物一样。原生动物也有通过简单分裂进行无性繁殖的(如有些刺胞动物、珊瑚和水母等),母体动物通过分裂而产生两个子体动物,而母体动物随着分裂开始也已不复存在。魏斯曼断言:"从后生动物这个意义上来说,原生动物是没有个体和后代的。"这种论题必须加以坚决驳斥。因为后生动物这一概念最初(1872 年)是由我本人提出的,并把这种多细胞的由组织构成的动物和单细胞的原生动物(纤毛虫类、根足类等)进行了对比。由于我首先进一步论证了两者在进化上的原则区别(前者由胚层发生,而后者则无),所以我必须强调指出，从生理（或心理）的意义来看，我认为原生动物如同后生动物一样，都是必死的；无论是两者的肉体或灵魂都不是不死的。魏斯曼的其他错误结论业已被默比乌斯①（1894 年）所驳倒，后者合理地着重指出："世界上的一切都是周期地发生的"，"没有一个渊源，从那里可以产生出不死的有机个体"。

宇宙和个人不死

如果人们完全一般地来了解不死这个概念，并把它引申到可认识的自然界的总体上去，那么，这个概念就得到了科学的意义。这时，它对于一元论哲学来说不仅是可以接受的，而且也是理所当然的。因为一切存在物的不灭和永存的论题，与我们最高的自然规律，即实体定律（参阅本书第十二章）完全一致。由于我们以后在论证力和物质守恒的学说时，还要详细讨论这种宇宙不死，所以这里就不再多加论述。我们宁愿立即转而批判那种通常所理解的"不死论的信仰"，即信仰个人灵魂不死。我们首先要研究这个神秘的二元论观念的传布和产生，同时要特别强调其对立面，即一元论的由经验奠定的必死论的广泛传布。我在这里把必死论分为两种根本不同的现象，即早期必死论和后期必死论。早期必死论原来就不信仰不死论的教条（对未开化的原始民族来说）；反之，后期必死论是高度发达的文明民族合乎理性的自然认识的晚期产物。

早期必死论（原来就不信仰不死论的观念）

在许多哲学，特别是神学著作中，我们至今还读到这样的论点：对人类灵魂个体不死的信仰是所有的人——或者所有"有理性的人"——原来所共有的。这种论点是错误的。这种教条既非人类理性一种原来的观念，它也从来没有得到广泛流传。在这一方面，特别重要的是最近通过比较人种学才得到肯定的可靠事实：许多最古老和最原始阶段的原始民族，对于不死论如同对于上帝一样，并没有任何一点观念。锡兰（斯里兰卡）的维达人即原始的矮人的情况就是这样。

---

① 默比乌斯（Karl Moebius，1825—1908），德国动物学家，曾任德国柏林动物博物馆馆长。

我们根据萨拉森先生的出色研究,认为这种维达人是最古老的印度"原始人"的一支残余。此外,还有亲缘关系相近的德拉维人的许多最古老的种族、印度西朗人以及澳洲黑人的若干种族,情况也是如此。分布在巴西内地亚马孙河上游等地许多美洲人种未开化的原始民族既不知道神,也不知道不死论。这种对不死论和神的早期不信仰是一件重要事实。它和后期的不信仰当然有所区别,后者是高度发达的文明人在批判哲学研究的基础上很晚而且经过努力才获得的。

后期必死论（获得性不信仰不死论的观念）

早期必死论原是在最早的原始人那里产生的,而且得到了广泛的传布。与早期的必死论相反,对不死论的后期不信仰很晚才产生,它是对"生与死"深思熟虑的成果,也是真正的和独立的哲学思考的一种产物。早在公元前 600 年,一部分爱奥尼亚的自然哲学家已有了这种思想,稍后又出现在一些旧唯物主义哲学的奠基者那里,如德谟克利特和恩培多克勒、西摩尼得斯[1]和伊壁鸠鲁（Epicurus）、塞涅卡[2]和普林尼[3],并在卢克莱修[4]那里得到完善。当古典时代结束以后,基督教得到传播,作为基督教最重要的信条之一的不死论,也随之取得了重要的意义。

在基督教中世纪的漫长疯狂时期,自然难得有一个勇敢的自由思想者敢于发表他的不同信念。伽利略、乔尔丹诺·布鲁诺[5]和其他独立的哲学家,受到"基督门徒们"的酷刑和火刑的例子足以吓退每一种自由信念。这种自由信念只是在宗教改革和文艺复兴摧毁了教皇专制权力以后才重新成为可能。现代哲学的历史指出了成熟的人类理性试图摆脱不死论迷信所经历的各种道路。尽管如此,由于不死论的迷信和基督教义有密切联系,这样就使不死论的迷信在较自由的新教徒中也具有这样一种势力,使得绝大多数信仰自由的思想家只能把他们

---

① 西摩尼得斯（Simonides of Ceos,约前 556—约前 468）,古希腊讽刺诗人和哲学家。

② 塞涅卡（Lucius Annaeus Seneca,约前 4—后 65）,古罗马哲学家、戏剧家,宗教神秘主义和宿命论的宣扬者。

③ 普林尼（Gaius Plinius Secundus,23—79）,古罗马博物学家和哲学家。

④ 卢克莱修（Titus Lucretius Carus,约前 99—约前 55）,古罗马哲学家和诗人,唯物主义者,无神论者。

⑤ 乔尔丹诺·布鲁诺（Giordano Bruno,1548—1600）,意大利哲学家和天文学家。他宣扬并发展了哥白尼关于宇宙构造的学说。由于拒绝放弃自己的观点,被宗教裁判所烧死。

的主张留给自己去欣赏。只有少数个别杰出人物敢于公开承认,他们坚信死后灵魂不可能继续存在。这种情况特别发生在 18 世纪后半叶的法国,如伏尔泰①、丹东②、米拉波③等人。此外,还有当时唯物论的主要代表人物霍尔巴赫、拉美特利④等人。后面这些人物的富有才华的朋友、霍亨索伦王室最伟大的君主、一元论的"无忧宫⑤哲学家"腓特烈大帝也代表这种信念。腓特烈大帝是位"加冕的必死论者和无神论者",倘若他今天能把自己的一元论信念同其追随者的信念比较一下的话,不知他将作何感想! 有思考能力的医生都确信:随着人的死亡,其灵魂也就停止存在了。这种信念大约几世纪以来一直得到广泛传播,只是大多数医生大概都很谨慎,不敢将它讲出来罢了。不过在 18 世纪对大脑的经验知识还很不完善,以致作为大脑神秘居民的"灵魂"得以延长其自由生存的时间。到 19 世纪,特别是 19 世纪后半叶,生物学的巨大进步才最后将灵魂清除掉。起源论和细胞理论的创立,个体发生学和实验生理学的惊人发现,特别是显微大脑解剖学的异常进步,逐渐使不死论失去了所有的凭借,以致目前几乎没有一个精通业务而又诚实的生物学家还主张灵魂不死。19 世纪的一元论哲学家[施特劳斯⑥、费尔巴哈(Ludwig Andreas Feuerbach)、毕希纳、摩莱萧特⑦、劳、斯宾塞(Herbert Spencer)等人]都是坚定的必死论者。

不死论和宗教

个体不死的教条首先通过与基督教教义的密切联系而得到最广泛的传播,并产生了极大的影响。这种联系导致了错误的至今依然非常流行的观点,即认为个体不死的教条是每种纯化宗教的重要基本组成部分。情况根本不是这样!

---

① 伏尔泰(François-Marie Voltaire,1694—1778),法国哲学家、作家、历史学家,18 世纪资产阶级启蒙运动的代表。

② 丹东(Geoges-Jacques Danton,1759—1794),18 世纪法国资产阶级革命领袖之一,雅各宾派重要成员。

③ 米拉波(Honoré-Gabriel Mirabeau,1749—1791),18 世纪法国资产阶级革命的著名活动家,立宪派领袖之一。

④ 拉美特利(Julien Offray de Lamettrie,1709—1751),法国医生、哲学家,机械唯物主义的代表人物。

⑤ 无忧宫:波茨坦附近的王宫,于 1745—1757 年建成,为腓特烈大帝喜爱的住地。

⑥ 施特劳斯(David Friedrich Strauss,1808—1874),德国哲学家和政治家,青年黑格尔派代表之一。

⑦ 摩莱萧特(Jacob Moleschott,1822—1893),生理学家,出生于荷兰,后迁居德国、瑞士和意大利,在哲学上是庸俗唯物论者。

绝大多数高度发展的东方宗教完全没有灵魂不死的信仰。今天约占地球总人口30％以上的人所信奉的佛教就没有这种信仰。中国人的古老民族宗教以及改革过的后来取而代之的孔教也是如此。最重要的是，更古老更纯粹的犹太教就没有这种信仰，无论是在摩西的五经里，还是在巴比伦流放前所写《旧约全书》的古老著作中，都找不到死后个体继续存在的教义。

不死论信仰的由来

人死后人的灵魂继续存在不死的神秘观念，无疑是屡次重复地（多源地）产生的。最古老的已能讲话的原始人也像其祖先直立猿人和原始猿人以及其近代稍微进化的后代锡兰的维达人、印度的西朗人以及其他分散居住的原始民族一样，都没有这种观念。随着理性的发展，随着对生与死、睡眠和做梦的深入思考，一些较古老的不同人种（各不相干）便产生了关于我们机体的二元论结构的神秘观念。在这多源发生的过程中，许多不同的动机共同起过作用：祖先崇拜，亲族之爱，生活乐趣，希望长寿，希望来世的较好生活，希望善有善报、恶有恶报，等等。近来，比较心理学使我们知道了这类大量不同的虚构的信仰。这种虚构的信仰极大部分和信仰上帝的最古老形式与宗教有着密切关系。在大多数近代宗教中，不死论和有神论密切相关。绝大多数教徒把他们从"人格化的上帝"那里形成的唯物主义思想转用到"不死的灵魂"上去。近代文明民族中流行的世界宗教即基督教特别是这样。

基督教的不死信仰

众所周知，基督教中灵魂不死的教条很早就已采取了在信条中规定的那种固定形式："我相信肉体复活和永生。"基督本人如何在复活节死而复活，并在永恒中被当作"上帝之子，坐在上帝的右侧"，这一切都由无数的图画和传说给我们加以形象化。同样，凡人也要"在世界末日复活"，并要由他过去尘世生活的行为得到应有的报偿。基督教的这整个观念范畴是彻底唯物主义的和人神同形的，它比起许多原始民族相应的粗野观念并不高明多少。只要稍具解剖学和生理学知识的人，本来就知道"肉体复活"是不可能的。千百万虔诚的基督徒在复活节所庆祝的基督复活，正如据说曾经多次发生的"死者复苏"一样，是一种纯粹的神话。对于纯理性来说，这种神秘的虚构的信仰就像与其密切相关的"永生"的假说一样，都是不能接受的。

永　生

　　基督教教会所传授的关于躯体死后不死、灵魂永生的幻想观念，像与其有关的"肉体复活"的教条一样，都是纯唯物主义的。在这方面，萨维奇在其有意义的著作《达尔文学说透视下的宗教》（1896）中说得非常正确："教会用以反对科学所惯用的责难之一，是说科学是唯物主义的。我想顺便提请注意，教会关于来世的全部观念自古以来到现在都是纯唯物主义的。据说物质的躯体会复活并住在物质的天堂里。"为了确信这一点，人们只要无成见地读一下无数说教中的任何一篇，或者读一篇目前非常流行的辞藻华丽的即席讲话就可以了，因为在那些说教和即席讲话中，把永生的美景当作基督教徒的最高财富，把对永生的信仰当作伦理学的基础而大加赞扬。虔诚的唯心主义信徒们期待在"天堂"里享受一切高度发达的社交文明的生活欢乐，而不信上帝的唯物论者，则被"博爱的天父"永远打入地狱，备受地狱之苦，这类虚构在著名画家的大量图画上都得到了形象的描绘。

形而上的不死论信仰

　　在基督教教会中占统治地位的是唯物主义不死论，与之相对立的是代表一种在外表上更纯粹和更高级的信仰的形而上的不死论，就像大多数二元论和唯心主义的哲学家所传授的那样。后者最重要的奠基人应该推柏拉图，他早在公元前 4 世纪就传授了躯体和灵魂之间的那个完全的二元论，这种二元论后来在基督教教义中成为理论上最重要和实践上最有影响的信条之一。躯体是要死的，是物质的，形而下的；灵魂是不死的，非物质的，形而上的。两者只在个体生命期间暂时结合在一起。由于柏拉图认为，无论是在这种暂时结合之前或之后，自主灵魂都是永生的,所以他也是"灵魂轮回"的拥护者:灵魂在它进入人的躯体之前已经作为灵魂、作为"永恒的理念"而存在着,当它离开躯体以后,它就选择另一个最适合其本性的躯体作为住所。残酷的暴君的灵魂钻进狼和鹰的躯体中,有道德的劳动者的灵魂则钻进蜜蜂和蚂蚁的躯体中,等等。柏拉图这种灵魂学说的幼稚和天真之处是显而易见的。再进一步深入时,它就显得同近代解剖学和生理学、先进的组织学和个体发生学所提供的最可靠的心理知识完全不相容。我们在这里之所以提到它,是因为它尽管荒谬,但对文明历史却有很大的影响。一方面,柏拉图灵魂学说和被基督教所采纳的新柏拉图派神秘主义密切有关;另一方面,它后来成为唯灵论和唯心主义哲学的一根主要支柱。柏拉图的"理念"后来转变为灵魂实体概念,它虽仍旧是不可捉摸的和形而上学的,可是往往取得一副物理学的外表。

灵 魂 实 体

把灵魂作为"实体"来理解,在许多心理学家那里是混混沌沌的。它一会儿被从抽象的和唯心主义的意义上看作是一种极特殊的"非物质存在",一会儿又被从具体的和实在论的意义上来理解,一会儿又被当作两者之间的一种模糊的中间物。如果我们坚持一元论的实体概念,把它作为我们整个宇宙观最简单的基础加以说明的话(参阅本书第十二章),那么,在这概念中灵魂和物质就是不可分割地联系在一起的。因此,我们就必须在"灵魂实体"上区分出原有的我们所熟悉的心灵能力(感觉、表象、意志)和唯一能使它起作用的心理物质即活原生质。"灵魂物质"在高级动物中是构成神经系统的一部分,在低级的无神经动植物中是构成多细胞原生质体的一部分,在单细胞原生生物中则是构成原生质细胞体的一部分。这样,我们又回到灵魂器官上来,并达到了合乎自然的认识,即这种物质的器官对于灵魂活动是不可缺少的,但灵魂本身却是现实的,是生理功能的总和。

在那些承认有一种特殊的灵魂实体的二元论哲学家那里,这种灵魂实体的概念完全改变了。这时,不死的"灵魂"虽然应该是物质的,但它和它所寄居的可见的躯体完全不同,都是不可见的。灵魂的不可见性因而被看作是灵魂非常重要的属性。有些人把灵魂和以太相比,并把它看作像以太一样,是一种极其微细、轻盈和高度运动的物质，是一种在活的有机体可称量的分子之间到处浮悬的一种不可称量的动原；另一些人则把灵魂比之为吹拂的风，并把它归之为一种气体物态，这种比喻实际上最初发生在原始民族那里，后来导致了流行的二元论观点——人死了，躯体成为尸体，但不死的灵魂"随着最后一口气从中逸出"。

以 太 灵 魂

把人类灵魂比作物理学上的以太，比之为在质上相似的形体，近来由于光学和电学的巨大进步（特别是 1888 年海因里希·赫兹①以来）而得到一种更为具体的轮廓。这是因为光学和电学使我们能认识了以太的能，从而使我们能同时对这个充斥空间的物质的本质作出某些结论。这个重要的内容我以后（在本书第十二章）还要谈到，这里就不想多加论述，只是简单地指出，以太灵魂的假设是完全站不住脚的。这样一种"以太灵魂"，即和物理学以太相似，并像以太一样悬浮于活原生质的可称量的分子之间或大脑分子之间的一种灵魂实体，是不可能产生一种个体灵魂生活的。无论是在 19 世纪中叶关于这个问题的热烈讨论提出的一些神秘观点，还是模糊的近代新活力论企图把神秘的"活力"和物理学的以太联系起来的尝试，今天都无须再予以驳斥了。

空 气 灵 魂

认为灵魂实体具有一种气态性质的观点流传很广，至今还受到重视。把人的呼吸比作吹拂的和风由来已久，两者原来就被认为是完全等同而给予同样的名字。希腊人的 Anemos 和 Psyche，罗马人的 Anima 和 Spiritus，原来就是对微风的称呼。它们后来就转义为人的呼吸。而后"活的呼吸"和"活力"又被等同起来，最后被看作是灵魂的本质，或狭义上被看作是灵魂的最高表现，即"精神"。从这种幻想又进一步导出个体精神的神秘观念，就是幽灵，它们至今还大都被想象为"气状物"——但赋有有机体的生理功能！在一些著名的唯灵论者那里，这

---

① 海因里希·赫兹（Heinrich Rudolph Hertz，1857—1894），德国物理学家，他用实验证明了电磁波的存在。

些幽灵居然还可以被摄影呢！

液体和固体灵魂

19世纪最后10年中，实验物理学已能把一切气体变成液体（极大部分还可变成固体）物态。为此所需要的只是适当的仪器在高压和低温下把气体加以强烈的压缩。不但气态的元素，如氧、氢、氮，而且化合气体（如碳酸气）和混合气体（大气空气）都可以从气态变成液态。这样一来，那种不可见的物体对每一个人就成为可见的，在某种意义上都成为"能摸得到的"物体了。由于这种密度的改变，神秘的灵光随之消失，这种灵光以前用那种通常的看法掩盖了气体的本质，它被看作是一种能起看得见的作用、但却是看不见的物体。如果灵魂实体果真像许多"有识之士"至今还相信的那样是气态的，那么人们也一定能够应用高压和低温把它变成液态。人们就能够把临死时"呼出"的灵魂捉住，在高压和低温下予以凝缩，并作为"不死的液体"保存在一个贮气瓶里。通过进一步的冷却和凝缩，一定还能够把液态灵魂变成固态（"灵魂雪"）。直到现在这种实验尚未成功。

动物灵魂不死

如果不死论是真实的，如果人类"灵魂"果真永远生存下去，那么，人们势必对较高级动物的灵魂，至少对于近亲哺乳动物（猿猴、狗等），也有同样的主张。人类之所以超乎后者，并不在于有新的特种心理，或者一种特殊的人类独具的心理功能，而完全在于有一种较高等级的心理活动，在于它发展到一种较完善的阶段。特别是在许多人（决非所有的人！）那里，意识比起动物来有较高的发展，观念、思维和理性的能力也是如此。然而，这个差距远非像人们通常所认为的那样大，它在任何一方面要比高级动物和低级动物灵魂之间的相应差距，甚至比人类灵魂的最高和最低阶段之间的差距要小得多。如果人们认为人类灵魂"个体不死"，那就不得不以同样的道理承认高级动物也是如此。

许多古代和近代的民族相信动物个体不死，是完全很自然的事，可是，现在许多有思考能力的人,对于动物的灵魂生活具有一种深刻的经验知识,但同时却希望自己"永生"。我结识过一个年老的森林主管,早年丧妻无嗣,独居在东普鲁士的一个巨大森林里有三十多年。他的交往对象只是一些仆人和一大群不同品种的狗,他和仆人只交谈几句非说不可的话,和一大群狗则有最密切的灵魂交往。由于对狗的多年教育和训练,这位敏锐的观察者和自然之友已经十分熟悉自己狗的独特心灵。他坚信狗的个体不死正如坚信他自己的个体不死一样。按照他的客观比较,他认为他的几只最聪明的狗比他年迈迟钝的女仆和粗野愚蠢的男役处于更高的心理阶段。每一个无偏见的观察家,只要他多年研究一些出色的狗有意识和聪明的灵魂生活,注意它们的思想、判断和推理的生理过程,就不得不承认,这些狗像人一样有权利要求自身"不死"。

赞成不死论的理由

两千年来,人们赞成灵魂不死并至今还主张灵魂不死的理由,极大部分不是出于追求真理知识,而是出于所谓"情感的需要",也就是说,出于幻想生活和虚构。用康德的话来说,灵魂不死并不是纯粹理性的认识对象,而是一个"实践理性的公设"。如果我们真诚无私地想达到真理的纯粹认识,那么,我们就必须把实践理性和与其有关的"感情需要、道德教育需要"等等置之度外,因为这种认识只有通过经验上有根据和逻辑上清楚的纯粹理性的结论才有可能。因此,在这里同样的情况既适用于不死论,也适用于有神论:两者都只是神秘虚构的先验"信仰"的对象,而不是理性推论和建立在经验基础上的科学对象。

如果我们把赞成不死论信仰的所有理由逐条加以分析,就可以看出没有哪一条是真正科学的,没有哪一条能够和我们近十年来从生理心理学及进化论中获得的清楚认识相符。神学的理由,是一个人格化的造物主把一个不死的灵魂(大都被看作是上帝自己灵魂的一部分)吹进人身,这种理由纯粹是神话。宇宙学的理由,是"道德的世界秩序"需要人类灵魂永存,这种理由是种毫无根据的教条。目的论的理由,是人类的"崇高使命"要求人类有缺陷的尘世灵魂在来世加以全面完善,这种理由是以一种伪造的人类特殊说为根据的。伦理学的理由,是尘世生活中的缺陷和未遂愿望必然通过来世的"补偿权利"而得到满足,这种理由无非是一种不能兑现的奢望罢了。人种学的理由,说信仰不死论和信仰上帝一样，是天赋的人所共有的真理，这种理由是真正的谬误。本体论的理由，说灵魂是一种"单纯的非物质的和不可分的东西"，不可能随着死亡而消失，这种理由是以对心理现象的一种完全错误的观点为基础的，是一种唯灵论的谬误。所有这些和另一些类似的"赞成不死论的理由"都失去了根据，这些理由由于最近十年的科学批判而被彻底驳倒了。

反对不死论的理由

鉴于这个问题的意义重大，对照上列完全站不住脚的赞成灵魂不死的理由，在这里简单综述一下反对这种观点的理由充足的科学证明也许是适宜的。生理学的证明告诉我们，人类灵魂和较高级动物的灵魂一样，不是一种独立的非物质的东西，而是大脑功能总和的集体概念。和其他生命活动一样，大脑功能同样受到物理和化学过程的限制，因此同样也受到实体定律的制约。组织学的证明是以大脑极端复杂的微观构造为基础的。组织学告诉我们，真正的"灵魂基本器官"就是大脑的神经节细胞。实验的证明使我们确信，各种灵魂活动受大脑各个辖区的制约，没有辖区的正常状态，活动就不可能。如果辖区遭到破坏，其功能也随着消失。这种情况特别适用于"思想器官"即"精神生活"的唯一中央器官。病理学的证明补充了生理学的证明，如果一定的大脑辖区（语言中枢、视觉区、听觉区）由于疾病遭到破坏，它的功能（语言、视觉、听觉）也就丧失。自然界本身在这里进行着决定性的生理实验。个体发生的证明直接把灵魂个体发展的事实告诉了我们，我们可以看到，儿童灵魂如何逐渐发展它的各种本领，青年人开出茂盛的花，成年人结出了成熟的果，在老年时期，随着大脑的退化灵魂逐渐衰退。种系发生学的证明是以大脑的古生物学、比较解剖学和生理学为依据的，这些科学相互补充，一致证实：人类的大脑（及其功能，即灵魂）必然是从哺乳动物的大脑，此外还从低级脊椎动物的大脑，依次逐步进化而来的。

不死论的幻想

上面的研究由于得到近代科学许多其他成果的补充，已证实"灵魂不死"的老教条是完全站不住脚的。这种教条在 20 世纪已不再成为严肃的科学研究对象，而只能是先验信仰的对象。《纯粹理性批判》却证实，这种受到高度重视的信仰，仔细一看，就像与其有关的对"人格化的上帝"的信仰一样，乃是一种纯粹的迷信。可是至今，还有成百万"信徒"——不光是来自下层的未受教育的群众，也有来自较高的以及最高的知识界的人——都把这种迷信看作是他们最珍贵的财富，是他们"最有价值的宝藏"。因此，很有必要更深入地探讨一下与其有关的观念范畴，并对其真正价值（如果是真的话）作一番批判的检验。因为客观的批判者都了解，那种价值极大部分是以幻想，即缺乏明晰的判断和一贯的思维为基础的。根据我坚定而诚实的信念，断然抛弃这种"不死论的幻想"，对人类不仅不是痛苦的损失，而且是一种不可估量的积极收获。

人类的"情感需要"之所以抓着不死论信仰不放，不外出自两个原因：第一，希望来世有一个较好的生活，第二，希望和死去的心爱亲人与朋友再见。首先就第一个希望而论，它适应一种自然的希望补偿的情感，这在主观上虽然是合理的，但在客观上却没有任何根据。我们要求补偿尘世生活中的许多缺陷和悲惨遭遇，而对此并没有任何真正的指望或保证。我们要求无限的永生，在永生中只有喜悦和欢乐，而无忧愁和痛苦。大多数人关于这种"来世的极乐生活"的观念非常奇怪，而且更加出奇的是，其中"非物质的灵魂"竟喜欢最高的物质享受。每个有信仰的人的幻想，根据自己个人的愿望，形成永恒的美景。美洲印第安人的不死论，席勒在其《纳多维西族人的挽歌》中有着很形象化的叙述，他们希望在天堂里有极好的狩猎地，有着无数野牛和狗熊。爱斯基摩人期望阳光普照的雪地，有着无穷无尽的白熊、海狗和其他北极动物。恬静的僧伽罗人，按照有着花园和森林的奇异岛国乐园锡兰来塑造他们来世的乐土，他们只设想每时每刻都有大量的米和咖喱、椰子和其他水果。阿拉伯人相信，在他们的天堂里是花园遍布，百花盛开，绿树成荫，清泉潺潺，美女如云。西西里岛上的天主教渔夫期望，每天都有丰富美味的鱼和精致的通心面，永远赦免他们在永生中每天可能犯的罪。基督教新教的北欧人期望一个巨大的哥特式大教堂，里面响着"对众生之主的永恒赞歌"。简单说来，每个有信仰的人所期望于他的永生的，实际上是他个人尘世生活的直接继续，只不过用的是一种明显的"增补修订版"而已。

这里还必须特别强调指出基督教不死论的彻底唯物主义的基本观点，基督教不死论是和"肉体复活"的荒谬教条紧密联系在一起的。正如我们见到著名画家所画的千万张油画一样，"复活的肉体"带着"再生的灵魂"在天堂像在尘世幽谷里一样悠闲漫步。他们双目注视着上帝，双耳聆听他的福音，同声向上帝唱着赞歌，等等。一句话，基督教天堂中的现代居民都具有肉体和灵魂的双重本质，也具备尘世躯体的一切器官，就像奥丁神殿烈士堂①里我们的祖先，如可爱天堂花园中"不死"的土耳其人和阿拉伯人，以及像奥林匹斯山的宙斯②宴席上享受美酒和仙丹的古希腊勇士和英雄们。

不管人们把这种天堂里的"永生"描绘得多么美好，但这种"永生"长期下去必然会变得万般无聊，而且甚至是"永恒"下去！这种个体永存将没有终期地拖延下去！关于"永世流浪的犹太人"③的寓意深长的神话，即那位不幸的亚哈随鲁永远找不到安憩的地方而到处流浪的神话，当能向我们揭示这种"永生"的价值。我们在问心无愧地度过了一生以后，所能期望的最好的事就是在墓里长眠："主啊，愿他们安息吧！"

每一个明理的有识之士，只要他知道地质年代的计算，思考过有机地球史上亿万年的长列，经过公正的判断，就会承认那种"永生"的庸俗想法，即使对于最好的人们来说，也不是可羡慕的安慰，而是可怕的威胁。只有缺乏明晰的判断和一贯的思维才会对此有异议。

不死论最好和最充分的理由，是希望在"永生"中再度见到自己的至亲好友，他们在尘世由于一个可怕的命运而和我们早诀。但是这种所谓的幸福，经仔细研究以后证实只不过是幻想而已。也可能大煞风景的是，在来世会遇到那些使我们今生生活受苦的不合意的熟人和讨厌的仇敌。甚至最亲近的亲属也会引起许多纠葛！如果许多男人确定知道要和他们的"内人"或者甚至和他们的岳母"永远"待在一起，那么他们一定会乐意放弃天堂里的一切良辰美景。在那儿，英国国王亨利八世和他的6位妻子是否能永远相安无事也成问题，更不必说波兰国王奥古斯特二世了，他曾把他的爱情送给一百多个妇女并和她们生了352个孩子。因为奥古斯特二世和作为"上帝代理人"的罗马教皇关系很好，他必然也要进入天堂，纵使他身上有好多缺点，纵使由于他的愚蠢的战争冒险使几十万撒克逊人丧失了生命。

虔诚的不死论者还遇到一个无法解决的难题：脱离了躯体的灵魂应该在其

---

① 奥丁神殿烈士堂(Odias Saal Zu Walhalla)：来源于北欧神话，奥丁神为司智慧、诗词和战争之神，战死者的英灵被神的侍女们召来烈士堂(Walhalla)里宴饮。

② 奥林匹斯山的宙斯：希腊神话中，太古时代希腊诸神住在奥林匹斯山上，宙斯为该山的主神。

③ "永世流浪的犹太人"：中世纪出现的一个传说中的人物——亚哈随鲁，因为不敬基督而受到惩罚，注定永世流浪。

个体发展哪一个阶段继续"永生"呢？初生婴儿在天上是否也要经历世人经受过的同样艰苦的"生存竞争"来发展其灵魂呢？一个在战争集体屠杀中牺牲的有才华的青年人，是否只有在烈士堂里才能施展其丰富而未充分发挥的才能呢？是否让一个成年时曾以其事业声誉闻名于世而现已年迈力衰变得稚气的老人，永远作为一个衰朽的老人继续生活下去呢？还是应当让他干脆返回到往昔的盛年呢？如果不死的灵魂在天堂里作为完善的人物返老还童而永生，那么对他来说个性的魅力和兴趣也就全然消失了。

今天按照纯粹理性来看同样显得站不住脚的还有人类特殊说的神话，即"末日审判"，以及人类灵魂分成两大类：其中一类的命运是上天堂享受永恒快乐，另一类的命运则是入地狱熬受永恒痛苦（出于一个"博爱之父"的人格化的上帝之意！）。居然就是这位博爱的万物之父亲自"创造"了遗传和适应的条件，在这些条件之下，一方面受到偏爱的幸运儿必然发展成无罪的天国之人，而另一方面不幸的穷苦人也必然发展成该罚的罪人。

对数千年来各民族和宗教的不死论信仰所产生的无数光怪陆离的幻想进行批判比较，可以得出一幅最奇特的图画。阿德尔伯特·斯沃博达在其杰作《灵魂幻想》(1886)和《信仰的形成》(1897)中已作了一个极其有趣的以广泛史料研究为基础的描述。不管这些神话的极大部分对我们来说是多么荒谬绝伦，不管它们和当前进步的自然认识如何毫不相容，但是它们即使在今天也还扮演着极其重要的角色，并且照样作为"实践理性的公设"对个人的人生观和民族的命运起着极大的影响。

现代唯心主义和唯灵论的哲学当然会承认，这种盛行的不死论信仰的唯物主义形式是站不住脚的，并且还断言必须用一种非物质的灵魂本质、一种柏拉图的理念或者一种先验的灵魂实体的净化观念来取而代之。可是，这些不可理解的观念对于当代现实的自然观毫无用处。它们既不能满足我们悟性的因果关系的需要，也不能满足我们情感的愿望。如果我们把所有当代先进的人类学、生理学、心理学和宇宙学关于不死论的论述都综合在一起，那么，我们就必然无疑地会得出一个肯定的结论："人类灵魂不死的信仰是一种教条，它和近代自然科学的最可靠的经验规律处于不可调和的矛盾之中。"

海克尔撰写的一系列关于生命现象的哲学思考的重要著作，如《自然创造史》（1868）、《宇宙之谜》（1899）和《生命的奇迹》（1904）等，影响十分深远。

其中，1899年出版的《宇宙之谜》，可以说是19世纪末至20世纪初的一本世界级畅销著作。截至1918年8月，三种德文原版共印刷了34万册，不同文字的译本总计达到24种，传播极为广泛。这部著作为海克尔赢得了排山倒海般的巨大声名。

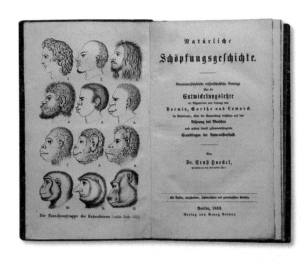

■⬆《自然创造史》德文版　截至1899年《宇宙之谜》出版之时，《自然创造史》已被译为12种文字。

◧《宇宙之谜》德文初版
▷《宇宙之谜》中文版（《赫克尔一元哲学》，马君武译，上海中华书局，1920）

▷《宇宙之谜》
日文版

◧《宇宙之谜》法文版
◩《宇宙之谜》英文版

▷《宇宙之谜》
希伯来文版

《宇宙之谜》以科学家的理性与哲学家的思辨，对19世纪自然科学的巨大成就，尤其是生物进化论进行了清晰的总结，在科学发现的铁的事实与定律的基础上，探索宇宙、地球、生命、物种、人类及其意识的起源和发展等"宇宙之谜"，勾画出一幅唯物主义的图景，意在解除束缚民众精神生活的落后观念，冲破长久以来社会生活方方面面的藩篱。它既如史诗般荡气回肠，又如檄文般酣畅淋漓。

◀ **歌德**（Johann Wolfgang von Goethe, 1749—1832） 海克尔视德国大文豪歌德为进化论的先驱之一。歌德曾指出，动植物的机体内都有向心力和离心力这两种创造力相互作用，作用的结果使动植物发生变异。海克尔将歌德所说的向心力称为遗传，而把离心力称为适应。

▶ **拉马克**（Jean-Baptiste Lamarck，1744—1829） 海克尔推崇法国生物学家拉马克，认为拉马克的《动物哲学》（1809）为解决物种起源的问题开拓出一条路径。拉马克否定了林奈的物种不变论，认为物种都是在漫长的时间里由古老的物种演变而来；物种由遗传而保持下来，又由适应外部环境而发生变异。

◪ **达尔文**（Charles Robert Darwin，1809—1882）及其《**物种起源**》（1859）《物种起源》传到德国时，海克尔刚刚进入学术界，他如逢知己，立刻接受了这一新生事物。海克尔赞扬达尔文是用伟大而统一的观点解释有机世界的一切现象，并用可以理解的自然规律来取代无法捉摸的奇迹。"物种起源"的问题解决了，神秘的"创世问题"也迎刃而解。

海克尔坚信进化论是解释自然之钥，并以毕生之力修正、发展和传播进化论。他将进化论与德国当时领先的形态学、解剖学、胚胎学研究相结合，通过一系列著作，创立了生物进化的系谱树，又以此为基础，建立了人类的系谱树，由此为解决"宇宙之谜"提供途径。

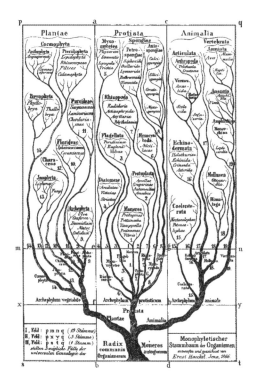

◀ 海克尔《有机体普通形态学》（1866）中的生物系谱树图 图中展示了原生生物、植物与动物由低级向高级发展的序列。

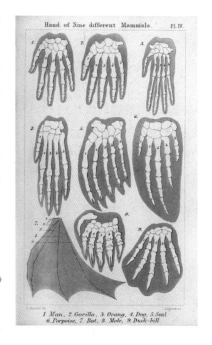

▶ 海克尔《自然创造史》英文版（1880）中的哺乳动物手部骨骼对比图 图中展示的手部骨骼从左到右、从上到下分别属于：人、大猩猩、猩猩、狗、海豹、海豚、蝙蝠、鼹鼠、鸭嘴兽。

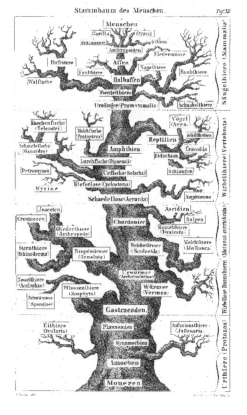

◀ 海克尔《人类起源》（1874）中的人类系谱树图 图中所示正如海克尔在《宇宙之谜》中一步步阐明的，人是脊椎动物、四足动物、哺乳动物、有胎盘动物、灵长动物，并具有猿猴、狭鼻猴、类人猿的特征。

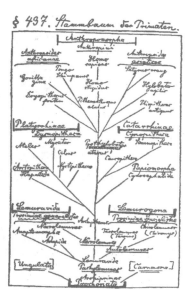

▶ 海克尔绘制的灵长类动物系谱树草图

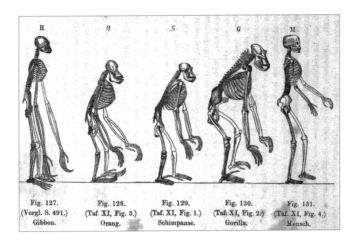

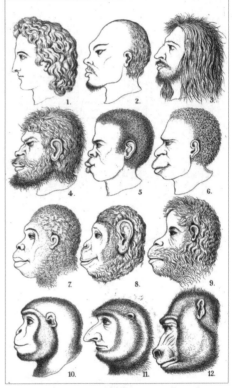

海克尔《人类起源》（1874）中的人类与猿类骨骼比较图　图中展示的骨骼从左至右分别为：长臂猿、猩猩、黑猩猩、大猩猩、人类。

海克尔《自然创造史》（1868）中的狭鼻目家族图示　达尔文在《人类的由来及性选择》（1871）中写道："他（海克尔）在《自然创造史》中充分地讨论了人类的系谱。如果他的这一著作发表在我脱稿之前，我大概永远不会再写下去了。"

海克尔与他研究与观察的骨骼

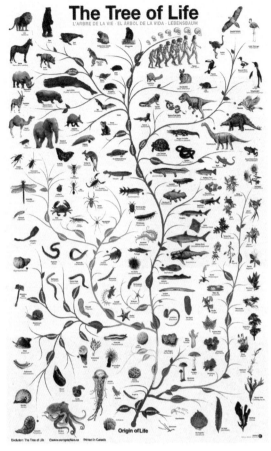

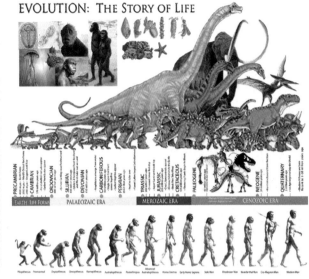

20世纪以来，随着分子生物学的出现与基因测序技术的完善，关于生命演化的研究越来越深入，人类在自然界的位置也越来越清晰。

当科学以无可辩驳的证据表明人类只是一种高度进化的哺乳动物，只是自然界中生物进化链条上的一环时，神创论就失去了存在的根基。

◀ 黑猩猩、人类婴儿与斗牛犬　海克尔结合当时生物学各领域内所取得的进步指出，大多数动物（至少是高级的哺乳动物）和人类一样，都具有情感和意识，特别是猴类和犬类。据当代研究，黑猩猩与人类的基因相似度约为98.5%，黑猩猩在瞬间记忆事物的直观记忆力上甚至可以超过大学生，小黑猩猩可能比同龄的人类婴儿有更高的认知能力，人类婴儿要到九个月大之后才会反超黑猩猩。

海克尔在《宇宙之谜》中还充分引用了天文学、地质学的科学成就来解释宇宙与地球的起源与发展，以解决"创世问题"这个最难的"宇宙之谜"。

⬆ 德国哲学家康德（Immanuel Kant, 1724—1804）及其《宇宙发展史概论》（1755）

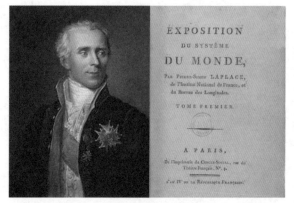

⬆ 法国数学家、天文学家拉普拉斯（Pierre–Simon Laplace, 1749—1827）及其《宇宙体系论》（1796）

"康德—拉普拉斯星云说"由康德和拉普拉斯各自独立提出，他们对行星运动作出了力学解释，并推导出以下假设：一切天体原来都是由旋转的星云团通过凝聚而产生的。海克尔对此作了如下描述："在无限宇宙空间的某一部分，一些新的天体由旋转的星云产生和发展了，在另一部分则与此相反，一些古老的冷却的和几乎濒于衰亡的天体由于相互碰撞而被撞得粉碎，并消失在弥漫的星云中。"

20世纪以来天文学领域的观察发现，不断为"星云说"提供可信的佐证。

⬆ 大麦哲伦星云的 LH 95 恒星形成区　由 NASA（美国国家航空航天局）、ESA（欧洲航天局）借助哈勃太空望远镜拍摄的这幅照片展示了无数恒星形成过程中的壮观景象，这些有着数倍太阳质量的恒星在形成后产生了强烈的恒星风和紫外线辐射，使得邻近星云发光而形成亮星云。

◀ 关于绘架座 β 的示意图　绘架座 β 距离太阳只有约 63 光年，为绘架座第二亮的恒星。绘架座 β 非常年轻，年龄介于 800 万年至 2000 万年之间，有大量的尘埃和气体环绕着它旋转，其中可能正在形成类似地球的行星。绘架座 β 是观察和研究恒星形成与演化的重要对象。图中两个小方框表示绘架座 β 的成熟行星可能是类似地球的富水行星，也可能是烟雾弥漫的富碳行星。

《宇宙之谜》中写道："我们的地球母亲是在几十亿年前由旋转的太阳系的一部分产生的，再过千万年以后也将变得僵硬，其轨道愈来愈小，直到与太阳相撞。""关于天体兴亡的周期交替的近代思想……对我们清楚地了解普遍的宇宙发展过程具有特别重要的意义。我们的母亲'地球'在这里缩小到了一粒极细微的'太阳微尘'那样的价值，就像不计其数的在无限的宇宙空间互相追逐的微尘一样。被人类中心说的自大狂美化为'上帝的翻版'的人类本身，降低到了一个有胎盘哺乳动物的意义，它对整个宇宙来说并不比蚂蚁和蜉蝣、显微的纤毛虫和极小的杆菌具有更多的价值。"

▶ 暗淡蓝点 这张由美国"旅行者1号"太空船于1990年2月14日从64亿千米外拍摄的著名照片中，我们生活的地球只是照片里一个渺小的"暗淡蓝点"。这张引起公众极大关注的照片，神奇地呈现了海克尔在《宇宙之谜》中关于地球是"一粒极细微的'太阳微尘'"的描述。

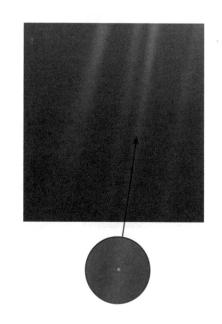

　　再看看那个小点。那就是这里，那就是家园，那就是我们。你所爱的每个人，认识的每个人，听说过的每个人，历史上的每个人，都在它上面活过了一生。我们物种历史上的所有欢乐和痛苦……都发生在这颗悬浮在太阳光中的尘埃上。

——卡尔·萨根《暗淡蓝点》

　　海克尔在《宇宙之谜》中描述了关于外星生物的设想："很可能的是，在其他行星上进化出我们地球上所不知道的一种其他类型的高级植物和动物，也可能在一支发展潜力超过脊椎动物的较高级动物种系中进化出一种更高级的动物，他们在智力和思维能力上远远超过我们地球上的人类。"

　　一个多世纪前的这些大胆的设想，不仅吸引着一代代科学家前赴后继地开展外太空探索，更启发了文学艺术领域天马行空的科幻题材创作。

◀ 电影《2001：太空漫游》剧照（上）
电影《阿凡达》剧照（下）

在《宇宙之谜》中，海克尔身体力行地倡导博物学："世界壮丽的景色向每个人都敞开了它的大门……到处都向我们呈献出极其丰富的各种美丽有趣的对象。一枝藓、一根草茎、一个甲虫、一只蝴蝶，只要详加研究，即可发现其美"，"这一切美学上的自然欣赏的进步——同时也是科学上自然认识的进步——意味着人类更高的精神教育上的许多进步"。

▣ 海克尔绘制的蜂鸟，摘自《自然界的艺术形态》
▶ 献给海克尔的纪念壁画，位于德国梅泽堡市　壁画将海克尔的画像与他笔下那些经典的生物图画融为一体，向他做出的伟大贡献致敬。

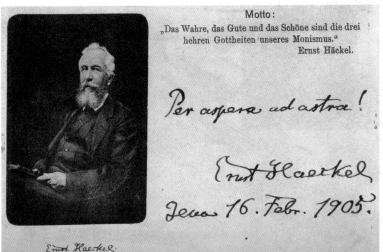

◀印有海克尔照片的明信片　明信片上是海克尔于 71 岁生日当天亲笔题写的一句拉丁谚语："Per aspera ad astra"。该谚语对应的英文是 "through hardships to the stars"，可译为："循此苦旅，以达星际"。这句话大约能够概括海克尔艰辛跋涉、不断探求真知、力图用科学之光烛照宇宙之谜的一生。

（本书彩插资料的编译得到了同济大学外国语学院德语系陶卓老师及硕士研究生张旭的大力协助，特此致谢。）

第三部分

宇宙学：宇宙

· *III. Kosmologischer Teil: Die Welt* ·

我们现在知道，这个定律既无条件地普遍适用于最辽远的宇宙空间，也同样适用于我们的行星系统，既适用于我们地球的最小角落，也适用于我们人体的最小细胞。我们有权而且在逻辑上也不得不作一重要的假设，即物质和能量的守恒任何时候都是普遍存在的，就像今天毫无例外地存在一样。无限的宇宙过去、现在和将来都要永远受到实体定律的制约。

第十二章　实体定律

关于宇宙基本定律的一元论研究

物质与能量守恒

运动论和凝聚论的实体概念

力的守恒定律表明，宇宙中的能是一个不变的常量；物质守恒定律也同样表明，宇宙间的物质是一个不变的常量。这两大定律，能量守恒的物理学基本定律和物质守恒的化学基本定律，我们可以概括为一个哲学概念，即实体守恒定律。我们一元论的观点认为：力和物质是分不开的，它们只是唯一的世界本源——实体的各种不变的现象。

《一元论是宗教与科学之间的纽带》

1892 年

我认为实体定律是至高无上的包罗万象的自然规律，它是真的和唯一的宇宙基本规律。就其他一切已知的自然规律都要从属于它这一点而论，它的发现与确立是 19 世纪最伟大的智慧成果。在"实体定律"这一概念中，我概括了两个其来源和发现时间都不同的最高的普遍定律：一是较早的关于"物质守恒"的化学定律，一是较晚的关于"力的守恒"的物理学定律。精密自然科学的这两个基本定律本质上是分不开的，这对许多读者来说，大概认为是理所当然的事，也为近代大多数自然科学家所公认。不过，这一基本信念至今还常受到另一方的许多责难，所以必须首先加以论证。对这两个规律，我们分别略加论述于下。

◀ 海克尔（右二）1910 年在法国弗雷瑞斯的罗马圆形剧场（建于公元 1 世纪）废墟前留影

物质守恒定律（拉瓦锡，1789 年）

充斥于无限宇宙空间的物质总和是不变的。一个物体表面上的消失只不过是其形态的转换。煤燃烧时，就是煤与空气中的氧化合而变成了气态的碳酸；糖块在水中溶解，就是其固态转化为液态。一个新的天然物体的产生，也是物质仅仅改变其形态的结果。下雨乃是空气中水蒸气凝聚为水滴降落的缘故。铁生锈，乃是金属的表层同水和空气中的氧化合而产生了锈或水化氧化铁。在自然界中，决没有什么新物质产生或被"造"出来，现存的物质也决不会消失或化为乌有。这个经验定理在今天已是化学的首要的不可动摇的基本法则，它随时都可以直接通过天平得到证明。伟大的法国化学家拉瓦锡首先用天平证实了这一定律，从而建立了不朽的功绩。当代所有多年从事自然现象研究的科学家们，都对物质的绝对守恒坚信不疑，以致他们再也不会提出什么反对意见。

力的守恒定律（罗伯特·迈尔，1842 年）

力的守恒定律又名"能量守恒"定律，活动于无限宇宙空间并引起一切现象的力的总和是不变的。火车的行驶是由于被加热的蒸汽的张力转换为机械运动的活力（动能）的结果。我们听到火车的汽笛声，是由于振动空气的声波通过鼓膜和一连串听骨而传递给内耳迷路，再通过听觉神经而到达大脑皮层颞叶上的听觉区的听神经节细胞。使我们地球生气勃勃的全部奇异景象归根到底无非是转化了的日光。目前，技术上惊人的进步怎样能使各种不同的自然力互相转化是众所周知的：热可以转化成物质运动，物质运动又可转化为光或声，光与声又可转化为电，反之亦然。精确的测定表明，在这种转换中力的量是不变的。宇宙间运动着的力从来没有丝毫消灭过，也不会有丝毫新的产生。1837 年，波恩的弗里德里希·莫尔[①]已接近于这一基本事实的重大发现；1842 年，才华横溢的医生罗伯特·迈尔（在海耳布隆）才完成了这一伟大发现；几乎是在同时，著名的生理

[①] 弗里德里希·莫尔（Friedrich Mohr，1806—1879），德国化学家和地质学家。

学家赫尔姆霍茨也不谋而合地认识到这同一个定律。五年后他证实了这一定律在物理学的所有领域都普遍适用，并且卓有成效。今天我们不得不说，它也主宰着生理学的整个领域——亦即"有机物理学"的整个领域！可是坚持活力论的生物学家，以及二元论和唯心主义的哲学家却一味地反对这一说法。他们把人类所独有的"精神力量"看成是一种"自由的"不受能量定律制约的力的现象。这种二元论的观点特别仰仗于意志自由教条的支持。对意志自由问题我们在前面已作了讨论，这种观点是不堪一击的。最近物理学将"力"和"能"分为两个不同的概念，不过这种区分对我们当前的一般研究是无关紧要的。

实体定律的统一性

我们坚信宇宙学的两大基本学说，即物质守恒的化学基本定律和力的守恒的物理学基本定律，两者是相互密切联系在一起的。这对我们一元论世界观来说至为重要。这两大理论就像它们的两个对象——物质和力，或物质和能——一样有着内在联系。对许多有一元论思想的自然科学家和哲学家来说，两大定律的根本统一性是不言而喻的，因为这两者只是同一个对象，即"宇宙"的两个不同的方面。可是这一合理的信念还远远没有为人们所公认，相反，它受到所有二元论哲学、活力论生物学以及平行论心理学的猛烈攻击，不仅如此，它还受到某些所谓的一元论者的非难，这些人以为在人的"意识"或者高级的精神活动中，或者也在"自由精神生活"的其他现象中，找到了反证。

为此，我要特别强调统一的实体定律的深远意义，因为这一定律表达了那两个在概念上分开的定律之间有着不可分割的联系。这两个定律之所以在当初没有合并起来，并从其统一性上去加以认识，是因为它们被发现的时间不同。较早而且较为切实的"物质守恒"的化学基本定律已为拉瓦锡在 1789 年发现，由于天平的普遍运用，它已成为精密化学的基础。另一方面，较晚而且更为隐蔽的"能量守恒"的基本定律，只是在 1842 年才为罗伯特·迈尔发现，并且由赫尔姆霍茨定为精密物理学的基础。两大基本定律的统一性——至今还受到多方非难——被许多坚信不疑的自然科学家表达为"力和物质守恒定律"。为了言简意赅，用新词来概括这两个根本概念，我早就建议称之为"实体定律"或"宇宙基本定律"，也可以叫作宇宙律或守恒律，或者宇宙守恒公理。从根本上来说，这一定律是由放之四海而皆准的因果法则所得出的必然结论。

实体的概念

将纯一元论的"实体概念"应用于科学，并认识其重大意义的第一个思想家是伟大的哲学家斯宾诺莎。他的主要著作是 1677 年在他早逝之后不久发表的，时间也正是在拉瓦锡用化学主要仪器天平从实验上证实了物质守恒的一百年前。在他的伟大的泛神主义世界观里面，世界（宇宙）的概念和包罗万象的神的概念是一致的，这种世界观是最纯粹最合乎理性的一元论，同时也是最明确最抽象的一神论。这种宇宙实体或神的世界本质向我们展示出其真正本质的两个不同的方面、两种基本属性：物质（无限广延的实体）和精神（无所不包的思维着的实体能）。以后实体概念的种种变化，根据透彻的分析，都归结到斯宾诺莎这一至高无上的基本理念。我同歌德一样认为，这是一切时代中最崇高、最深刻和最真实的思想之一。我们在世界上所能认识的一切个别对象，存在的所有个体形态，都不过是实体的特殊的暂时的形态，是偶性或样态。样态就其广延（充斥空间的）属性来看，就是有形物、物质的物体；就其思维（"能"）的属性来看，却是力或思想。在过了两百年之后，我们纯化了的一元论重又回复到斯宾诺莎的基本概念，物质（充斥于空间的物质）和能（运动着的力）只不过是实体（即歌德的"神—自然"）不可分割的两个属性。

运动论的实体概念（振动原理）

基本的实体概念在近代物理与盛行的原子论结合时经受了各种各样的修正。我们只将其中两种极端对立的理论即运动论和凝聚论简略地探讨一下。两种实体论都一致成功地将所有各种不同的自然力归结为一种共同的原始力，重力和化学作用、电和磁、光和热都是一种唯一的原始力的不同表现方式、不同的力的形式或不同的动力样式。这种共同的独一无二的原始力通常被设想为极其微小的物质粒子的振动，即原子的振动。按照一般"运动论的实体概念"说法，原子本身是死的离散的微粒，它们振动于空间并作用于远方。这种运动实体论的真正奠基者及其最有名望的代表人物是伟大的数学家、著名的万有引力定律的发现者牛顿。他在其主要著作《自然哲学之数学原理》一书中证明,在整个宇宙中,同一个有关物质吸引的基本定律、同一个不变的万有引力常数在起着作用,每两个物质粒子间的引力与其质量成正比,与其距离的平方成反比。无论是苹果落地、大海涨潮,还是行星围绕太阳运转,以及所有天体在宇宙中的运行,都是由这种普遍的"重力"所引起的。最终确立了这一万有引力定律,并为此求出了一个无可争辩的数学公式,乃是牛顿的不朽功绩。这个死的数学公式在这里像在其他场合一样,受到大多数自然科学家的极大重视,可是它只是对理论提供了量的证明,丝毫没有触及现象的质的本质。直接的超距作用是由牛顿从其万有引力定律推导出来的,它后来变为物理学最重要和最有害的教条之一,而且对我们认识物质引力的真正原因没有任何启发,相反,却堵塞了我们去认识真正原因的道路。我猜想,对他那神秘的超距作用的继续思辨更使这位思想敏锐的英国数学家陷入了神秘梦幻和迷信上帝的黑暗迷宫里。他生命的最后 34 年就是在这种黑暗的迷宫中徘徊度过的。最后他竟至对先知但以理(Daniel)的预言和圣约翰(St. John)的启示录的荒诞梦呓提出了形而上学的假说。

凝聚论的实体概念(凝聚原理)

和运动实体论在原则上相对立的是现代凝聚实体论。伊·格·福格特(在莱比锡)在其思想丰富的著作《根据统一的实体概念论电与磁的本质》(1891)中,对凝聚实体论进行了最深刻的论证。福格特认为,宇宙中共同的原始力不是运动的物质粒子在真空中的振动,而是一种统一实体的个体凝聚,这种统一实体连续地,也就是无隙地,不间断地充斥于无限的宇宙之中。蕴藏在统一实体中的唯一机械作用形式(动原)是,由于凝聚或收缩的倾向而产生了无限小的凝聚中心,它们虽能改变其密度,从而改变其体积,但就其本身来说却是不变的。这种宇宙实体的个体微粒,即凝聚中心——人们可称之为凝聚原子——一般相当于运动论实体概念的原始原子或最后离散的物质粒子,可是它们本质的区别就在于它们具有感觉和意向(或最简单的意志运动),从某种意义上来说,亦即具有灵魂——与恩培多克勒关于"元素的爱和憎"的古老理论相呼应。这种"有灵魂的原子"也不在真空中浮动,而是在连续的特别稀薄的中间实体中浮动,中间实体就是原始实体中没有凝聚的部分。由于某些"位置关系、扰动中心或变形系统"

的作用，大量的凝聚中心迅速在巨大范围内汇集起来而对周围的物质取得优势。这样一来，在原始的静态中到处具有相同的平均密度的实体，便分离或异化为两个主要部分：由于凝聚的结果而正地超越了平均密度的扰动中心构成了天体的可称量的物质（所谓"有质的物质"）；相反，充斥于它们之间的空间而负地超越了平均密度的稀薄的中间实体则构成以太（"无质的物质"）。物质与以太分离的结果是这两种相克实体部分之间的不断斗争，这种斗争便是所有物理过程的起源。正的物质，即快感的载体，致力于完成已经开始的凝聚过程，并将最大量的位能集结起来；而负的以太则相反，它同样来阻止张力以及与此相联系的憎感的每一继续增长，它将最大量的实际能集结起来。

　　要是详细地论述伊·格·福格特的思想丰富的凝聚论，那就未免离题太远。对此感兴趣的读者可从原书第二册摘出的写得清晰、通俗的摘录中去理解问题本身难懂的思想。我本人对物理学与数学知之甚少，不能明辨其中的是非，但我相信，对于任何一个坚信自然界的统一性的生物学家来说，这种凝聚实体概念在某些方面较之目前在物理学中盛行的运动论实体概念更易于接受。由于福格特将他的凝聚的宇宙过程与一般的运动过程在原则上对立起来，这样就很容易引起误会，其实他所指的运动乃是现代物理学意义上的振动，他所假设的凝聚就像所假设的"振动"一样，也为实体的运动所决定，只是运动的方式和运动着的实体微粒的表现按照前一假设和按照后一假设完全不同罢了。此外，凝聚论并非根除整个振动论，而只是抛弃了它的一个重要部分。

　　近来，现代物理学还大都死抱着古老的振动论不放，还坚持直接的超距作用与死的原子在真空里永恒振动的概念，并因此而责难凝聚论。即使凝聚论还远远没有完善，即使福格特的独创思辨还有很多谬误，但我认为这个自然哲学家的伟大功绩就在于：他剔除了运动实体论中站不住脚的原理。根据我自己和许多其他有识的自然科学家的看法，我要提出下列包含在福格特凝聚实体论中的法则，我认为这些法则对于一个包罗整个有机界和无机界的真正一元论的实体观来说是必不可少的：（1）实体的两个主要部分，物质与以太，不是死的和仅借外力才能运动的，而是具有感觉与意志（当然属于最低等级的！）。它们在凝聚时感到喜，在扩张时感到憎；它们趋向于前者而排斥后者。（2）没有真空，在无限的空间中，凡没有物质原子所占有的部分则充斥着以太。（3）没有直接的超距作用通过真空，一切物体之间的相互作用要么是由物质的直接接触所决定，要么是由以太作为中介。

二元论的实体概念

我们在上面相提并论的两种实体论原则上都是一元论的,因为实体的两个主要部分即物质和以太之间的对立,并不是根本上的对立,而且这两种实体不能不经常处于直接接触和相互作用中。至今尚盛行于二元论和唯心主义哲学中的二元论的实体论,情形却完全两样,它们还受到具有广泛影响的神学的支持,只要后者也在搞这类形而上学的思辨的话。按照二元论的实体论的观点,实体应分为两个完全不同的主要部分:物质的和非物质的。物质实体构成了"物体世界",而"物体世界"是物理和化学的研究对象,在这里只有物质和能量守恒定律才适用(只要人们不相信什么"凭空创造"以及其他的奇迹)。另一方面非物质的实体则构成了"精神世界",在这一世界里,那种定律是不适用的。物理和化学定律在这里要么完全失效,要么受制于"活力",或"自由意志",或"神的全能",或其他这一类的鬼魅,而批判科学对此却一无所知。这种根本性的谬误在今天本来是不值一驳的,因为直到如今经验告诉我们,没有任何非物质的实体,没有任何一种力不依附于物质,没有任何一种能的形式不是物质运动的结果,不管是有质的物质运动,或是以太运动,或是两者的运动。即使是我们所知道的最复杂和最完善的能的形式——高级动物的灵魂生活、人的思维和理性,都建立在物质过程即神经节细胞的神经浆的变化基础之上,如果没有后者,什么灵魂生活、思维、理性都是不可能的。至于一种特殊的非物质"灵魂实体"的生理学的假说,是完全站不住脚的,以前我也曾证实了这一点。

物质或有形物质(有质的物质)

要认识物质的可称量的部分,这首先是化学的任务。众所周知,19 世纪这门科学在理论上取得了惊人的进步,并对实际文明生活的各个方面产生了无可比拟的影响。我们只想简略地谈谈有关物质本质最重要的主要问题。大家知道,分析化学已成功地将所有的各种不同的天然物体通过分解还原到为数不多的原始材料或元素,亦即还原到不能再分解的简单物体。这种元素约有 80 种,其中只有一小部分（只有 14 种）普遍地分布在地球上，并具有重大的意义，大多数是稀有的不那么重要的元素（多为金属）。从这些元素成族的关系及其原子量的惹人注目的关系——洛塔尔·迈尔[1]和门捷列夫[2]已在其"元素周期表"上予以标明——可以推测，元素并非物质的绝对品种，并非永恒不变的量。按照周期表可将 90 种元素分为 8 大族，并在各族中按其原子量的大小依次排列，以使化学性质相类似的元素构成一族。在元素自然系统中，各族的关系一方面与复杂组合的碳化物的类似关系相似，另一方面又和动植物自然系统中平行群的关系相似。在动植物自然系统中，相似形态的"亲缘关系"是由于它们起源于共同的简单的祖先，很可能的是，这一点也同样适用于元素的族和序。由此我们可以设想，现在"经验的元素"并不是真正简单的不可变的物质品种，而原是由不同数和层的同类简单的原始原子组合而成。最近古斯塔夫·文特，威廉·普莱尔，威廉·克鲁克斯[3]等人的思辨曾指出，我们可以想象怎样把各种元素从一种唯一的原始材料即原始质中分离出来（新近关于镭的著名研究表明，某些元素可以转化为其他的元素）。

原子和元素

　　近代原子论今天已成为化学的必不可少的辅助方法，但必须把它与古代哲学的原子学说相区别。后者是两千多年前由古代杰出的一元论哲学家留基伯[4]、德谟克利特以及卢克莱修所传授的，其后又经过笛卡儿、霍布斯[5]、莱布尼茨以及其他杰出哲学家的阐发与多方改造，直至 1808 年英国化学家道尔顿（John Dalton）提出化合物构成的"定比和倍比定律"时，近代原子论才获得了一个清晰的可接受的表达方式和经验基础。道尔顿首先确定了各种不同元素的原子量，从而奠定了新化学理论赖以建立的不可动摇的精密基础。这些理论，只要它们认

---

① 洛塔尔·迈尔（Lothar Meyer，1830—1895），德国化学家，主要从事物理化学的研究，他独立发现了元素的性质与原子量的周期函数关系。

② 门捷列夫（Дмитрий Иванович Менделеев，1834—1907），俄国化学家，1869 年发现化学元素周期律。

③ 威廉·克鲁克斯（William Crookes，1832—1919），英国物理学家和化学家。

④ 留基伯（Leukippos，公元前 5 世纪），古希腊唯物主义哲学家，原子论的创始人。

⑤ 霍布斯（Thomas Hobbes，1588—1679），英国哲学家，机械唯物主义的代表人物，他的社会政治观点具有明显的反民主倾向。

为元素由同类最小的离散的不能再分割的粒子所组成,它们就全是原子论的。不过原子的真正本质、形态、大小以及有无灵魂等等问题在这里都没提及,因为原子的这些性质正如同近代电子论一样,还是一些假说。相反,原子的化学作用或化学亲和力,亦即与其他元素的原子化合的恒定比例已被实验所证明。

元素的亲和力

各个元素相互间不同的行为,化学上称之为"亲和力",这是物质的最重要的特性之一,它表现在元素化合时的不同比例上和化合进行时的强度上。其相亲的程度,从极端冷淡到高度热情,都可以表现在各个不同元素的相互化学行为上,就像它们在人类心理学中,特别是在两性相亲的关系上所起的重要作用一样。人们都知道,歌德在其古典小说《亲和力》一书中,曾把一对情人的关系比为化合物构成时的那种同名现象。驱使爱德华去追求相恋的娥提莉艾、巴里斯去追求海伦,并且冲破一切理性与道德障碍的那种不可遏止的激情,也就是那同一种强大的"无意识"的吸引力,这种吸引力在动植物卵子受精时驱使活跃的精子突入卵细胞(也即突入"苹果酸")。通过同一种猛烈运动,两个氢原子和一个氧原子化合而成一个水分子。这种基本的整个自然界的亲和力统一性,从最简单的化学过程到情节曲折的爱情小说,早在公元前 5 世纪希腊自然哲学家恩培多克勒在其关于"元素的爱和憎"的学说中就已认识到。这种统一性由于细胞心理学的进步已找到经验上的证明,而细胞心理学的重大意义,只是在最近四十年间才得到人们应有的评价。在此基础上我们建立了这样的信念:即使是原子,也已具有最简单形式的感觉与意志——或者更确切些说:触觉和意向——亦即已具有最原始之类的宇宙"灵魂"(还没有意识!)。由两个或两个以上原子所构成的分子或物质粒子也是如此。各种不同的个体分子的进一步化合,就形成了简单的化合物,进而又形成了复杂的化合物,在它们的活动中,同样的作用还会以更加错综复杂的形式重演下去。

以太（无质的物质）

要认识物质这一不可称量的部分,首先是物理学的任务。人们早就设想,存在着一种极细微的充斥于物质之外的空间的媒质，并用这种"以太"来解释各种各样的现象（首先是光）。后来直接到 19 世纪后半叶，我们对这种奇异的物质才有了进一步的认识，而这种认识与电领域中经验上的惊人发现、对电在实验上的认识，与电在理论上的阐释以及对电的实际应用都有着密切的联系。海因里希·赫兹于 1888 年在波恩首先在这方面进行了有名的实验。这位天才的年轻的物理学家本来可以建立更伟大的业绩，不幸他早逝了，他的早逝是令人不胜痛惜的。他像斯宾诺莎、拉斐尔①、舒伯特②以及其他许多天才的青年一样，他们的短寿同属于人类历史上的残酷事实。仅此一点，即可彻底揭穿"明智的天意"和"博爱的天父"的站不住脚的神话。

以太的存在

以太（或宇宙以太）作为真实物质的存在，目前已成为肯定的事实。不过直到今天在许多书中还认为以太是一种"纯粹的假说"。这种错误论点不仅为那些外行的哲学家和通俗作家所津津乐道，而且也为某些"谨慎的精密物理学家"所重复。但人们根据同样的理由也可以否认有质的物质，即物质的存在。事实上今天的形而上学家们所要的就是这样的伎俩，他们的最高智慧就在于否定或怀疑外界的实在性。按照他们的观点，只有一种真实的本质存在着，那就是他们宝贵的自身，或者更确切些说，就是他们不死的灵魂。近来竟有一些卓越的生理学家接受了笛卡儿、贝克莱③、费希特④等人的形而上学所主张的极端唯心主义的立场。他们的"心理一元论"认为："唯一存在的是我的心。"据我们看来，这种肆无忌惮的唯心论观点，是以批判的认识所得出的一个错误结论为基础的。这个批判的认识就是，我们只有通过我们人类的认识器官即大脑和感官所能感知的现象，才能认识周围世界。如果我们通过认识器官的功能只能得到一些关于物体世界的不完全和有限的知识的话，那么，我们也无权否定其存在。至少我认为，以太的存在也像物质那样确实，就像我现在在思考和论述这个问题时我本人确

---

① 拉斐尔（Raffaello，1483—1520），意大利文艺复兴时期著名画家。

② 舒伯特（Franz Schubert，1797—1828），德国著名作曲家。

③ 贝克莱（George Berkeley，1685—1753），英国哲学家和神学家，主观唯心主义的代表人物。

④ 费希特（Johann Gottlieb Fichte，1762—1814），德国哲学家，18 世纪末至 19 世纪初德国唯心主义代表人物。

实存在一样。正如我们通过质量和重量即通过化学和力学的实验可以确信有质物质的实在性一样，通过光学与电学的经验和实验我们可以得知无质的以太是存在的。

以太的本质

尽管现在几乎所有的物理学家都把以太的真实存在看作是肯定的事实，而且根据无数经验，特别是通过光学与电学的实验，对这种奇妙物质的许多作用已经了如指掌，可是至今对其真正的本质还没能获得明确可靠的认识。相反，目前专门研究以太的杰出物理学家的见解也还大有分歧，甚至在最重要之点上还彼此矛盾。因此，每个人都可按其专门知识和判断力（这两者总不会臻于完全！）的水平，在互相矛盾的假设中自行选择自己的观点。我把个人（我对此完全是门外汉）深思熟虑以后所得出的意见归纳为以下八点：（1）以太作为连续的物质充斥于凡是物质（或有质的物质）所没有占据的整个宇宙空间，它还充满物质原子中间的所有间隙。（2）以太大概也不具有化学作用，而且也不是由原子所组成（不像物质一样）。如若认为以太是由极小的同类的原子（比如说由同样大小的不可分割的以太圆球）所组成，那么人们就不得不进一步假设，在这些以太圆球中间还有另外一种东西存在，不是"真空"就是第三种（完全未知的）媒质，是一种完全假设的"中间以太"；关于中间以太的本质问题就像以太一样要遇到相同的困难（没有止境！）。（3）由于在我们自然科学的现状下不可能提出关于真空和直接超距作用的假设（至少不能导致明确的一元论的概念），所以我认为有一种独特的以太结构，它像有质的物质结构一样不是原子的，人们可以暂时（用不着进一步确定）把它称之为以太的或动力学的结构。（4）根据这一假设，以太的物态也是独特的，并与物质的物态不同。它既非气态的，像某些物理学家所臆断的那样，也不是固态的，像另外一些物理学家所认为的那样。最好的概念莫如将它比之为一种极细微而有弹性的轻盈的凝胶体。（5）我们无法从实验上来确定其重量，从这种意义上来说，以太是无质的物质。如果以太真正可能具有重量的话，那么，其重量也极其轻微，即使用我们最精密的天平也难以称量。某些物理学家试图从光波的能量中计算出以太的重量来，他们发现，以太的重量是大气重量的

$\dfrac{1}{15 \times 10^{18}}$；有地球体积那么大小的一个以太球至少还有 250 斤重。（6）以太的物

态大约（根据凝聚论）在一定的条件下通过持续的凝聚可转化为物质的气态，正如气态的物质通过冷却而转化为液态和进一步转化为固态一样。（7）因为这些物质的物态排成一个连续进化的序列（这对于一元论的天体演化学来说是很重要的），我们将它分为五个阶段：a. 以太态，b. 气态，c. 液态，d. 固液混合态（在活的原生质中），e. 固态。（8）以太像它所充斥的空间一样也是无限的，是不可测度的，它处于连续运动之中，这种独特的以太运动（无论是振动、扩张还是凝聚都一样）与物质运动（引力）发生相互作用，这是一切现象的最终原因。

以太和物质

赫兹正确地称之为"以太本质的非常主要问题"包括了以太和物质的关系问题。因为物质的两大组成部分不仅有外在的密切接触，而且还永远进行着动力的相互作用。人们可以把最普遍的自然现象（物理学将其区分为自然力或"物质的功能"）分为两类，其一主要（不是全部）是以太功能，另一个主要是物质功能。请参看我在《一元论》（1892）一书中所列出的表格：

世　　界

（＝自然界＝实体＝宇宙＝上帝）

一、以太（＝不可称量的扩张的实体）	二、物质（＝可称量的凝聚的实体）
1. 物态：以太态（即非气态、非液态、非固态）。 2. 结构：非原子的，连续的，但不是由离散的粒子（原子）所组成。 3. 主要功能：光、辐射热、电、磁。	1. 物态：非以太态（而是气态、液态或固态）。 2. 结构：原子的，非连续的，由极小的离散的粒子（原子）所组成。 3. 主要功能：重性、惯性、质量热、化学作用。

表上所对照的物质的两类功能，在某种程度上可看成是物质最初分工的结果，然而这种区分并不意味着这对立的两类的绝对分离；相反，它们是统一的，互相联系着的，并到处发生恒定的相互作用。众所周知，以太的光和电的过程同物质的机械和化学的变化密切相关，前者的辐射热可直接转化为后者的物质热或机械热。没有以太作为离散原子的引力的媒介，引力就不会起作用，因为我们不能假定有什么超距作用。一种能量形式转化为另一种能量形式，如力的守恒定律所证明的那样，同时也证实了实体的这两个主要部分——以太和物质之间恒定的相互作用。

力 和 能

把实体定律作为一种自然界伟大的基本定律,放在物理学的首要地位来加以研究,原是由罗伯特·迈尔所提出的(1842 年),后经赫尔姆霍茨的阐发(1847年),称之为力的守恒定律。在那之前十年(1837 年),另一个德国自然科学家、波恩的弗里德里希·莫尔就已阐明了这一定律的基本思想。后来近代物理学将力的古老概念从能的概念中分了出来,而原先它们是同义的。于是这一定律现在就通常称之为"能量守恒定律"。对这一定律的一般研究——在这里我只能以此为满足——和对"实体守恒"的重大原理来说,这种细微的区分是无足轻重的。对这方面感兴趣的读者可从英国物理学家丁达尔[①]的卓越论文《自然界的基本规律》(1898)中找到与此有关的清晰论述。论文对这一宇宙基本定律的普遍意义作了深入的说明,并讲到它在各个不同领域中对极重要问题的应用。在这里我们只能满足于这个重要事实,即当前"能量原理"和与此密切相关的对自然力统一性及其共同起源的信念,已为所有权威的物理学家所承认,并评价为 19 世纪最重要的进步。现在我们知道,热也像声,电也像光,化学作用也像磁一样,都是运动的一种形式。我们可以通过适当的装置使一种力转化为另一种力,并且由此通过最精密的测定确信其总量不会有丝毫损失。

张力与活力(位能和实际能)

不论怎样变化,宇宙中力或能的总和总保持恒定,它同与之有密切联系的物质一样是永恒和无限的。大自然的所有变幻都是以表面上的静止和运动的交替为基础的。静止的物体也和运动的物体一样,含有一定数量的不可磨灭的力。在运动本身中前者的张力就转化为后者的活力(动能)。"由于力的守恒定律既考虑到排斥,也考虑到吸引,它主张:物质世界的张力与活力(动能)的机械值是一个常量。简单说来,宇宙的力可分为两部分,它们可按一定的比值互相转化,

---

① 丁达尔(John Tyndall,1820—1893),英国物理学家,曾任英国皇家学会会长,主要研究热辐射。

一部分的减少，必然导致另一部分的增加，而其总值则是不变的。"张力或位能和活力（动能）或实际能（也称之为发动力）总是处于相互转化之中，而在无限宇宙中，力的无限总和却不会有任何损耗。

自然力的统一性

在近代物理学首先为无机界中较为简单的关系确定了实体定律之后，生理学则证实这一定律在整个有机界也是普遍适用的。生理学指出：有机体的所有生命活动——毫无例外——就像所谓"无生命的自然界"的最简单的过程一样，都以经常的"力的变换"以及与之相联系的"新陈代谢"为基础。不仅动植物的生长和营养，而且它们的感觉和运动、感官活动以及灵魂生活的功能都是以张力和活力（动能）相互转化为基础的。这一最高定律也支配着神经系统最完善的效能，它在高级动物和人类则被称为"精神生活"。这样一来，这一定律对于整个心理学也同样适用。

实体定律的万能

我们坚信宇宙基本定律对整个自然界都是普遍适用的。这种坚定而明确的一元论的信念具有至高无上的意义。因为这样一来，不但宇宙的根本统一性以及一切我们所能认识的现象的因果关系都从正面得到了证明，而且同时我们从反面取得了最高的智力进步，即彻底地推翻了形而上学的三大中心教条："上帝、意志自由和永生。"这三个杜撰物所包含的人类特殊说是一清二楚的。由于实体定律处处揭示了现象的机械原因，这样它也就和"普遍的因果定律"联系了起来。

为实体定律而斗争（1908 年补充）

实体定律——作为包罗万象的宇宙基本定律——具有伟大的意义，其基础在于："物质守恒"的化学基本定律（1789 年）和"能量守恒"的物理学基本定律

(1842年)结合而成一个唯一的不可分割的宇宙定律,并归结为一个统一的斯宾诺莎的实体概念(1677年),这一概念和歌德的一元论的基本概念"上帝—自然"(1809年)又合而为一。尽管大多数近代自然科学家——只要他们敢于承认这样的普遍自然规律——都相信在这个意义上的实体定律是普遍适用的,可是,这一定律近来还受到多方猛烈的攻击,特别是受到来自彼得堡的物理学家契沃逊和基尔的植物学家莱因克[1]的攻击。这两位自然科学家都是虔诚的二元论者和活力论者,认为有机生命的现象(特别是灵魂生活)是上帝的"奇迹",并将其排除于物理学解释的范围之外。对契沃逊的谤文(题目是:《黑格尔、海克尔和第十二诫》,1906年),我在我的小册子《一元论和自然规律》一书里曾给予了适当的答复。莱因克的猛烈而疯狂的攻击(他在1907年5月在普鲁士贵族院里要求以邦的名义明令禁止我的《宇宙之谜》)已由海因里希·施密特(Heinrich Schmidt)博士(耶拿)在其名为《普鲁士贵族院的德意志一元论者协会》的小册子中作了确切的说明。

---

[1] 莱因克(Johannes Reinke,1849—1931),德国植物学家和哲学家。

第十三章 宇宙进化史

关于宇宙永恒进化的一元论研究
宇宙的创造、开端和末日
创世的和发生的天体演化学

自由精神(未来一元论哲学的)虽然不能解决最后的宇宙之谜,但是它再也不允许把虚伪当作现实,把谬误当作真理。伟大的进化规律将取代创世的假说,自然界宇宙秩序的存在将取代奇迹,生气勃勃和日益昌盛的现实将取代高谈阔论和凭空幻想,真实的一元论将取代虚伪的二元论,(切合实际的)积极的理想将取代(理论上的)狂想。

路德维希·毕希纳

1898 年

在所有宇宙之谜中,最大、最全面和最困难的乃是世界的起源和发展之谜,亦即通常简称的"创世问题"。在解决这个最困难的宇宙之谜上,19 世纪要比以前各个世纪做出了更多的贡献,甚至在某种程度上也达到了一定的成功。至少我们清楚地认识到,所有各个不同的创世问题都是密不可分的,而所有这一切又构成一个唯一的包罗万象的"宇宙的普遍问题"。给我们解决这一"宇宙问题"的钥匙就是一句魔咒:"进化!"关于人类的创造、动物和植物的创造、地球和太阳的创造等等大问题,只是下面这些普遍问题的一部分:整个世界是如何起源的? 它是通过超自然的途径"被创造"出来的,还是通过自然的途径"进化"而来的? 这种进化的原因和途径具有怎样的性质? 如果我们对于这些问题中的任何一个问题能找到一个确切的答案,那么,根据我们的统一自然观看来,对整个宇宙问题的答案也会同时趋于明朗。

创造(创世)

在较早的各个世纪中,几乎在有思考能力的人居住的地方,都流行着一种关于世界起源的观点,即创世的信仰。在成千种有趣的多少有些荒诞无稽的传说和诗歌、天体演化说和创世神话中,这种创世信仰有着五花八门的说法。只有极少数伟大哲学家,特别是古典时代的那些令人敬佩的自由思想家,才不受这些说法的束缚,因为,他们首先掌握了自然发展的思想。与这种自然发展的思想相反,所有那些创世神话都带有超自然的不可思议的或者先验的特征。尚未发展的理性,由于无法认识世界本身的本质,由于无法通过自然的原因来解释世界的起源,所以不得不求助于奇迹。创世传说大都和人类特殊说的奇迹有关。就像人们有目的地用技巧来创造其作品一样,造物的"上帝"也按计划创造了世界。这个创世主的观念完全是人神同形的,是一种露骨的"人类特殊说的创世论"。这位"天地的全能创造者",如摩西《创世记》和至今仍适用的《教义问答》中所讲的那样,是完全拟人的,同阿加西斯①和莱因克的近代创世主,或者当代其他生物学的聪明的"机器工程师",并没有什么两样。

宇宙和个别事物的创造(实体和偶性的创造)

如果更深入探索创造这一奇妙概念时,我们可以把它分成两个根本不同的行动,即宇宙的总创造和个别事物的部分创造,相当于斯宾诺莎关于实体(宇宙)和偶性(或样态,实体的"个别现象形式")的概念。这种区分是非常重要的,因为很多哲学家,其中包括有名望的(直到今天还有这样的哲学家),他们只接受前一个行动而否认后一个行动。

实体的创造(宇宙创造论)

根据这种创造学说,"上帝从虚无中创造了世界"。人们试想,这位"永恒的上帝"(作为一种有理性的但非物质的神!)在世界还没有之前就已独自存在很久,后来他突然产生了一个要"创造世界"的念头。这种信仰的一些拥护者把上帝的创造活动仅仅限于一次行动,他们认为,这位超世的上帝(他的其余活动依

---

① 　阿加西斯(Louis Agassiz,1807—1873),瑞士动物学家和地质学家,宣扬灾变论和神创论。

然是个谜!)在一瞬间创造了实体,并赋予它能极其长远发展的能力,此后对它就不再关心了。这种传播很广的观点,特别在英国的自然神论中得到多方面的加工。它非常接近我们的一元论进化论,只是在上帝动了创世念头的那一瞬间(永恒的一瞬间!)把这种进化论抛弃了。宇宙创造论的另一些拥护者则相反,认为"天主"不仅一下子创造了实体,而且作为自觉的"世界的维护者和统治者"在宇宙历史中继续起着作用。这种信仰的许多变种一会儿接近于泛神论,一会儿又接近于彻底的有神论。所有这些和类似形式的创世信仰,都是同力和物质的守恒定律不相容的,这个定律不承认有"宇宙的开端"。

特别有趣的是埃米尔·杜布瓦-雷蒙在其最后一次演说(《新活力论》,1894年)中,承认自己是宇宙创造论(作为解决最大的宇宙之谜!)的信徒;他说:"单凭上帝的全能,就可以想象得出,在难以记忆的年代以前,通过一次创造行动,这样就造出了全部物质,以致按照赋予物质的铁的规律,凡具备生物产生和继续生存条件的地方,比如在地球上,就产生了最简单的生物,这些最简单的生物无须外援就发展成为今日的自然界:从一粒原始杆菌到棕榈林,从一颗原始球菌到所罗门爱妻的表情,到牛顿的大脑。这样我们只要一天的创造日(!)就尽够用了,无须新老活力论就可以使有机界纯机械地产生。"杜布瓦-雷蒙在这里就像在不可知论演说中对意识问题所论述的那样,惊人地显示出他的一元论思想的浅薄和一贯性。

个别事物的创造(本体创造论)

根据这种现在还盛行的个体的创世学说,天主不仅("从虚无中!")创造了整个世界,而且也创造了世界上所有个别事物。在基督教文明世界中,至今还广泛流传着采自摩西《创世记》的古犹太人创世的传说,这种传说甚至在近代的自然科学家中有时还可以找到虔诚的拥护者(例如莱因克)。对此,我于1868年在《自然创造史》第一章中已详尽地叙述了我的观点。作为对这种本体创造论的有趣修正的理论有下列几种:(1)二元创造:上帝限于两次创造行动,首先他创造了无机界,即死的实体,对它只有能量定律才有效,并在天体以及山脉形成的机械作用中盲目地和无目的地起着作用。随后上帝获得了智慧,并把它分给其他天使,即那些能促成和引导有机体发展的有志向、有才智的力量。(莱因克)(2)三元创造:上帝在三次主要行动中创造了世界。A.造天(即尘世外的世界);B.

造地(世界的中心)及其有机体;C.造人(上帝的翻版)。这种教条至今在基督教神学家和其他"学者"中还广泛流行,在许多学校中还作为真理来学习。(3)六元创造:六日的创造(根据摩西)。虽然今天只有少数有教养的人还真正相信这种摩西神话,但是我们的儿童自幼由于《圣经》课而深受它的影响。特别在英国曾经做过多次尝试,企图把这个神话和近代进化论调和起来,结果都完全失败了。对于自然科学来说,这个神话之所以取得重大意义,是因为林奈曾用它来建立自己的自然系统(1735年),并用以命名有机的(他认为是永久不变的)物种:"动物和植物有这么多不同的种类,就像当初被上帝创造的不同的形式一样。"这个教条虽然拉马克早在1809年就已指出了它站不住脚,但直到达尔文时代(1859年)还相当普遍地为人们所坚持。(4)周期创造:在地球史每一周期开始时,整个动物界和植物界重新得到创造,而在其末期时,由于一次普遍的灾变而又同归于尽。彼此相继的地质周期有多少次,总的创造行动就有多少次(居维叶的灾变论,1818年;阿加西斯的灾变论,1858年)。古生物学在其创建初期很不完善(19世纪上半叶),似乎支持了这种有机界重复创造的学说,但后来又完全将其推翻了。(5)个体创造:每一个人——就像每一个动物和每一株植物个体一样——不是由于自然繁殖行动所产生,而是由于上帝的恩赐给创造出来的(上帝知道一切事物,并且连我们的头发都数过)。我们现在在报纸上还可以经常读到这种基督教的创世观点,特别是在那些出生广告上("昨日仁慈的上帝赐给我们一个健壮的男孩"等等)。甚至把我们孩子个人的才能和优点也往往归之于"上帝的特殊恩赐",并对此表示感谢(遗传缺陷通常却不提!)。

进　化

有思考能力的人很早就注意到,创世传说以及与其有关的对奇迹的信仰是站不住脚的。因此,我们发现早在两千多年前,就已有人多次尝试用一个合乎理性的理论来取代它,并用自然的原因来解释世界的起源。在这方面,站在最前列的依然是爱奥尼亚自然哲学的伟大思想家们,此外是德谟克利特、赫拉克利特(Heraclitus)、恩培多克勒、亚里士多德、卢克莱修以及古代的其他哲学家。他们所进行的最初不完善的尝试,在某些方面由于其光辉的洞察力而使我们感到吃惊,这种洞察力可以看作是现代思想的先驱。不过古典时代还缺少自然哲学思辨的坚实基础,而这种基础是直到近代通过无数次的观察和实验才取得的。在中世纪——特别是在天主教暴政统治时期——这个领域中的科学研究完全停顿。宗教裁判的酷刑和火刑足以把无条件信仰摩西的希伯来神话变成在问到一切创世问题时的断然答案。即使是那些促使人们直接观察进化事例的现象,如动植物的胚胎史、人类的胚胎学也被置之不顾,或者只是偶然引起个别好奇的观察者的兴趣,可是他们的发现却被人忽视和遗忘了。此外,真正认识自然进化的途径,一开始就被流行的预成论所堵塞,这个教条认为,每一种动植物的独特形态和结构在胚胎中早已预先形成。

进 化 论

我们今天称之为进化论(从最广义上讲)的科学,无论就其整体还是各个部分来说,都是 15 世纪的产儿;它也属于 19 世纪最重要和最光辉成果。事实上,这一在 18 世纪还几乎不为人知道的概念,今天已成为我们整个世界观的坚定基石。在我的早期著作中,我已对进化论的要点作了详尽的论述,在《有机体普通形态学》(1866)一书中论述最为深入,在《自然创造史》(1868 年初版,1908 年第十一版)中讲得较为通俗,在《人类起源》(1874 年初版,1910 年第六版)中特别涉及与人类的关系。因而,我在这里只限于概述一下进化论在 19 世纪所取得的最重要的进步。进化论根据它的对象可以分为四个主要部分,涉及的是下列几种自然生成:(一)宇宙;(二)地球;(三)地球上的有机体;(四)人类。

一、一元论的天体演化学

伊曼努尔·康德在其青年时代的名著《宇宙发展史概论》(1755)一书中,首先试图根据牛顿基本定律——亦即借助数学和物理学的定律——以最简单的方法来解释整个宇宙的结构及其力学起源。可惜这部伟大而大胆的作品几乎埋没了整整九十年,直到 1845 年才为亚历山大·洪堡重新发掘出来,登载在他的《宇宙》一书的第一卷中。在这段时间里,伟大的法国数学家皮埃尔·拉普拉斯曾独立想到类似康德的理论,并在其《宇宙体系论》(1796)一书中用数学论据进一步论证了这种理论。他的主要著作《天体力学》在 1799 年出版。康德和拉普拉斯关于天体演化学的一致要点,众所周知,是以对行星运动的力学解释和由此而推导出的下列假设为基础的：一切天体原来都是由旋转的星云团通过凝聚而产生的。这种"星云假设"或者"宇宙气体论"尽管后来经过多次修订和补充，但它至今仍然不可动摇地屹立着，它是统一用力学来解释宇宙起源的所有尝试中最好的一种尝试。最近人们又假设，这个天体演化的过程不是只发生过一次，而是在周期性地重复着。这种假说更加丰富和加强了上述理论。在无限宇宙空间的某一部分，一些新的天体由旋转的星云产生和发展了，在另一部分则与此相反，一些古老的冷却的和几乎濒于衰亡的天体由于相互碰撞而被撞得粉碎，并消失在弥漫的星云中。

宇宙的开端和末日

凡赞同康德和拉普拉斯意见的所有新旧天体演化学家以及绝大多数的人，都是从下述流行的观点出发的，即认为宇宙有过一个开端。根据流传很广的"星云假设"的说法，在"开始时"由极端稀薄和轻盈的物质构成一个巨大的星云团，并在一个一定的时刻（"在一个难以记忆的长时间以前"），在这个星云团中开始一个旋转的运动。一旦有了这种天体演化运动的"最初的开端"，那么根据力学原理，所有关于天体形成、行星系分离等这些进一步的过程都可以确切地推导出来，并可从数学上加以论证。这个最初的"运动起源"是杜布瓦-雷蒙的第二个"宇宙之谜"，他宣称它为先验的。许多其他的自然科学家和哲学家并不回避这些困难，但无可奈何地承认，人们在这里不得不假设，有一项最初的"超自然的推动"，也就是一次真正的"奇迹"。

我们认为，这"第二个宇宙之谜"可以用下面的假设来解决，即运动像感觉一样，同样是实体内在的和原始的特性。这种一元论假设的根据有二：第一，是实体定律；第二，是19世纪后半叶天文学和物理学都取得了巨大进步。通过本生[1]和基尔霍夫[2]的光谱分析，我们不但知道充斥于无限宇宙空间的千百万个天体，是由像我们太阳和地球的同样的物质构成，而且还知道，它们处于各自不同的发展状态。借助于光谱分析，我们获得了关于恒星运动和距离的知识，这些仅仅依靠望远镜是无从认识的。此外，望远镜本身也有了很大的改进，再加上摄影术的帮助，它使我们取得了大量天文学的发现，这在19世纪初是无法想象的。特别是对彗星和流星、星群和星云的较好了解，使我们认识到小天体的巨大意义，它

---

① 本生（Robert Bunsen，1811—1899），德国化学家，和基尔霍夫合作创立了光谱分析法。

② 基尔霍夫（Gustav Robert Kirchhoff，1824—1887），德国物理学家，从事电动力学和力学问题的研究，与本生合作创立了光谱分析法。

们成数十亿地不规则地分布在宇宙空间那些较大的星球之间。

我们现在还知道,千百万天体的轨道是变化着的,并且其中一部分不规则,而在早先,人们却把行星系统看作是不变的,认为这些旋转着的星球是在按照永恒的规律沿着它们的轨道运行。天文物理学上的一些重要启发,也应归功于物理学上其他领域中的巨大进步,首先是光学和电学,以及由此得到促进的以太理论。普遍的实体定律首先在这里又终于被证实是我们认识自然的最巨大进步。我们现在知道,这个定律既无条件地普遍适用于最辽远的宇宙空间,也同样适用于我们的行星系统,既适用于我们地球的最小角落,也适用于我们人体的最小细胞。我们有权而且在逻辑上也不得不作一重要的假设,即物质和能量的守恒任何时候都是普遍存在的,就像今天毫无例外地存在一样。无限的宇宙在过去、现在和将来都要永远受到实体定律的制约。

天文学和物理学是相互说明和相互补充的,从所有上述它们这些进展中,可以得出一系列十分重要的关于宇宙的组成和发展以及关于实体的恒定和变化的结论。我们把这些结论简单地总结为以下几条:(1)宇宙空间是无限广大和无边无际的,它没有一处是真空,到处都充斥着实体。(2)宇宙时间同样是无限的和无边无际的,它既无开端又无结束,它是永恒的。(3)实体到处存在,而且每时每刻都在不断地运动和变化,没有一处有完全的静止和凝滞;同时,物质的无限数量却总是不变的,正如永远转化着的能量一样。(4)实体在宇宙空间里的普遍运动,是一个周期性地重复其发展状态的永恒循环。(5)这些发展阶段存在于物态的周期性转化之中,这时,首先出现的是物质和以太的最初分化(可称量和不可称量的物质的分化)。(6)这种分化是以物质的持续凝聚、无数最小凝聚中心的形成为基础的,这时实体的内在原始特性即感觉和志向是起作用的原因。(7)在宇宙空间的某一部分由于这种凝聚过程便产生了开始小后来大的天体,在天体之间的以太便产生了高度的张力,而在宇宙空间的另一部分则发生了相反的过程,即天体由于互撞而毁灭。(8)旋转着的天体在碰撞的力学过程中所产生的巨大热量,就是新的活力(动能),它促成相撞时产生的宇宙微尘运动形成新的旋转着的星体:这种永恒的循环过程又重新开始。我们的地球母亲是在几十亿年前由旋转的太阳系的一部分产生的,再过千万年以后也将变得僵硬,其轨道愈来愈小,直到与太阳相撞。

这种关于天体兴亡的周期交替的近代思想,都与实体定律有关,这一切我们应该归功于物理学和天文学的新的巨大进展,它对我们清楚地了解普遍的宇宙发展过程具有特别重要的意义。我们的母亲"地球"在这里缩小到了一粒极细微的"太阳微尘"那样的价值，就像不计其数的在无限的宇宙空间互相追逐的微尘一样。被人类中心说的自大狂美化为"上帝的翻版"的人类本身，降低到了一个有胎盘哺乳动物的意义，它对整个宇宙来说并不比蚂蚁和蜉蝣、显微的纤毛虫和极小的杆菌具有更多的价值。只是传统和迷信势力还在保持那种自负。我们人类也只不过是永恒实体的暂时进化状态，是物质和能的个别现象形态，它和无限空间与永恒时间比起来简直微不足道。

空间和时间

康德把空间和时间的概念解释为"直观形式"——空间为外界直观形式，时间为内在直观形式。自此以后，关于这个重要的认识问题，引起了一场激烈的争论，直到今天尚在继续。一大部分近代形而上学者大都坚持这样一种观点，即认为这一"批判行动"作为"纯唯心主义认识论"的出发点，应赋予最大的意义，并认为这样一来，关于空间和时间的实在性这一合理的自然观点就被驳倒了。对于这两个基本概念的片面的和极端唯心主义的理解，便成为制造最大谬误的根源。他们没有看到康德在那句话里只涉及问题的一面，即主体的一面，但他同时还承认问题的另一面，即客体的一面，而且是把它作为意义相同的一面加以承认的。康德说："空间和时间具有经验的实在性，却又有先验的观念东西。"我们近代一元论可以宣布同意康德的这一论点，但是并不同意他对问题的主体的一面所持的片面主张，因为这个主张最后会导致极端荒谬的唯心论，比如贝克莱的论点就达到了登峰造极的地步："物体只是表象，它的存在就在于它的被感知。"这个论点可以这样来说："物体对于我个人的意识来说只是表象，它的存在就像我的思维器官即大脑神经节细胞的存在一样是真的，这些神经节细胞接受物体施于感官的印象，并通过联想构成表象。"如果我怀疑或者甚至否认"空间和时间"的实在性，那么同样我也可以否认我自己意识的实在性：在发高热者的胡言乱语中，在幻觉中，在梦中，在双重意识中，我将那些非实在的只不过是"幻想"的表象当作是真实的，我甚至可以将我自身当作是另外一个人。著名的"我思故我在"在这里也就失灵了。相反，空间和时间的实在性现在由于我们世界观的扩大终于得到证明，我们世界观的扩大应归功于实体定律和一元论天体演化学。在我们幸运地摆脱了站不住脚的"真空空间"观念之后，留给我们的就是作为无限"充斥空间的媒质"的物质。它有两种形式：以太和物质。同样，在另一方面，我们把永恒的运动或者发展的能看成是"充斥时间的事件"，这种发展的能表现在实体的不断发展中,亦即表现在宇宙的"永恒运动"中。

宇宙的永恒运动

因为任何一个运动着的物体在没有外界情况加以阻碍时,就会长期地连续运动下去,所以几千年前,人们就想到要制造一种机器,它一旦发动起来,就会永远以同样方式连续不停地运动。在这里,人们忽视了每一个运动都要遇到外界的阻力,而如果不从外界给予一个新的推动,不增添一个新的力量来克服阻力的话,那么,这个运动就会渐趋停止。例如,一个振动着的摆,如果没有空气的阻力和悬点处的摩擦逐渐抵消其运动的机械的活力(动能),并以之转化为热,那么,它将以同样的速度往返运动下去。然而我们必须通过给摆一个新的推动(或将摆钟的摆锤拉起)来给它以新的机械力。因此,要设计一架机器,它没有外界的帮助而能产生多余的功以使它自身一直维持运转,是不可能的。一切想制造这样一种永动机的尝试,都是注定要失败的。实体定律的知识也在理论上证实了这是不可能的。

可是,如果我们把宇宙,即把处于永恒运动中的无限宇宙作为一个整体来看,那么,情况就完全两样。客观充斥于宇宙的无限物质在我们主观的概念中称之为"空间";无限物质的永恒运动客观上表现为周期性的循环发展,我们主观上称之为"时间"。这两种"直观形式"使我们确信宇宙的无限性和永恒性。因此,同时也可以这样说,整个宇宙本身就是一架包罗万象的永动机,这架无限的永恒的"宇宙机"把自身保持在永远持续不断的运动之中,因为任何一种阻力都被一个"等量能量"所抵消,因为位能和实际能的无限大的总和永远是保持不变的。力的守恒定律也证明,永动机的概念,正如它对于宇宙一部分的孤立活动是不可能的一样,它对于整个宇宙是真实的和具有根本意义的。这因此也就动摇了重要的熵的学说。

宇宙的熵

思想敏锐的热力学理论的奠基人克劳修斯①将这一重要理论的最主要内容归纳为两个定律,即所谓热力学第一定律和第二定律。第一定律说:"宇宙的能量是个常数。"这个定律构成了我们的实体定律的一半,即"能量原理"。第二定

---

① 克劳修斯(Rudolf Clausius,1822—1888),德国理论物理学家,以热力学原理和气体运动论方面的著作而闻名,曾提出热力学第二定律(1850 年),他把这个定律中的熵的概念应用于宇宙学,提出了"宇宙热寂说"。

律则告诉我们："宇宙的熵趋向于一个最大值。"我们认为第一定律是对的，而第二定律则是错的。根据克劳修斯的观点，宇宙的总能量分成两个部分，其中一部分（较高温度的热、机械能、电能、化学能等等）还可以部分地转化为功，而另一部分则不能；后者，亦即已转化成热并在较冷的物体内贮存起来的能，对于继续做功来说已无可挽回地失去了。这种不能再转化为机械功的未曾利用的能量部分，克劳修斯称之为熵（即内向的力），它是以第一部分能的消耗为代价而不断增加的。由于每天总有更多宇宙的机械能变成热，而热又不能复返为机械能，这样热和能的总（无限的！）数量就必然要越来越分散和降低。所有的温差最后必将消失，完全被束缚的热也必将均匀地在唯一的一堆具有惯性的固态物质中散布开来。当这个熵的最大值被达到时，一切有机生命和所有的有机运动都要停止，真正的"世界末日"也就来临。

假如这个熵的学说是正确的，那么与所假设的"世界末日"相应，也必然会有一个世界的"开端"，亦即熵的值最小，这时各个分离的世界部分的温差最大。根据我们关于永恒天体演化过程的一元论的和严格一贯的见解，上述两种观点都是站不住脚的，都和实体定律相违背。世界既没有一个开端，也没有一个结束，正如宇宙是无限的一样，宇宙也永远处于运动之中，活力（动能）不断地转化为张力，或张力不断地转化为活力（动能），而实际能和潜能的总和则不变。相反，如果熵的辩护者们只着眼于个别过程，而在这个过程中被束缚的热在某些条件下不能转化为功的话，那么他们的主张倒是对的。例如在蒸汽机中，当热从较热的物体（蒸汽）过渡到较冷的物体（冷水）时，热才能转化为机械功；反之，则不然。但在整个庞大的宇宙中则完全是另外一种情况，在这里却具有能使潜热逆转化为机械功的条件。例如，两个天体以极大的速度相撞时释放出大量的热量，而撞击成微尘的物质便飞散在宇宙空间。旋转的物质有一部分凝聚，产生新的小的陨石团，小的陨石团又结合成较大的陨石团，等等，这种旋转物质的永恒运动又重新开始。

二、一元论的地球成因学

我们现在将简单地谈一下地球发展史只是宇宙发展史中一个极其微小的部分。虽然几千年来，它也和宇宙一样曾经是哲学思辨，尤其是神话杜撰的对象，可是对它进行真正科学的认识却是很迟的事，而且绝大部分从 19 世纪开始。从原则上来说，地球作为一个围绕太阳运动的行星，其本质已为哥白尼的宇宙体系（1543 年）所决定，地球到太阳的距离和地球的运动规律已由伽利略（Galileo

Galilei)、开普勒(Johannes Keple)以及其他伟大的天文学家从数学上加以证实了。康德和拉普拉斯的天体演化学也已指出了地球曾从其母亲太阳那里产生出来的途径。但是我们这个行星此后的历史，地球表面的变化，大陆和海洋、山脉和沙漠的出现等，在18世纪末和19世纪初的头20年还很少成为认真进行科学研究的对象。人们大都满足于相当不可靠的推测或传统创世传说的假设，特别是流传下来的对摩西创世史的信仰，又在这里从一开始就堵塞了求得真正认识的道路。

　　直到1822年才出版了一部重要著作，它采用了一种科学研究地球史的方法，这种方法不久就被证明颇有成效，这就是本体论的方法，或现实主义的原则。这种方法是：我们仔细研究和利用当前的现象，借以解释过去类似的历史过程。1818年哥廷根科学协会曾提出如下的悬赏征文："征集从历史上证实地壳变迁的最彻底的和最全面的研究，并应用其知识来研究史前的地球变革。"卡尔·霍夫[①](哥达)在其杰作《由传说所证实的地壳自然变迁史》(共四卷，1822—1834)一书中，成功地解决了这个悬赏征文提出的重要课题。霍夫所创立的本体论的或现实主义的方法被伟大的英国地质学家查尔斯·莱伊尔全面地卓有成效地运用于整个地质学领域，他的《地质学原理》(1830)一书为以后的地球史继续取得光辉成就奠定了牢固的基石。亚历山大·洪堡和莱奥波尔德·布赫[②]、古斯塔夫·比肖夫[③]和爱德华·休斯[④]，以及其他许多现代地质学家对地球成因学所进行的意义重大的研究，全都是建立在牢固的经验基础和思辨的原则之上的。而这一切都应归功于卡尔·霍夫和查尔斯·莱伊尔所开创的研究。他们在地球史的领域中为纯理性的科学扫清了道路。他们清除了神学杜撰和宗教传统，特别是《圣经》以及建立在其基础上的基督教神话在这里所设下的种种重大障碍。我在我的《自然创造史》第六章和第十五章中已谈过查尔斯·莱伊尔的伟大功绩以及他和他的朋友查尔斯·达尔文的关系。要想详细了解地球史和动力地质学与历史地质学在19世纪所取得的伟大进展，可以参阅休斯、诺伊迈尔[⑤]、克雷特纳[⑥]和约

---

① 卡尔·霍夫(Karl Hoff,1771—1853)，德国地质学家。

② 莱奥波尔德·布赫(Leopold Buch,1774—1853)，德国地质学家、古生物学家，以对火山的研究而著名。

③ 古斯塔夫·比肖夫(Gustav Bischof,1792—1870)，德国化学家和地质学家。

④ 爱德华·休斯(Eduard Suess,1831—1914)，奥地利地质学家和考古学家，近代地学的创始人之一。

⑤ 诺伊迈尔(Melchior Neumayer,1845—1890)，德国地质学家。

⑥ 克雷特纳(Karl Hermann Credner,1841—1913)，德国地质学家和考古学家。

翰内斯·瓦尔特(Johannes Walther)等人的著作。

首先我们要区分无机和有机地球成因学作为地球史的两个主要阶段。有机地球史是以我们地球上生命的最初出现开始的；无机地球史，即与我们太阳系其他行星所经历的历史相同的较早阶段。它们都是作为星云环从旋转的太阳体的赤道脱离出来而渐渐凝聚为独立的天体。由于冷却的结果，气状的星云团变成了灼热的液态的地球，继而在地球表面由于不断的热辐射的结果而形成了一层薄的硬壳，这就是我们所居住的地面。只是在地壳的温度降低到一定程度之后，才能从周围的蒸汽层里降下最初的液态水，从而为有机生命的产生、为生物发生创造了最重要的先决条件。

三、一元论的生物发生学

世界发展的第三个主要阶段是以有机体在我们地球上的最初产生开始的，并且不间断地一直延续到现在。地球史上这一最有趣的阶段向我们提出的宇宙之大谜，在 19 世纪初期还被普遍地认为是不可解决的或者是难以解决的，以至只有在遥远的将来才能加以解决。可是在 19 世纪结束时，我们完全有理由自豪地说：这些宇宙之谜在原则上已由近代生物学，特别是生物进化论解决了。甚至这个奇妙的"生命王国"的许多个别现象今天在物理学上已得到如此完满的解释，如同无机界中任何一个众所周知的物理现象已得到解释一样。才华横溢的法国自然科学家让·拉马克的功绩就在于：他在这艰难的过程中迈出了富有希望的第一步，并指出所有生物学问题的一元论解决的途径。在 1809 年，也就是在查尔斯·达尔文诞生的那一年，他发表了他的思想丰富的著作《动物哲学》。在这部独具创见的著作中，他不仅积极尝试用统一的物理学观点解释一切有机生命的现象，而且也开拓出一条唯独能解决这个领域里最难解的宇宙之谜，即有机物种自然起源问题的途径。拉马克具有动物学和植物学的广博的经验知识，在这部书里他第一次阐明了起源论的要点。他指出，整个动植物界的无数形态都是从一个共同的最简单的祖先通过逐渐的变异演化而来的，就像形态通过适应与遗传的相互作用而引起的逐渐变化一样，这种不间断的蜕变在缓慢地起着作用。

在我的《自然创造史》一书的第五章中，我已对拉马克的功绩作了恰如其分的评价。五十年后，拉马克最伟大的后继者查尔斯·达尔文不仅无可辩驳地论证了起源论的所有重要的基本论题，而且用选择论弥补了拉马克所遗留下来的缺陷。拉马克尽管有很多贡献，但他没能取得的成就却由达尔文充分地取得了。

达尔文的划时代的著作《物种起源》在最近四十年中从根本上改变了整个近代生物学的面貌。

正如我在 1868 年就已强调的，达尔文成了有机界的哥白尼。

四、一元论的人类起源

世界发展的第四个和最后一个主要阶段，对我们人类来说要算是一个最近的阶段，在这个阶段中，我们人类发展起来了。拉马克在 1809 年就已清楚地认识到，这种发展只有合理地通过一个自然的途径，即通过"起源于猿猴"，起源于这个最近亲的哺乳动物，才是可以想象的。赫胥黎在其名著《人类在自然界的位置》(1863)一书中曾指出，这一意义重大的假设是起源论的必然结论，而且通过解剖学、胚胎学和古生物学的事实得到了充分的论证。他宣称，这些"一切疑问的疑问"在原则上已解决了。后来，达尔文在其《人类的由来及性选择》(1871)一书中才华横溢地从各个方面研究了这一问题。我本人在我的《有机体普通形态学》(1866)一书中特别用了一章来论述起源论这个最重要的专门问题。1874 年我发表了《人类起源》一书，在这部书里，我第一次尝试通过人类的整个祖先系列，一直到太古时代的无生源的原虫，来追溯人类的起源。我在书里是以种系发生的三大证明即比较解剖学、个体发生学和古生物学为依据的。在人类起源的研究中新近所取得的重要进展，我已于 1898 年在剑桥国际动物学家会议上作了《论当前关于人类起源的知识》的报告来阐明了，我在《我们的祖先系列》纪念册中详细地论述了我们动物种系的 30 个不同阶段。

第十四章　自然界的统一性

关于宇宙的物质和能的统一性的一元论研究

机械论和活力论

目标、目的和偶然性

我们大家都知道的一切天然物体，有生命的和无生命的，在所有的重要基本特征上都是一致的。存在于这两大类（有机体和无机体）之间的在形态和功能上的区别，完全是各种不同种类化学组成的必然结果。有机生命的特殊运动现象和形态，不是一种特别的"活力"的外溢，而完全是蛋白体（原生质化合物）和其他复杂的碳化合物的直接或间接的效果。

《有机体普通形态学》

1866 年

实体定律首先证实这样一个基本事实，即每一种自然力可以间接地或直接地转化为其他自然力。机械能和化学能、声和热、光和电都能够互相转化，并都证明它们是同一原始力，即能的不同表现形式。从这里就引出一切自然力的统一性这一重要定理，或者我们也可以把它叫作"能的一元论"。只要涉及无机天然物体，这个基本定理目前在整个物理和化学领域里已得到普遍的承认。

光怪陆离、形态丰富的生命领域，即有机界，情况似乎完全不同。尽管很清楚，生命现象的一大部分都可以直接追溯到机械能和化学能、电效应和光效应，可是对于生命现象的其他部分，直至目前还有争论。首先是对"灵魂生活"，特别是对意识这一宇宙之谜尚有争论。在这里近代进化论的丰功伟绩，就是在这两个似乎隔绝的领域之间架起了一座桥梁。我们今天已清楚地确信，有机生命的一切现象就像无限宇宙中的无机现象一样要受到宇宙实体定律的制约。

自然界的统一性

由此而得出的自然界的统一性，克服了早期的二元论，它无疑是近代遗传学最有价值的成果之一。我早在 1866 年就已试图对"宇宙一元论"原则上的"有机界和无机界的统一性"，通过对两大自然领域关于物质、形态和力的一致性的深入批判检验和比较作了详尽的论证（《有机体普通形态学》第五章）。关于检验和比较的结果的简短摘要，我写在我的《自然创造史》一书的第五讲里。这里所提出的观点已为当前大多数自然科学家所接受，但是，最近各个方面又试图反对这些观点，并力求保持两个不同自然领域之间原有的对立。植物学家莱因克于 1899 年出版的《世界就是行为》一书中就包含了最彻底的这样一种尝试。这本书从头到尾都浸透了纯粹的宇宙二元论，从而自己证明了与之有关的目的论世界观是何等的站不住脚。根据该书的说法，在无机界的整个领域里只有物理力和化学力起作用，在有机界的整个领域里，除此之外则还有"智力"，即定向力或主宰力。实体定律只有在无机界才有效，在有机界则无效。这里所涉及的主要还是机械论世界观和目的论世界观这一最古老的对立。在我们深入探索这个问题之前，我们先扼要地提一下其他两个理论，即碳素论和自然发生论。我认为，这两个理论对判断这些重要问题是极有价值的。

碳　素　论

近五十年来，生理化学通过无数次的分析证实了下列五点事实：（1）在有机天然物体中不存在与无机天然物体中不同的其他元素。（2）有机体独具的并使之产生"生命现象"的那些元素化合物，是由白朊化物群或蛋白质化合物构成的复杂原生质体。（3）有机生命本身是一种化学物理过程，这种过程是建立在原生质白朊化物的新陈代谢基础上的。（4）能够使这种复杂的蛋白体和其他元素（氧、氢、氮、硫）结合在一起的唯一元素是碳。（5）这种原生质碳化物与绝大多数其他化合物显著的区别就是它的极复杂的分子结构、它的不稳定性以及它的膨胀物态。我根据这五个基本事实，于 1866 年提出了如下的碳素论："碳元素所特有的化学物理性质——特别是极端复杂的类蛋白碳化物的固液混合相的物态和易分解性——完全是那种独特的使有机体区别于无机物的运动现象的机械原因。人们把这种有机体狭义上称之为生命。"（《自然创造史》）虽然很多生物学家激烈攻击这个"碳素论"，但是至今还没有一个更好的一元论理论来代替它。今天我们对细胞生命的生理关系、活原生质的化学和物理学，比四十年以前有了更好和更彻底的认识，这样碳素论就比以前更有可能从力学上加以更深入和更可靠的论证。

无生源说或自然发生论

自然发生这个古老的概念直到今天还在非常不同的意义上被人加以应用。由于这个概念的含糊不清,以及把它自相矛盾地应用到形形色色的新旧假说上,以致使这个重要问题直至今天还成为整个自然科学中最有争论和最混乱不清的问题。我把自然发生这一概念——或无生源说——限制在由无机碳化物形成的活原生质的最初发生上,并把这个"生物发生开端"区分成两个主要时期:(1)自然发生,在一种无机生成液中最简单原生质体的发生;(2)原生质发生,从原生质化合物中出现最原始的有机体(以原虫的形态)的个体分化。对于这个重要而又十分困难的问题,我已经在我的《自然创造史》第十五章中有过深入的论述,这里我就略而不谈了。关于这一问题的更详尽和严格的科学探讨,我于1866年已经在《有机体普通形态学》一书中谈到。后来耐格里在其《起源论的机械生理理论》(1884)一书中用相同的意义探讨了自然发生的假设,并称之为自然进化论不可缺少的假设。我完全赞同他的"否认自然发生就是宣布奇迹"这句话。

目的论和机械论

无论是自然发生的假设,还是与其密切相关的碳素论,对于裁决用目的论(二元论)还是用机械论(一元论)来判断现象这两者之间的由来已久的斗争,有着最重大的意义。自从达尔文于1859年把用一元论解释结构的这把钥匙,即他的意义深远的选择论,交给我们以来,我们就能把有机界中合乎目的的安排的五花八门的多样性,如以前只有在无机界中才有可能的那样归之于自然机械原因。这样一来,人们从前不得不用来作为避难所的那个起作用的超自然的原因,就成为多余的了。尽管如此,近代形而上学继续把自超然的原因看作是不可缺少的,而把自然的原因看作是不充分的。

动因和始因

在解释整个自然界时,没有一个现代哲学家比伊曼努尔·康德更敏锐地提出动因和始因之间的深刻矛盾。康德于 1775 年在其青年时代的名著《宇宙发展史概论》一书中曾大胆地"根据牛顿定律试论整个宇宙的结构及其力学起源"。这种"宇宙气体理论"完全是以万有引力的力学运动现象为根据的，它后来为伟大的天文学家兼数学家拉普拉斯所进一步完善，并从数学上加以论证。当拿破仑一世问拉普拉斯，宇宙的造物主和恩人上帝在他的系统中可能占有什么地位时，他明确和坦率地回答说："陛下，我不需要这种假说。"这样，力学的天体演化学的无神论特征就得到了公认，而这种无神论的特征是一切无机科学所共有的。这一点必须更多地予以强调，因为康德—拉普拉斯理论至今还几乎普遍适用。所有那些想用一个更好的理论来取代它的企图，无不遭到失败。如果人们今天还广泛地把无神论看作是一种严厉谴责对象，那么这种谴责就是针对整个现代自然科学，只要后者必须用力学来解释无机世界的话。

唯独机械论（用康德的意义！）才能为我们真正解释自然现象，因为机械论把自然现象归结为真正的动因，归结为盲目地和无意识地起作用的运动，这种运动决定于天然物体本身的物质结构。康德自己强调说，"没有这种自然界的机械作用就不可能有自然科学"，又说，人类理性用机械论来解释一切现象的权能是无限的。但是，后来当他在他的充满着目的论的《判断力批判》中解释有机界的复杂现象时，却又认为，对这种解释，机械论的原因是不充分的，在这里人们必须求助于合乎目的地起作用的始因。虽然这里也承认了我们的理性用机械论来解释的权能，但是其能力却受到限制。当然康德容许理性一部分有这个能力，但是对于生命现象的极大部分（特别是对人类的灵魂活动），他认为必须假设有一种始因。《判断力批判》引人注目的第 79 节有着独特的标题：《论把事物作为自然目的来解释时，机械论原则必然从属于目的论原则》。在康德看来，有机物物体结构里的合乎目的的安排，不假设有一种超自然的始因（那就是一种按计划起作用的创造力），是无法解释的。他说："当然，我们根据自然界的纯机械论的原则，是不能充分认识有机体及其内在的可能性的，更无法将它们解释清楚。人们可以大胆地说：对人们来说，如果宣称或者希望，有朝一日再出现一个牛顿，他能够根据不是人为的自然规律来说清楚一根青草的生长，那是太荒谬了。但是，这种想法我们必须加以否定。"七十年以后，这位不可能的"有机界的牛顿"真的在达尔文身上出现了，并且出色地解决了康德宣称根本不能解决的重大问题。达尔文的天才的"选择论"给予了全面的解答。

无机界的目的（无机目的论）

自从牛顿(1682 年)提出了万有引力定律,康德(1755 年)确立了"根据牛顿定律试论整个宇宙结构及其力学起源",最后拉普拉斯(1796 年)从数学上论证了这个宇宙机械论的基本定律以后,整个无机自然科学就成为纯机械论的,从而同时也就成为纯无神论的了。建立在数学基础上的机械法则在天文学和天体演化学、地质学和气象学、无机物理学和化学中的绝对统治,从此便无条件地站住了脚跟。从那时候起,这整个巨大领域中的目的概念也就消失了。19 世纪末,这个一元论的看法在通过艰苦的斗争以后已经得到普遍承认。在这个异常巨大的领域中,现在再没有一个自然科学家会认真地问起任何一个现象的目的。难道今天真的还有一位天文学家会认真地问起行星运动的目的或者一位矿物学家问起各种晶形的目的吗?难道还会有一位物理学家对于电力的目的或者一位化学家对于原子量的目的苦思冥想吗?我们可以坚定地回答:不!肯定不是"敬爱的上帝"或者有目的倾向的自然力为了某一特定的目的突然"从虚无中"创造了宇宙机械论的基本定律,并且上帝也不会根据自己的理性意志让基本定律每天发生作用。一个有目的地行动的宇宙建筑师和宇宙统治者的人神同形的观念在这里完全被打倒了,取而代之的是"永恒的铁的伟大的自然规律"。

有机界的目的（生物目的论）

即使在今天,目的概念在有机界中还具有一种和在无机界中完全不同的意义和影响。在一切有机物的身体结构和生命活动中,我们不可否认会遇到目的活动。每株植物和每个动物在其各个部分的组成上,好像是人造的由人发明和设计的机器一样,似乎是为了某种一定的生活目的而安排的,而且只要它的生命持续下去,各个器官的功能也就指向一定的目的,如同机器各个部件的工作一样。因此,很自然的是,古代朴素的自然观为了说明有机物的起源和生命活动,就要求有一个创世主,他"以全智全能来安排万物",创造了各种动植物,并使它们与其特殊的生活目的相适应,这个"天地的全能创造者",通常完全是以人神同形来想象的。他"按照自己的样子"创造万物。只要创世主在人间以人的形态出现，用脑子思想，用眼睛观看，用手造形，人们对这位"卓越的机械工程师"及其在那个巨大创世工场中的艺术工作还能有一个明显的概念。当上帝概念一旦纯化，而人们在"看不见的上帝"中看到一位没有器官的创世主（——气态的东西——）时，要对他有一个概念就难得多了。后来生理学家把有意识造物的上帝换成了无意识创造的"活力"——一种未知的有目的地活动的自然力，它不同于已知的物理力和化学力，并且只是暂时地（在生存期）起作用的，这个人类特殊说的概念最后就变得更难于理解了。这种活力论直到 19 世纪中叶还很盛行，后来由柏林的伟大生理学家约翰内斯·弥勒从事实上加以驳倒。虽然这位伟大的生物学家（和 19 世纪上半叶所有生物学家一样）也是在活力论的信仰中成长起来的，并且曾经认为活力论对于解释"最后的生命原因"是不可缺少的，可是他在那本经典的至今还无出其右的生物学教科书中却同时间接地证明了：原来没有什么东西和活力有关。弥勒自己在一系列出色的观察和深刻的实验中指出，在人的有机体中的绝大多数生命活动，和其他动物一样都是依照物理和化学规律发生的，其中好些甚至可以用数学来决定。这既适用于肌肉和神经、低级和高级感官的动物性功能，也适用于营养和新陈代谢、消化和血液循环的植物性过程。其实只有两个领域，即高级灵魂活动（精神生活）的领域和繁殖（生育）的领域是不可思议的，和没有活力假设就无法解释的。弥勒死后不久，这个领域所取得的重大发现和进步，就使得这位不祥的"活力幽灵"从它这个最后藏身的角落里消失了。这的确也是一个奇怪的年代上的巧合，约翰内斯·弥勒死去的那年（1858年），刚好查尔斯·达尔文发表他划时代理论的第一次报告。后者的选择论回答前者未曾解决的大谜：用机械论的原因来解释万物合乎目的安排的起源问题。

选择论中的目的（达尔文，1859 年）

如同我们经常着重指出的，达尔文不朽的哲学上的功绩有两方面：其一，是对 1809 年拉马克创立的旧起源论的改革，新的起源论是用半个世纪累积起来的大批事实材料加以论证的；其二，是创立了选择论，它才真正揭示了物种渐变的真正起作用的原因。达尔文最早指出，强大的"生存竞争"是无意识地起作用的调节器，它支配着物种逐渐变异中的遗传和适应的相互作用。它是一个伟大的"栽培的上帝"，它无目的地通过"自然选择"造成新种，就像一个种植的人有目的地通过"人工选择"选取新种一样。这样，巨大的哲学之谜就得以解决；"如果没有始因，万物合乎目的的安排怎样能够纯机械地发生？"康德还宣称，这个困难的宇宙之谜是无法解决的,虽然早在两千多年前伟大的思想家恩培多克勒已经指出了解决的途径。最近,"目的论的机械论"的原则从选择论发展到愈来愈大的适用范围,把有机物最细微和最隐蔽的组织也用"合乎目的结构的功能自行形成"给予了机械论的解释。这样一来,我们目的论经院哲学的先验目的概念,即理性的和统一的自然观的最大障碍也就被排除了。

新 活 力 论

近来,似乎早已死亡的神秘活力的老幽灵又重新复活。一些著名的生物学家试图使它在新的名义下重新登场。表演得最清楚最坚定的就是1899年基尔的植物学家莱因克。为信仰奇迹和有神论,为摩西《创世记》和物种不变辩护,他把"活力"(与物理力相对立)叫作定向力、统治力或者主宰力。另外一些人则用纯人类特殊说的观点假设一种"机器工程师"来代替它,机器工程师给有机实体增加了一种合乎目的的指向一定目标的结构。这种奇怪的目的论假设,像幼稚的大多数与其有关的反对达尔文主义的议论一样,今天不再需要任何科学的反驳。绝大多数傲慢地搬出新活力论的著作,都露骨地反对达尔文主义,想以他们有目的的倾向的目的性来代替机械论的因果性。他们既缺乏生物学事实的广博而精湛的知识,也缺乏公正的逻辑清晰的判断力。

无 目 的 论

在这个概念之下,我于1866年就已论证了关于那些非常有趣和重要的生物学事实的科学,这种科学以浅显易懂的方法直接驳斥了传统目的论关于"有生命的天然物体的合乎目的的安排"这种观点。这种有关"退化、败育、枯萎、发育不全、萎缩个体"的科学,是建立在大量的最奇怪的现象之上的,这些现象尽管早已为动物学家和植物学家所知道,但是只有通过达尔文才把原因解释清楚,其深奥的哲学意义才完全得以认清。

一切高级动物和植物,换句话说,凡是躯体结构不是非常简单而是由许多按一定目的相互合作的器官所组成的有机体,经过仔细研究,就可以看到一些无用的或者不起作用的组织,其中有一部分甚至是危险的和有害的组织。大多数植物的花朵中，除了进行繁殖的花蕊以外，还有一些不重要的无用叶器官（枯萎或"发育不全"的雄蕊、心皮、副冠、萼片等）。在飞行动物形态多样的两大类即鸟类和昆虫类中，除每天使用翅翼的通常种属之外，还有翅翼退化不能再飞的一些种属。在用眼观看的各类高级动物中，几乎都存在着几种在黑暗中生活而无须观看的动物，尽管它们大多数都有眼睛，但眼睛已经退化，不适合再用来观看。在我们自己的人体中，都有这种无用的退化器官，如耳朵肌肉、眼睑、男子的乳头和乳腺。在身体的其他部位中也有退化器官，我们盲肠的可怕的虫样突起，非但无用，而且危险，由于盲肠发炎每年都要死去好些人。

动物和植物形体构造中，这些或许多其他无目的的组织，无论是旧的神秘的活力论，还是新的同样不可理解的新活力论，都无法加以解释；反之，用起源论来解释就非常简单。起源论指出，有些退化器官是由于不使用而退化了，正像肌肉、神经、感官通过锻炼和经常使用而得到加强一样，它们由于不活动和不经常使用而发生或多或少的退化。可是，虽然通过锻炼和适应可以促进器官的高度进化，但器官也决不会由于不锻炼，就立刻消失得无影无踪；相反，这些器官由于遗传的力量能够维持很多世代，在经过很长时期以后才慢慢消失。看不见的"器官间的生存竞争"决定了它们历史的灭亡，正如原来引起它们的发生和形成一样。一种内在的有意识的"目的"，所谓"目的倾向"，根本不起任何作用。

自然界的不完善

像人类的生命一样，动植物的生命也总是不完善的。这一事实纯粹是由下述认识得出的：自然界（包括有机界和无机界）是处于不断发展即变化和改造的长河之中。据我们看来，这种发展大体上——至少在地球上有机界种系发生范围内所能看到的——是一个不断前进的变异，是一个由简单到复杂、由低级到高级、从不完善到完善的历史进步。我在《有机体普通形态学》一书（1866）中已经证实，这种历史进步——或者逐渐完善——是选择的必然效应，而非预定目的所产生的结果。这也是由于没有一种有机体是十分完善的结果。即使它在已知的一瞬间对环境完全适应，这种情况也不会长久地继续下去，因为外界的生存条件本身是在不断变化的，因而也促使有机体对它不断适应。

有机体内的特殊目的倾向

1876 年,著名胚胎学家卡尔·恩斯特·贝尔以这为题发表了一篇文章,后来又写了一篇有关达尔文学说的论文,很受达尔文学说反对者的欢迎,甚至今天还经常被用来反对现代进化论。贝尔用了一个新名词来使旧的目的论自然观重新复活,这里对它必须加以简略的批判。首先必须指出,贝尔虽然是一个卓越的自然哲学家,但是随着年岁的增加,他原来的一元论观点愈来愈受到神秘色彩的影响,最后变成纯粹二元论。贝尔把自己的主要著作《动物进化史》(1828)称之为"观察和深思",他在该书中均等地利用了这两种认识活动。贝尔通过对动物卵发展的各个过程的仔细观察,首先能系统地叙述脊椎动物体由简单的卵细胞成长的过程中所发生的变异。他通过谨慎的比较和敏锐的思考,试图同时来认识那种变异的原因,从而得出一般的规律。他发表了下述论题作为最一般的结论:"个体进化史就是在各方面成长的个体的历史。"同时他强调指出:"支配动物进化的各种关系的基本思想,是和那种把分散在宇宙空间的物质凝聚成天体从而构成太阳系的基本思想相同的。这种思想不是别的,就是生命本身,它所表达的语言和音节就是生命体的各种形态。"

当时贝尔根本不可能较深刻地认识这种发生的基本思想和清楚了解有机进化的真正动因,因为他所从事的研究只是进化史的一部分,即个体进化史、胚胎史,或广义上的个体发生。进化史的另一部分,即种和属的进化史、我们的种系发生,那时还不存在,尽管高瞻远瞩的拉马克早在 1809 年已经指出这条道路。年迈的贝尔也不能理解后来由达尔文所作的论证(1859 年),他反对选择论的无益的斗争清楚地表明,他既不懂这个理论的真正意义,也没有认识它的哲学意义。目的论的和以后与之有关的神智学的思辨,使得年迈的贝尔再也无力正确评价生物学这一伟大的改革。他作为 84 岁的老翁,在其《演说和研究》(1876)一书中用来反对进化论的目的论观点,无非是两千多年来二元论哲学的目的论为反对机械论和一元论世界观所提出的类似的谬论。贝尔认为,"目的倾向思想"决定着动物体从卵细胞变来的全部发展,这种思想无非是柏拉图的永恒"理念"和他的学生亚里士多德的"隐得来希"①的另一种说法。

---

① 　隐得来希(Entelechie):希腊文的音译,意思是完成,亚里士多德的用语。亚里士多德认为,每一事物要完成或达到的目的,也就是说它的潜能的实现,就是"隐得来希"。

与此相反,我们现代生物发生学解释胚胎形成的事实是纯生理的,认为其机械动因是遗传和适应的功能。贝尔所不能了解的生物发生基本律给我们揭示了个体的个体发生和其祖先的种系发生之间的内在因果关系,我们现在认为,前者是后者一种遗传的重演。可是我们在动物和植物的种系发生中,无论何处都看不到有一种目的倾向,所看到的只是由于强大的生存竞争而得来的必然结果,生存竞争作为一种看不见的调节器,而绝不是作为有预见的上帝通过适应规律和遗传规律的相互作用而使有机体发生变异。同样在个体的胚胎史中,也就是在单个的植物、动物和人的胚胎学中,我们也不能承认有一种有意识的"目的倾向"。因为这种个体发生只是种系发生的缩影,是通过遗传生理规律的种系发生的一次缩短而频繁的重演,决定于原生质的无意识的记忆。

1828 年贝尔在其经典的《动物进化史》前言中写了如下的结束语:"谁把动物躯体的构造力归结为一般的力或整个宇宙的生命方向,谁就是幸运者,他就有权获得胜利。但是为他造摇篮的树尚未发芽。"——这里伟大的胚胎学家又错了。就在 1828 年这同一年,年轻的查尔斯·达尔文进了剑桥大学学习神学(!),这位伟大的"幸运者"三十年以后就以他的选择论而获得了胜利。

伦理的世界秩序

在历史的哲学中,在历史学家关于民族命运和国家发展的曲折道路的普遍观察中,迄今还流行一种"伦理的世界秩序"的假设,历史学家想从变化多端的民族命运中找到一个主导的目的,一种理想的意图,去选择这一或那一种族,这一或那一国家,使其特别繁荣强盛,从而决定其去统治其他的种族或国家。这种目的论的历史观近来和我们的一元论世界观在原则上的对立愈来愈尖锐,而后者在整个有机界中却更加可靠地被证实是唯一正确的。在整个天文学和地质学、物理学和化学的广大领域里,今天已没有一个人再谈到一种伦理的世界秩序,正如不再谈到一个人格化的上帝"以他的全智全能之手安排万物"一样。这种情况也适合于生物学的整个领域,适合于有机界的整个状态和历史,只是暂时还把人除外。达尔文在其选择论中不但向我们指出,动植物的生命和躯体构造中的合乎目的的组织是无目的地、机械地产生的,而且教我们从他的"生存竞赛"中去认识巨大的自然力,它多少年来不间断地统治和管理了有机世界的整个进化过程。人们当然可以这样说:"生存竞争"就是"适者生存"或者"最优者常胜"。但这只是在我们总把较强者当作最优者(从道德意义上来讲!)来看时才如此。此外,有机界的整个历史告诉我们，每时每刻除了趋于完善的巨大进步以外，还会发生个别趋于较低状态的倒退。即使按贝尔的意思，"目的倾向"本身也丝毫不带有任何道德的特征！

难道在那被有人类中心说自大狂的人所爱称为"世界史"的民族历史里，情况有什么两样吗？难道随时随地都能发现一个最高道德原则或者一个管理民族命运的明智的世界统治者吗？今天我们自然史和民族史的进步状况只能公正地回答说：不！人类后裔作为种族和民族几千年来为其生存和发展进行了斗争，它的命运也完全受同一"永恒的铁的伟大的规律"所制约，就像千百万年以来布满地球的整个有机界的命运一样。

地质学家根据化石的残物，把"有机地球史"分为三大纪：即第一纪、第二纪和第三纪。根据一种较新的计算，第一纪的时间至少有 3400 万年，第二纪有 1100 万年，第三纪有 300 万年。（——根据另一种计算法，则为上述时间的两倍多！）产生我们人类的脊椎动物的历史，显然要经历这样漫长的时期。脊椎动物的三个不同进化阶段是在那三大纪中顺次进化的：在第一纪（古生代）中是鱼类，在第二纪（中生代）中是爬行类，在第三纪（新生代）中是哺乳类。在脊椎动物的三个大类中，就其完善程度来说，鱼类最低，爬行类居中，哺乳类最高。在更深入研究这三类的历史时，我们发现，这三类中的个别目和科在三大纪里也不断前进，向更完善的程度进化。难道人们可以把这种不断前进的进化过程叫作有意识的合乎目的倾向或者伦理的世界秩序的外溢吗？根本不能！因为选择论告诉我们，有机进化和有机分化一样，是生存竞争的必然结果，在动物界和植物界中，有成千种优良的美丽的令人惊异的品种在 4800 万年里灭亡了，因为，它们必须把位置让给别的较强者。这些生存竞争中的胜利者不总是高贵的，或者从道德意义上来说不总是较完善的形态。

民族历史也完全是这样。古典时代令人钦佩的文化没落了，因为当时基督教通过信仰敬爱的上帝和希望来世的美好生活，给那时挣扎着的人类精神以一种有力的新的振奋。虽然教皇神圣论不久就成为纯粹基督教的无耻的讽刺，而且无情地践踏了希腊哲学所取得的知识宝库，可是它由于盲目信仰的群众的无知却获得世界统治。直到宗教改革才打碎了精神奴役的枷锁，并促使理性要求部分地恢复了权利。但是就在这个新的文明史时期中，如同文明史那个较早的时期一样，剧烈的生存竞争永远而无情地到处起伏，不留任何道德秩序的痕迹。

天 意

正如在公正和批判的观察之下,在民族历史的演进中不能证明有一种"伦理的世界秩序"一样,在个人的命运中我们也不能承认有一种"明智的天意"。这二者一样,都是被机械论的因果性用坚定不移的必然性所决定,因果性可以把任何现象从过去的一种或几种原因中推导出来。古希腊人已经把命运、暗中劫数、"统辖诸神和人类"的天命看成最高的世界原则,在基督教中则代之以有意识的天意,它不是盲目的而是有眼力的,像一个家长一样领导着世界政府。这种观念通常和"人格化的上帝"的观念密切相关,其人神同形的特征是不言而喻的。对"博爱的天父"的信仰,说他操纵着地球上 15 亿人的命运,同时又随时关心千百万次画十字的祈祷和"虔诚的愿望",这种信仰是完全站不住脚的。如果理性在思考这个问题时取掉"信仰"的有色眼镜的话,这一点便可立刻得到证明。

通常近代的文明人——同未开化的野蛮人完全一样——有时会特别强烈地产生对天意的信仰和对博爱的天父的信赖,如果他遇到什么幸运事情如生命危险得救、重病痊愈、彩票中头彩、久望后得嗣等的话。反之,如果发生任何不幸或者一个热烈的愿望没有实现,如果我们平白无故地遭到严重损害或者遇到令人愤慨的不公平的事情,那么"天意"就被忘却,明智的世界统治者那时就在睡觉或者拒绝赐福。

随着 19 世纪交通的巨大发展,犯罪和不幸事件必然以一种先前意想不到的数字增加,这一点我们每天可以从报纸上知道。每年总有几千人死于船难,几千人死于铁路事故,几千人死于矿山惨祸,等等。成千上万的人年年死于战争,那些高度发达、信奉基督之爱的文明国家准备把国家财产的极大部分用作这种集体屠杀。在每年成为现代文明牺牲品的几十万人中,绝大多数是聪明的精力充沛的勤劳的人。与此同时,人们却在谈论伦理的世界秩序!无可辩驳的事实是,至今还盛行并在学校里讲授的对一种"伦理的世界秩序"(就像对一种"慈爱的天意"一样)的信仰,具有一种高度的理想价值。它使痛苦者得到安慰,使弱者坚强,使不幸者得救。它满足了我们怀疑的情感,并把我们置于"来世"的理想世界之中,在那里"今世"尘俗生活的缺陷将得到克服。只要一个人很幼稚而无经验,他就会满足于这个虚构的图景。但是,当前进步的文明生活把他从那种美好的世界中强拉了出来,并向他提出了一些任务,而且也只有现实的理性知识才能使他有能力解决这些任务。毫无疑问,对于现实世界的及早适应——有目的地引进教学中去,并以现代进化论学说作为根据——可以使未来更有教养的人非但更加理智和无成见,而且更加善良和幸福。

目标、目的和偶然性

如果对世界进化的公正检验可以给我们证实,在世界的进化中既无一个一定的目标,也无一个特别的目的(在人类理性的意义上!),那么好像除了一切都听任"盲目的偶然性"摆布之外,就没有什么别的办法。这种责难实际上早就针对拉马克和达尔文的生物进化论提了出来,就像早先针对康德和拉普拉斯的天体演化学一样,许多二元论哲学家就特别重视这一点。因此,在这里很值得对它再简略地谈一下。

有一批哲学家根据他们的目的论观点认为,整个世界是一个安排好的宇宙,其中一切现象都有目标和目的,根本没有偶然性!另一派则相反,根据他们的机械论观点认为,整个世界的发展是一个统一的机械过程,其中我们不可能发现任何目标和目的,我们在有机生命中所这样称呼的东西,是生物关系中的一个特殊结果。无论在天体的进化中,还是在我们有机地壳的进化中,都找不到有一个主导的目的,这里一切都是偶然性!根据"偶然性"的各自定义,两派都有理。一般的因果规律连同实体定律使我们相信,每一现象都有其机械原因,在这个意义上就没有偶然性。但是我们可以而且必须保持这个必不可少的概念,以便用来表述其中没有因果关系的两个现象走在一起,它们之间虽然没有因果关系,但是其中每一个自然都有它的原因,而且和另一个的原因无关。正如每一个人所知道的,从这个一元论的意义上来说,偶然性在人类生活中,就像在所有其他天然物体的生活中一样,都起着极大的作用。但这并不妨碍我们承认,最普遍的自然规律,即实体定律在每一个个别的"偶然性"中以及在整个宇宙发展中的普遍统治权。

补充(1908 年)

由于 19 世纪下半叶自然认识的巨大进步,自然界物质和能的统一性的先进代表思想得到了巩固和明确,这在 19 世纪前半叶几乎是不可想象的。在思辨哲学领域中,以经验为基础的一元论相应地更加迅猛地向前进,而过时了的唯心主义空想的二元论则遭到了失败。为了提倡和传播一元论,1905 年秋在耶拿成立了德国一元论者协会,该协会通过通俗科学讲演和发行小册子来致力于在更广泛的范围内宣传统一的自然观。最近就产生了一个有势力的(1908 年春在美因河畔法兰克福成立的)反对派开普勒协会,为首的是一些二元论世界观的有影响的代表人物,他们想继续徒劳地调和正统基督教的教义和与之矛盾的自然研究的知识。开普勒协会中二元论的狂热代表不但依靠无知群众中的传统和迷信的强大势力,而且在上等社会阶层的保守集团——精神进步的自然敌人——中找到有力的盟友。从这一点来说,这两个流派之间的剧烈斗争对我们一元论来说就显得非常艰苦。但是到头来总是真理之光得到胜利,而真理在我们一元论的进化论学说的不断进步中找到了最强有力的支持。

第十五章　神和世界

关于有神论和泛神论的一元论研究

地中海三大宗教的人类特殊说的一神论

超世的和尘世的神

是什么神只从外部推动，

让宇宙顺着手指而运行？

它应在内部转动世界，

包罗本身于自然，包罗自然于本身，

使得在它身中生存、活动与存在的东西，

永不丧失其力量，永不丧失其精神。

歌　　德

几千年来，人类把神概念下的动因看成是一切现象最终和最高的本源。这一最高的基本概念，像所有其他一般概念一样，在理性发展的过程中也经历了重大的变革，并有形形色色的变种。人们可以说，没有哪一种概念有如此之多的变化和修正，因为没有哪一种概念像它那样深深地触及了认识悟性和理性科学的最高任务，同时也引起了虔诚情感和杜撰幻想的浓厚兴趣。

对为数众多的各种不同的神的概念的主要形式进行比较批判，固然是极有意义和大有教益的，不过这样一来就未免离题太远。我们只能简略地谈谈神的观念的最重要的论点，以及与我们今天由纯自然认识所决定的世界观的关系。要想对这一有趣领域有更深入的研究，可以参看阿德尔伯特·斯沃博达的《信仰的形成》，这是一部经常被人引用的杰作。

如果我们去掉神的形象上的色彩鲜艳的华丽外衣，而只注重其最主要的内容的话，我们就能把所有形形色色关于神的概念分为两大对立的主要派别：一是有神派，一是泛神派。后者与一元论或唯理论的世界观有着密切的关系，而前者则与二元论或神秘主义的世界观结下了不解之缘。

有神论：神和世界是两种不同的事物

神作为世界的创造者、守护者、统治者而与世界相对立。在这里神或多或少被想象得像人一样，是一种像人那样（即使用最完善的形式）思想和行动的生物。这种人神同形的神显然是由各个不同的原始民族多源地虚构出来的，在原始民族的幻想中经历了各个不同的阶段，如从拜物教直到当代纯粹的一神教。有神论的最重要派别有多神论、三神论、二神论和一神论。

多 神 论

世界上有众多的神，他们各行其是。拜物教认为，在各色各样无生命的天然物体中，如石、水、空气以及人类的艺术作品（神像、塑像等）中都有着类似的下级神灵；邪神教则认为，各种活的有机体里，如树木、动物和人身上都有神灵。这种多神论在野蛮的原始民族的最低级宗教形式中已有着五花八门的形式。在希腊的多神论中，在古希腊那些优美的神话里，多神论则已升华到最高阶段。古希腊神话至今还为我们现代的艺术提供了诗歌与绘画的最优美的典型。天主教多神论则处于较低的阶段，为数众多的"圣徒"（其声誉往往很成问题！）被奉为下级神祗，信徒恳求他们在上帝（或者在上帝的女友与女儿"童贞女马利亚"）那儿进行有效的调解——这是对基督教一神论的可悲讽刺。

三神论（三位一体说）

"神的三位一体"说至今还是基督教文明民族信仰中基本的"三个信条"。众所周知，这一学说认为，基督教的这一个上帝实际上原来是由性质不同的三个人物组合而成的：（1）上帝是"天地的全能创造者"（这一站不住脚的神话早就为科学的天体演化学、天文学和地质学所驳倒）。（2）耶稣基督是"上帝的独生子"（同时也是第三个人物"圣灵"的儿子！！），他为童贞女马利亚的圣灵感孕而生（关于这一神话，请参阅本书第十七章）。（3）圣灵，一种神秘的精灵，他和"儿子"与父亲的令人不解的关系,一千九百年来伤透了几百万基督教神学家的脑筋。福音书是基督教三神论的唯一真正来源,可是它却使这三人原来相互之间的关系模糊不清,对他们谜一般的统一性问题并没有提供任何满意的答案。反之,我们不得不特别指出,这种含混不清的神秘的三位一体说在我们小学一年级孩子的头脑中必然会引起混乱。星期一早上第一节课(宗教)他们学习:3×1=1!接着第二节课(算术)学:3×1=3!我还清楚地记得,在我刚开始读书时这种明显的矛盾使我怎样的困惑不解。此外,基督教的"三位一体"并非为基督教所固有,而像大多数其他教义一样,都是从更古老的宗教里借用得来的。从加尔地亚的占星术士对太阳的崇拜演化而成为伊卢,亦即世界神秘本源的三位一体!它的三个启示为:阿奴,即原始混沌;卑尔,即世界的治理者;阿奥,即能解释一切智慧的天光。婆罗门教中的三位一体说也是由三个人物组成了"神的统一",即婆罗贺摩(梵天)(创世者)、毗湿奴(守护神)和湿婆(破坏神)。这种三位一体的概念,也像其他三位一体的概念一样,"神圣的三"——作为"象征性的数字"——似乎起着很大的作用。基督教的三大首要义务,即"信仰、博爱、希望",也构成一个三的数字。

二 神 论

世界由两个不同的神主宰,一是善的神灵,一是恶的神灵,亦即上帝和魔鬼,这两位世界的统治者处于经久不息的斗争之中,就像皇帝与伪帝、教皇与伪教皇一样,这种斗争的结果就是世界的现状。亲爱的上帝是善的神灵,他是善和美、喜和乐的源泉,他的活动要不是经常受到恶的神灵——魔鬼的干扰,那世界将是完美的。这一邪恶的撒旦——魔鬼是一切恶、丑、厌、苦的根源。

这种二神论在神的信仰的所有不同形式中是最合理的,其理论和科学地解释世界相协调。它在公元前几千年就已在古代各个文明民族中形成了。在古印度,毗湿奴(守护神)和湿婆(破坏神)一直在进行着斗争。在古埃及,善的奥西里斯和恶的泰封处于对立之中。在古希伯来,在生育的大地之母阿舍拉(=凯图拉)和严厉的天父埃尔约(=摩洛或塞托)之间也存在着一种类似的二元论。公元前 2000 年,在琐罗亚斯德所创立的古波斯宗教中,善良的光明神奥尔穆兹德和恶的黑暗神阿里曼之间总是征战不息。

在基督教的神话中,魔鬼是善良上帝的敌人,是诱惑者,是拐骗者,是地狱之王,是黑暗之长,他也起着不小的作用。19 世纪初,他作为一个人格化的撒旦在大多数基督徒的信仰中还是一个重要因素。直至 19 世纪中叶，随着启蒙运动的发展，他的身价才逐渐降低，他只能起歌德在他最伟大的诗剧《浮士德》中所给予的靡非斯特菲勒士（Mephistopheles）的从属作用。近来在知识界中有人把"信仰人格化的魔鬼"看作是破除了中世纪的迷信，同时却把"信仰上帝"（即人格化的善良的和博爱的上帝）作为宗教上不可缺少的组成部分也坚持下来了。其实前者与后者都是一丘之貉，都是站不住脚的。无论如何，用善恶两神之间不分胜负的斗争来解释可抱怨的"尘世生活的缺陷""生存竞争"及诸如此类的现象等等，较之用其他宗教形式要简单自然得多。

一　神　论

　　一神论在许多方面都被看作是信神的最简单和最自然的形式。盛行的看法认为，一神论是宗教传布最广泛的基础，它支配了文明民族的教会信仰。实际上情况并非如此，因为详细研究起来，所谓一神论乃是前面所提到的有神论的形式之一，因为除却最高的"主神"之外，尚信奉一个或几个次要的神灵。即使是以纯一神论为其发端的宗教，随着时间的流逝又或多或少地变为多神论。现代统计学宣称，我们地球上的 15 亿居民中，大多数为一神论者。据称其中大约有 6 亿人是婆罗门佛教徒，5 亿人是（所谓的）基督教，2 亿人是多神教徒（各种各样的），1.8 亿是穆斯林，0.1 亿人信奉犹太教，0.1 亿人完全不信教。不过大多数所谓的一神教徒对神的概念是很模糊的，或者除了信奉一个主神之外，还信奉许多次要的神，如天使、魔鬼、妖怪之类等等。一神论多源演化的不同形式可分为两大类：自然主义的一神论和人类特殊说的一神论。

自然主义的一神论

　　这一古老的宗教形式，在一种宏伟的支配一切的自然现象中看到了神的化身。数千年前，太阳，这一光照大地、温暖万物的神祇就使人感到敬畏，一切有机生命都直接仰赖着它的恩泽。在现代科学家看来，太阳崇拜是一切有神论信仰形式中最有价值的并最容易与近代一元论自然哲学结合的形式。因为近代天文物理学和地球成因学使我们确信，地球原是从太阳分离出来的一部分，而且以后又会重新回到它的怀抱。近代生理学告诉我们，地球有机生命最初的来源是原生质的形成，这种由简单无机化合物，如水、碳酸铵（或硝酸）的合成只有在日光的作用之下方能奏效。在建原生质体植物低级进化的基础上，接着便发生噬原生质体动物的次级进化，后者是直接或间接地靠前者为营养的。在动物界种系发生的后期才出现了人类本身。我们整个躯体的和精神的生命也像所有其他有机生命一样，说到底都要归结为光焰四射的散发着光和热的太阳。按照纯理性的观点来看，作为自然主义一神论的太阳崇拜较之基督徒和其他文明民族的人类特殊说的礼拜要有根据得多。事实上，数千年前太阳教徒的智慧的和道德的水平已超过大多数其他有神论者。1881 年 11 月，我在孟买怀着极大的同情心看到虔诚的拜火教徒的高声祈祷，他们在日出日没之际站在海边或跪在摊开的地毯上，向旭日和夕阳表达其崇敬之心（见《旅印书简》）。意义稍次于太阳神教的是拜月教，尽管有些原始民族把月亮当作唯一的神祇来膜拜，可是大都除却月亮之外还信奉星宿和太阳。

人类特殊说的一神论

神的人格化，即"最高的神灵"像人那样感觉、思考和行动（即使用最崇高的形式）的观念，在文明史中作为人神同形的一神论起着极其重要的作用。其中最重要的首推地中海居民的三大宗教：较古的摩西教，中世纪的基督教和较近的伊斯兰教。这地中海三大宗教都起源于所有海洋中最有趣的那个海洋的有福分的东岸，都是由闪米特族中富有幻想的人用类似的方法创立起来的。它们不仅在表面上由于这种共同的渊源而互相紧密联系，而且在内在的信仰观念上有着无数共同特点。正如基督教神话的大部分都是直接从古老的犹太教照搬来的一样，较近的伊斯兰教又从这两大宗教中继承了不少遗产。地中海所有这三大宗教原来都是纯一神论的，随着它们在居民稠密的地中海沿岸，其后又在世界其他地区传播，它们后来也都变为形形色色的多神论。

摩　西　教

在公元前 1600 年，摩西创立了犹太一神教，这一古代的信仰形式对后世伦理与宗教的发展有着极其伟大的意义。因此,毫无疑义,单凭下述的事实就应承认其高度的历史价值,即地中海其他两个世界流行的宗教都是从它演化出来的,基督立于摩西的肩上,正如后来穆罕默德立于基督的肩上一样。在短短的一千九百年间已成为高度发达的文明民族信仰基础的《新约全书》,同样也是建立在《旧约全书》的可敬的基础之上的。新旧约全书合在一起就是《圣经》,它在世界上影响之大,流传之广,没有哪一部书是可与之相比的。事实上,《圣经》这部书——尽管它是最好的和最坏的成分的奇特混合——从某种意义上来说在今天仍然是"书中之书"。如果我们对其奇特的历史来源进行公正无私的检验的话,就会发现它的许多重要方面与到处宣讲的完全两样。见解深刻的现代评论和文化史在这方面也提供了重要的启示,从而使现行的传统从根本上发生动摇。

　　摩西信奉耶和华,创立一神教,后经先知们——希伯来的先哲——成功地加以发展而形成。一神论原来与盛行的古老的多神论进行了长期艰苦的斗争。原来耶和华是从最受尊敬的东方神祇中一位作为摩洛或培阿尔(埃及的塞托或泰封,希腊的萨忒恩或克罗那斯)的那个天神推导出来的。近代亚述研究家在关于《圣经》和巴比伦的脍炙人口的研究中认为,一神论的耶和华信仰早在摩西之前就已流行于巴比伦。反之,其他诸神亦都受到尊敬。在犹太人民中,这种与偶像崇拜的斗争也一直在继续进行。尽管如此,耶和华基本上被奉为唯一的上帝。他在《摩西十诫》的第一诫中明确地说道:"我是你们的上帝,除我之外,你们不可信别的神。"

基　督　教

　　基督教的一神论与其母教摩西教有着共同的命运,理论上基本是真正的一神论,而实际上变成了形式复杂的多神论。被视为基督教不可缺少的基础的"三位一体"论本身就已从逻辑上放弃了一神论。被区别为圣父、圣子和圣灵的三个人物现在和将来都是三个不同的个体(人神同形的人物!),就像三个印度神婆罗贺摩、毗湿奴和湿婆或古希伯来的三位一体(阿奴、卑尔、阿奥)一样。此外,在基督教传播很广的一些流派中,童贞女马利亚,即基督的贞洁的母亲是一个扮演着重要角色的第四个神。在广泛的天主教范围内,她甚至被认为要比天国里其他三位男性人物重要得多,影响更大。圣母崇拜实际上在这里取得了这样的意义:人们可以把它作为女性一神教而和通常的男性一神教分庭抗礼。这位"天国女王"在这里得到非常的重视(无数的圣母像和传说可资证明),以致三位一体的三个男人不得不退避三舍。

此外,早期在虔诚的基督徒的幻想中,许多形形色色的"圣徒"在最高的天国荟萃一堂,擅长音乐的天使奏起音乐,以使圣徒在"永生"中享受音乐之美。罗马教皇——宗教所产生的最大的江湖骗子!——孜孜不倦地假借圣训以增加这种人神同形的天兵天将的数目。1870 年 7 月 13 日,这一奇异的天堂社会的居民突然有了最大量和最有趣的增加,这是由于梵蒂冈教会会议宣布,教皇作为基督的代表是永无谬误的,从而被晋升为神。如果再加上他们所承认的"人格化的魔鬼"和"恶煞"所组成的朝廷,这样一来教皇神圣论(至今还是现代基督教流行最广泛的形式)便向我们提供了一幅光怪陆离的内容丰富的多神论的画面,连希腊的奥林匹斯山也显得是小巫见大巫了。

伊斯兰教（或穆罕默德一神论）

这是一神论最新的,同时也是最纯粹的形式。年轻的穆罕默德(生于 570年)早年就蔑视他的阿拉伯同胞所信奉的多神教,学习聂斯托利派①的基督教,并钻研其一般的基本教义,可是他还不能肯定基督作为一个先知与摩西到底有什么不同。他在三位一体的教条中只是找到一条(任何一个没有偏见的人,只要他进行公正的思考,也必定会找到的)荒谬的信条,它既与我们理性的基本原则相违背,又对我们宗教的提高没有任何价值。对作为"圣母"的童贞女马利亚的膜拜,他正确地认为是空虚的偶像崇拜,和向图像、向雕像圆柱顶礼膜拜完全一样。他对这想得愈久,就愈是向往一种更为纯粹的神的概念,他的主题就愈是明确:"神是一个唯一的神";除它之外不能再有其他的神。

不过穆罕默德仍然不能摆脱人神同形的神的概念,他的唯一的神也是理想化的全能的人,与摩西严厉的有恶必惩的上帝,以及基督的慈祥博爱的上帝并没有什么两样。尽管如此,穆罕默德的宗教还有其长处:在其历史发展和不可避免的变种过程中,较之摩西教和基督教更严格地保持了纯一神论的特点。这从其祈祷仪式、传教方式以及寺院的建筑与装潢中即使在今天还可以表现出来。1873 年我第一次访问东方,当我看到开罗和士麦拿、布尔萨和君士坦丁堡的宏伟

---

① 聂斯托利派:聂斯托利原为君士坦丁堡大主教,因否认"马利亚是天主之母"的传统教义,被东罗马帝国革职充军。他的信徒逃往波斯,得到波斯王的支持,于 5 世纪末成立独立教会。现伊朗尚有该派教徒。该教于唐太宗贞观九年(635)传入我国,取名景教。

清真寺时，真是惊叹不止。那朴实、优雅的内部装潢和那巍峨壮丽的建筑外观令人肃然起敬。这些清真寺与天主教堂相比显得多么宏伟高尚，天主教堂内部饰以五颜六色的画像和华丽庸俗的东西，外面则塑有过多的人和动物雕像，显得奇形怪状。古兰经的静默祈祷和简朴礼拜显得非常庄严，而天主教的弥撒却是莫名其妙、喋喋不休的高声喧哗，像演戏似的宗教游行则配以嘈杂的音乐。

混杂有神论

　　把各种不同的部分甚至直接矛盾的宗教观念混杂在一起而构成的那种信神的形式，自然都可以称之为混杂有神论。这种流传最广的宗教形式至今还没有在理论上得到承认，然而实际上却是一切宗教形式中最重要的和最奇特的形式。因为大多数具有宗教观念的人自古至今都是混杂有神论者，他们关于神的概念是五花八门、混杂在一起的。有童年时代就已铭记在心的某一特殊信仰的信条，也有后来在和其他信仰形式接触中所获得的各种印象，这种印象对前者也有所修正。对于许多受过教育的人来说，他们还受到成年以后哲学研究革新的影响，特别是他们对自然现象进行了公正的研究，从而证实有神论信仰形象的虚妄。这些互相矛盾的观念的斗争使那些感情脆弱的人感到特别痛苦，甚至在一生中都难决定胜负。这种斗争清楚地表明，旧信条遗传的势力和对谬误教义早年适应的势力是多么强大。儿童从幼年起被父母强迫灌输的特殊信仰，假如后来不因另一信条的强烈影响而改宗的话，大都成为他们一生的主要准绳。可是从一种信仰形式改宗为另一信仰形式，也不过是换一个新的名号而已。这一新名号也和已抛弃的旧名号一样，都是贴在外面的标签，仔细研究起来，在这种标签下面却混杂着五花八门的信仰与谬误。多数所谓的基督教徒并非一神论者（像他们所信仰的那样），而是二神论者、三神论者或者是多神论者。摩西教以及其他的一神教也都一样。开始时是"唯一的或三位一体的神"的观念，后来又增加了下级神祇：天使、魔鬼、圣徒以及其他妖怪等等。这完全是各种有神论形象的大杂烩。

有神论的本质

　　这里提到所有有神论的形式，不管这种宗教采取的是自然主义的形式，还是人类特殊说的形式,就其本义来说都共同有一个超世或超自然的神的观念。神总是作为独立的神灵,即大多数作为世界的创造者、守护者和统治者来与世界或自然界对立而存在的。绝大多数宗教还认为神具有人的性格,更确切些说,认为神具有人格而和人类相似,"人类的神是人类的自画像"。在大多数宗教里,这种神的人神同形说,或一个像人一样思考、感觉和行动的神灵的人类特殊说的概念,是主要的,只不过形式上有时粗糙些、天真些,有时细腻些、抽象些而已。最进步的神智学认为,上帝作为绝对完美的最高神灵而和有缺陷的人类是完全不同的。不过仔细研究一下就会发现,两者的灵魂活动或精神活动还是一致的。虽然在方式上无限完美,但上帝还是像人那样感觉、思考和行动。

神的人格化的人类特殊说

神的人格化的人类特殊说,在大多数信徒中已成为如此自然的观念,以致他们对于上帝在画像和塑像上的拟人化,和对形形色色的幻想所杜撰的神具有人形,也就是说变成了一种脊椎动物,并不感到愤慨。在许多神话中,神自身也以其他哺乳动物(猴、狮、牛等)的形象出现,少数则以鸟(鹰、鸽、鹤)或其他脊椎动物(蛇、鳄鱼、龙)的形象出现。

更高更抽象的宗教抛弃了这种躯体形象,而把神当作没有躯体的"纯粹精神"加以崇拜。"神是一种精神,谁要是信奉它,就应在精神上真正地信奉它"。尽管如此,这种纯精神的纯灵魂活动和人神同形的神——人的纯灵魂活动,完全是一样的。实际上这种非物质的精神并不是没有躯体,而只是被想象为看不见的气态。这种人类特殊说导致一种把神看成是所谓"气态脊椎动物"的奇谈怪论。

泛神论(万物归一论)

神和世界为一体,神的概念和自然界或实体的概念相吻合,这种泛神论的世界观原则上与上面所提到的有神论以及所有其他形式是格格不入的。尽管有人千方百计企图通过两方面的妥协来填平两者之间的鸿沟,但是两者总是存在着原则上的对立:在有神论里神是超世的神灵,而对自然界来说,它是创造者、守护者，并从外界来影响自然界；而在泛神论里神是尘世的神灵，到处都是自然界本身，并在实体内部作为"力或能"进行活动。只有后面这一观点才符合那个至高无上的自然规律，即实体定律。认识这一规律是 19 世纪最伟大的成就之一。因此，泛神论必然是我们近代自然科学的世界观。诚然，直到今天还有不少的科学家反对这一论点，他们认为，可以把人类古老的有神论的判断和泛神论的实体定律的基本思想结合起来。如果他们真是出于诚意的话，那么他们所有这些徒劳无益的努力都是犯了思想上模糊不清或缺乏一贯性的毛病。近代"唯心主义一元论"亦复如此，它本来就是"伪一元论"。

由于泛神论是有思考能力的文明人对自然进行审慎的观察而产生的，所以，它比有神论的出现要晚得多。最粗陋形式的有神论早在一万年以前，在未开化的原始民族那里，已从形形色色的变种中初步形成。虽然早在公元前几千年，在哲学形成初期，在最古老文明民族（印度、埃及、中国、日本）形形色色的宗教形式中，就已孕育了泛神论的萌芽，可是它作为一个确定的哲学见解，直到公元前 6 世纪上半叶才出现在爱奥尼亚自然哲学家的"万物有生论"中。在希腊精神黄金时代的所有伟大思想家中，以米利都人阿那克西曼德①最为杰出，他较之他的老师泰勒斯②以及他的学生阿那克西米尼③更深刻更清楚地理解到无限的世界整体（Apeiron，无限者）的原则统一性。阿那克西曼德认为，宇宙原本是统一的，一切现象是发展的，都来自于渗透一切的原始物质。他不仅说出了这一伟大的思想，他还大胆设想，世界经历着不计其数的周期交替的成败变化。

许多后继的古典时代伟大哲学家，特别是德谟克利特、赫拉克利特和恩培多克勒都已在相同的或类似的意义下深刻地领悟到那种自然与上帝、躯体与精神的统一性，这种统一性在我们今天一元论的实体定律中得到了最确切的表述。伟大的罗马诗人和自然哲学家卢克莱修在其著名的劝谕诗《啊，自然界！》中，以富于诗意的形式将这种泛神论表现了出来。只是这种合乎自然的泛神论的一元论不久即为柏拉图的神秘的二元论所排挤，特别是被他那唯心主义的哲学和基督教教义结合以后所产生的巨大影响所排挤。此后，这些教义的最强有力的法律代理人——罗马教皇取得了精神世界的统治权，泛神论则遭到残酷的镇压。

---

①　阿那克西曼德（Anaximander，约前 610—约前 540），古希腊自然哲学家，认为万物的本源不是具有固定性质的东西，而是无固定界限、形式和性质的东西，称之为"无限者"。

②　泰勒斯（Thales，约前 624—约前 547），古希腊自然哲学家，具有唯物主义思想，对于天文、数学、气象学等方面都有贡献。

③　阿那克西米尼（Anaximenes，约前 566—约前 500），古希腊自然哲学家，认为万物的本源是气，又复归为气。著有《论自然》，已失传。

乔尔丹诺·布鲁诺这个泛神论中有才能的代表人物在 1600 年 2 月 17 日被"上帝的代表"活活地烧死在罗马鲜花广场。

直至 17 世纪后半叶，伟大的斯宾诺莎才完成了纯泛神论的体系，他为全部的物体提出了纯粹的实体概念，在这个实体概念之下，"神和世界"是不可分的。二百五十年以前，这位伟大的思想家在没有任何可靠实验基础的情况下（直到 19 世纪的后半叶，我们才取得这样的基础）就创立了如此明白、确实、前后一贯的一元论体系，这的确令人钦佩。斯宾诺莎和以后的 18 世纪唯物论，以及我们今天的 19 世纪的一元论的关系，我们在第一章里已经讲过了，在这里不予赘述。泛神论的广泛传播，特别是在德国精神生活中的传播，首先要感谢我们最伟大的诗人和思想家沃尔夫冈·歌德的不朽的作品。他的美妙的诗篇《上帝和世界》《普罗米修斯》《浮士德》等等就是以最完美的诗的形式揭示了泛神论的基本思想："上帝和自然界是一码事。"

我们今天的一元论和过去的哲学体系的关系及其历史发展的基本特征，弗里德里希·于贝韦格①在其著名的《哲学史纲要》一书中作了详细深入的论述。弗里茨·舒尔策在其《哲学谱系（自希腊到近代哲学史图解纲要）》一书中对以上的问题又作了清楚的阐述——这相当于"宇宙之谜以及试图对其加以解决的种系发生"。

无神论（无神论世界观）

如果我们把上帝这个概念理解为自然界之外的人格化实体的话，那么，便没有上帝和众神，这种"无神的世界观"从根本上来说是和现代自然科学的一元论或泛神论相符合的。无神论世界观强调其反面，认为超世的或超自然的神祇并不存在，这不过是泛神论和一元论的另外一种说法。在这种意义上叔本华说得很对："泛神论是一种客气的无神论，其真意在于取消神与世界的二元对立，认识到世界是由其内在的力量构成的，并通过其自身而存在。泛神论的论点是：'神和世界是一回事'，它只是和神告别的一种有礼貌的说法。"

在整个中世纪，在教皇血腥的专制统治下，无神论被当作最可怕的世界观而横遭火与剑的迫害。由于"无神论者"在福音书中是和"恶魔"直接等同的，并

① 弗里德里希·于贝韦格（Friedrich Überweg，1826—1871），德国哲学家。

且——只是由于"没有信仰"——要他终身受地狱之苦,所以每一个恭顺的基督徒都不得不小心翼翼地避开无神论的任何嫌疑,这是完全可以理解的。可惜这种看法至今还广泛流行。无神论的科学家为探究真理而献出自己的力量和生命,他们从一开始就被看成是恶魔。反之,有神论的教堂迷只要盲目地参与那些教皇崇拜的空洞仪式,他们就可以被看成是善良的公民,即使他们根本就不相信这一套,并且道德败坏透顶。只有当20世纪自然科学启蒙的光辉照亮了普通的学校教育,并将学校从教会的桎梏下解放出来的时候,这种谬误才得以澄清。此外,还需要现代国家本身从教会统治的束缚下解放出来,不是把宗教信仰的教条,而是把清晰易懂的理性思维的知识提高作为真正教育的基础。只有如此,才能使流毒很广的迷信让位给理性的自然知识和一元论关于神和世界统一性的信念。

第四部分

神学：上帝

· IV. Theologischer Teil: Der Got ·

真理的女神下榻于自然的庙堂，常青的森林，蔚蓝的海洋，白雪皑皑的高山之巅——而不是修道院的郁闷厅堂，神学院的狭小囚室，也不是香烟缭绕的基督教堂。我们接近真理与知识的庄严女神的道路，就是对自然及其规律进行亲切的研究，对无限巨大的星球世界用望远镜来观察，对无限微小的细胞世界用显微镜来观察——而不是无意义的礼拜，无思想的祈祷，不是赎罪的供物和捐献。

第十六章　知识和信仰

关于认识真理的一元论研究

感性活动和理性活动

信仰和迷信　经验和启示

科学研究只认一个目的：即认识现实。对它来说，没有什么东西比真理更神圣的了。真理渗透一切，不管研究者由于敬畏、喜爱、忠诚、宗教或者偏袒而对被检验者多么钟爱，真理不应当害怕检验或者分析。真理必然会不顾得失，不图赞扬，不怕谴责，而坦白地说出检验的结果。

勒·布伦坦诺[①]

真正科学的全部工作在于认识真理。我们真正有价值的知识是真实的自然界的知识，它是由与真实存在的事物相符合的表象所构成的。我们虽然不能认识真实世界最内在的本质——"自在之物"，但是公正的和批判的观察与比较使我们确信，在大脑和感官正常情况下，外界在所有有理性的人的大脑与感官处所产生的印象是一样的，在思维器官功能正常的情况下所构成的特定表象也都相同。我们将这些印象与表象都称之为真实的，并确信其内容符合于事物可认识的部分。我们知道，这些事实并非虚构，而是实在的，并且是以被千百次证实了的经验为基础的。

◀ 海克尔故居一角

---

① 勒·布伦坦诺(Lujo Brentano, 1844—1931)——德国经济学家，讲坛社会主义的主要代表人物之一。

认识的源泉

所有对真理的认识，都是以人的两种不同的但又有内在联系的生理功能为基础的：一是以通过感性活动来产生对客体的感觉为基础，一是以所获得的印象通过联想而形成的主体中的表象为基础。感觉的工具乃是感官，构成与联结表象的工具乃是思维器官。后者是中枢神经系统的部分，而前者则与此相反，是外周神经系统的部分。神经系统是较高级动物最发达的重要器官系统，较高级动物的整个灵魂活动就唯独靠它来联系。

感 官

人类的感性活动是所有认识的最初起点，它是由亲缘关系最近的哺乳类、灵长类的感性活动缓慢地逐步地进化而来的。高度进化的动物的感官构造大都基本一致，其功能又都受到同样的物理和化学规律的制约，都有同样的历史渊源。像所有其他的动物一样，哺乳类的感官原是表皮的某些部分，上表皮的感觉细胞是所有各种感官的始祖，由于适应各种不同刺激（光、热、声、化学作用等）的结果，它们就各自获得了特殊的能力。无论是我们眼内视网膜的视杆细胞，还是耳蜗内的听细胞，无论是鼻内的嗅细胞，还是我们舌上的味细胞，原先都起源于遍布我们全身表皮上的简单的无区别的细胞。这一重要事实通过对人以及所有其他动物胚胎的直接观察可以得到证实。依据生物发生基本律，从这一个体发生的事实可以确切地得出极其重要的种系发生的结论：在我们祖先漫长的种系发生中，具有特殊能力的较高级感官原先起源于低级动物的表皮，起源于尚未分离出感官的简单的细胞层。

感官的特殊能力

以下的事实对人类的认识具有重大意义：我们躯体上不同的神经能够感觉

外部世界完全不同的性质,而且只能感觉这些性质。眼睛的视神经只传导光觉,耳朵的听神经只传导声觉,鼻子的嗅神经只传导嗅觉,等等。不管哪一种刺激遇到和作用于某一感官,感官对它的反应都具有同样的性质。伟大的生理学家约翰内斯·弥勒首先肯定了感官神经的特殊能力的深远意义,然而却从这一特殊能力中得出了特别有利于二元论和先验的认识论的极其错误的结论,认为大脑或灵魂只能感受被刺激的神经的某一状态,但从中推断不出引起刺激的外界的存在与性质。思辨哲学由此断言,外界本身是可疑的。极端唯心主义则不仅怀疑外部世界的实在性,甚至干脆将它加以否定。他们说什么"世界只存在于我的表象之中"。

面对这样的谬误,我们不得不提醒的是:"特殊能力"起先并不是各个神经原来就具有的特殊性质,而首先是由于适应上表皮细胞——神经到此终止——的特殊活动而产生的。根据伟大的分工原则,原先无差别的"表皮感觉细胞"便各有其不同的任务:有的接受光线的刺激,另外一些接受声浪的影响,第三组接受有气味物质的化学作用,以及其他等等。在漫长的时间过程中,这种外界的感觉刺激逐步改变了上表皮部位的生理的,继而是形态方面的特质。同时感觉神经也随之发生变化,这些神经将其所接受的印象传给大脑。选择作用逐步完善了表皮感觉细胞和神经的特殊变化(这种变化证实是有益的)。历时几百万年,终于创造出那些令人赞叹不已的工具,这就是作为我们无价之宝的眼睛和耳朵。它们安排得特别合适,以致使人们误认为这是一个"按照考虑周到的建筑计划创造"的。每一感官及其特殊神经的特质首先是通过习惯与练习——亦即通过适应逐渐演化而来的,然后通过遗传再世世代代地传下去。阿尔布雷希特·劳在其杰作《论感觉与思维(对人类悟性本质的生理研究)》(1896)一书中曾对上述观点进行详细的论述。该书不仅对弥勒关于特殊感觉能力的定律作了正确的解说,而且对特殊的感觉能力与大脑的关系也作了精辟的探讨。特别出色的最后一章《感性哲学》是以路德维希·费尔巴哈的观点写的,我完全赞同那些令人信服的论证。

感官感觉的界限

对人和其他脊椎动物的感官活动进行批判比较,得出一系列极其重要的事实,这些都是 19 世纪,特别是其后半叶深入研究的结果。最突出的两个高度发达的"审美的感觉器官"是:眼睛和耳朵。这两种器官在脊椎动物中,像在其他动物中一样,有着不同的和复杂的构造,并在胚胎内就以一种特有的方式演化。整个脊椎动物感官的这种典型的个体发生和结构,说明是由一个共同祖先遗传下来的。在脊椎动物这一门里,感官演化在细节上又有千差万别,这是由于要适应个别种的生活方式,由于个别种的或多或少的需要所决定的。

以人类的感官演化而论,人类实在不能算是最完美、进化程度最高的脊椎动物。鸟类的眼睛要比人的眼睛敏锐得多,能从很远的地方辨明很小的东西。许多哺乳动物,特别是生活在莽原上的食肉类、蹄足类、啮齿类,它们的听觉要比人的灵敏得多,可听到很远地方的轻微声响,其大而转动自如的耳壳就可以说明这一点。鸣禽的音乐才能要比许多人都处于更高的发展阶段。大多数哺乳动物,特别是食肉类和蹄足类的嗅觉要比人的发达。如果狗能把它自己的嗅觉灵敏的鼻子和人类的相比较,它就会怜悯地看不起人类。甚至关于较低级的感觉,如味觉、性感觉、触觉和温度觉,人类无论在哪一方面都绝不是处于最高的发展阶段。

我们自己自然只能判断自己所具有的那种感觉,但是许多动物躯体的解剖表明,除开我们已知的感官以外,还有一些别的感官。如鱼和其他低级的水栖脊椎动物,皮内有着独特的与特殊的感觉神经联结的感官。在鱼体的左右两边有一长长的管道,在鱼头前部又分出很多支管道,在这些"黏液管道"内有着许多分支的神经,其末端与独特的神经节相联结。这种广泛分布的"皮感官"可感受水压或水的其他性质的变化。有些种类的鱼还因为具有其他独特的感官而与众不同,它的感官的作用我们还不明了。

从以上事实可以看出,我们人类的感官活动无论从量上,还是从质上来说都是有限度的。我们用我们的感官,首先是眼睛和触觉,只能认识外部世界客体所具有的性质的一部分。我们的感觉器官是不完全的,感觉神经作为译员只能将接收到的印象的译文传达给大脑,就这一点而论,这种局部的感觉也是不完全的。

我们感官活动的这种人所共知的不完善性,并不妨碍我们把这些感觉活动的器官,首先是眼睛,看作是最宝贵的器官,它们与大脑的思维器官一起是自然界给予人类最有价值的赠品。阿尔布雷希特·劳说得很对:"一切科学归根到底是感官认识。科学不是否定,而是解释感官的资料,感官是我们头号最好的朋友。早在悟性萌发之前,感官就已告诉人们,哪些是该做的,哪些是不该做的。

谁要是为了避开危险而根本否定感性，那无异于因为看到卑污事物而将眼睛挖去，为怕取得别人财物而将手斩断，那才是愚不可及的。"所以费尔巴哈认为，与感性原则相违背的一切哲学、一切宗教、一切制度，都不仅是荒谬的，甚至是根本有害的，这话是完全有道理的。没有感官就没有认识！"凡是感觉中未曾有过的东西，即不存在于理智中。"（洛克①）达尔文主义近来在对感官活动的深刻认识和正确评价上，做出了高度的贡献，关于这一点，我已在 1878 年所作《论感觉器官的起源和发展》的讲演中指出过。

假说和信仰

高度发达的文明人的求知欲，不满足于通过其不完善的感官从外部世界获得的不完全的知识。他竭力要将通过感官所获得的感觉印象变为有认识价值的东西，将大脑皮层感官中枢的印象变为特殊的感官感觉，并通过思维中枢的联想而将它们联结为表象，通过对各组表象的进一步串联最终取得了有内在联系的知识。然而这种知识仍然是不完全的，不能令人满意的，假如想象不对认识的悟性不足的综合力加以补充，并通过对记忆形象的联想将分散孤立的认识结合为一个有联系的整体的话。于是便产生了新的一般的表象形象，这种表象形象才说明了被感觉的事实并满足理性的因果需要。

填补知识的欠缺或将其取而代之的表象，人们在广义上可称之为"信仰"。这在日常生活中可以经常发生。如果我们对某一事实了解得不那么确切，我们会说：我相信这个事实。从这个意义上来说，我们在科学本身中也只好讲信仰。我们猜想或认为，在两种现象之间有着某种联系，尽管我们对这种联系了解得并不确切。如果关系到对事物原因的认识，我们就会为自己创立一种假说，不过在科学中只能容许这样的假说，即它们在人类认识能力以内并和已知事实不相矛盾。比如物理学中的以太振动学说、化学中的原子及其亲和力假说、生物学中的活原生质的分子构成学说等，都是这一类的假说。

---

① 洛克（John Locke，1632—1704），英国哲学家、经济学家，主张二元论、感觉论。

理论和信仰

假设一种共同的原因来解释一连串重大的有联系的现象，我们就称之为理论。无论是理论还是假说，都不可缺少信仰（科学意义的！），因为创造性的想象在这里要补充悟性在认识相互联系的事物时所遗留下的漏洞。因此理论总被认为是接近真理的，可是也必须承认，这种理论以后还会由其他论证得更好的理论所取代。理论尽管有这种公认的不确切性，但对任何真正的科学来说，都是不可缺少的，因为理论是用假设的原因来解释事实。谁要是完全放弃理论，只用"确切的事实"来建立其纯粹的科学（在现代所谓"精密自然科学"的领域内，某些头脑狭隘的人常常是这样），那谁就是放弃对原因的认识，并从而放弃去满足理性的因果需要。

天文学中的万有引力论（牛顿），天体演化学中的宇宙星云说（康德和拉普拉斯），物理学中的能量定律（迈尔和赫尔姆霍茨），化学中的原子论（道尔顿），光学中的振动说（惠更斯①），组织学中的细胞理论（施莱登和施旺），生物学中的起源论（拉马克和达尔文），都是第一流的伟大理论。这些理论都是对其领域里的所有个别事实假设一种共同的原因，并证实同一个相互联系的领域里的所有现象都受由这一个原因所得出的固定规律所支配，从而用重大的自然现象来解释整个世界。不过这种原因的本身按其本质来说也可能是未知的或者只是一种"暂时的假说"。万有引力论和天体演化学中的"重力"，物质关系中的"能"本身，光学和电学中的"以太"，化学中的"原子"，细胞论中的活的"原生质"，物种起源说中的"遗传"，以及其他伟大理论中诸如此类的基本概念，可能会被思辨哲学看作是"纯粹的假说"，是科学信仰的产物，然而它们对我们是不可缺少的，除非另外有更好的假说来取代它们。

信仰和迷信

形形色色的宗教用来解释现象的那些观念也被直接称之为狭义（！）的信仰，

---

① 惠更斯（Christian Huygens，1629—1695），荷兰数学家、物理学家和天文学家，光波说的创始人。

这种信仰和科学信仰的这些形式有着完全不同的性质,不过这两种信仰的形式,即科学的"自然信仰"和宗教的"超自然的信仰"常常互相混淆,造成混乱。严格强调它们之间的原则对立是适宜的,甚至是必要的。"宗教"信仰总是相信奇迹,它与理性的自然信仰有着不可调和的矛盾。与后者相反,宗教信仰主张超自然的过程,为此它可被称为"超级信仰"或"高超信仰",亦即迷信一词的原来形式。迷信与"理性信仰"的根本区别在于:迷信承认有超自然的力量与现象,而科学则否定这种力量与现象,认为超自然的力量与现象是由错误的感觉与虚妄的幻想杜撰出来的。因此,迷信和已被清楚认识的自然规律不能相容,是非理性的。

原始民族的迷信

19 世纪人种学的巨大进步使我们知道,迷信的形式和表现方法真是五花八门,多得惊人,就像至今还存于粗野的原始民族那里一样。如果把这些迷信的形式和表现方法相互比较一下,并与相应的神话观念对比,就可看出,它们极其相似,常常同出一辙,归根到底都来自一个根源。我们从自然的理性因果需要中,从对解释未知现象的追根究底中,可以找到这种根源。那些有危险威胁、产生恐怖的运动现象,如闪电、雷鸣、地震、月食等的情况特别是这样。最原始民族就已有对这一类自然现象进行因果解释的欲望,这种欲望是通过遗传从其灵长类祖先那里传下来的,许多其他脊椎动物也都有这种欲望。犬对满月或对钟摆摆动的吠叫,或对迎风飘扬的旗子狂吠,这不仅是出于恐惧,而且也有一种要认识这种未知现象原因的模模糊糊的欲望。未开化的原始民族粗陋的宗教萌芽,部分起源于从其灵长类祖先那里遗传下来的迷信,部分起源于对祖先的崇拜、情感需要以及传统的习惯。

文明民族的迷信

现代文明民族将其宗教信仰观念看成是最宝贵的精神财富,通常还认为其比原始民族的"原始迷信"要高明,对启蒙文化消灭了"原始迷信"所取得的重大进步大加颂扬,这是一个极大的谬误!公正的批判检验和比较指出,两者只是

"信仰的形式"与信仰的外表相互不同而已。根据纯粹理性来看，自由教会宗教的高雅的奇迹信仰——因为与已知的确定的自然规律相违背——同样也是荒诞的迷信，就像原始拜物教信鬼一样，而那些文明人对此却一味傲慢地加以蔑视。

如果我们从公正的立场出发，对今天文明民族还盛行的信仰观念加以批判的检验的话，我们即可发现，他们的信仰观念到处都渗透着传统的迷信。基督教信仰的创世说、上帝三位一体说、马利亚的圣灵感孕、救世说、基督的复活与升天等，都是纯粹的杜撰，也像摩西教、佛教以及婆罗门教等的形形色色的教条一样，都与理性的自然认识毫不相干。这些宗教中的任何一种，对其虔诚的"信徒"来说，都是无可怀疑的真理，他们当中的任何一个人都将任何一种其他的教义看成异端邪说和不可救药的谬误。某一教派越是将自己看成是"唯一的救世主"——天主教就是如此——越是将这一信念热忱地当作最神圣的心事加以捍卫，那么他们自然就会越来越厉害地攻讦所有其他的教派，越会狂热地挑起可怕的宗教战争，这已成为文明史册中最惨痛的篇章。不存在什么偏见的《纯粹理性批判》使我们确信，所有这些形形色色的信仰形式同样都是不真实的、非理性的，都是杜撰的幻想和无批判的传统的产物。理性的科学必须将它们统统作为迷信的产物加以抛弃。

信　条

数千年来荒谬的迷信在信徒中引起无限的祸害，最突出地表现在连绵不断的"信条斗争"中。在民族之间用火与剑来互相残杀的所有战争中，以宗教战争最残酷；在所有破坏家庭和个人幸福的纠纷中，又以因信仰不同而引起的宗教纠纷最令人愤恨。大家可以想想，数百万人在基督教徒的改宗和迫害中，竟由于宗教裁判而丧生。可以想想，那些为数众多的不幸的人，竟由于信仰不同而引起家庭纠纷，在信徒中身败名裂，并失去其在国家中的地位，或甚至于远离祖国，流落他乡。如果官方的信条与文明国家的政治目的相结合，并作为"信仰宗教课"在学校里强制推行，那么，这种官方的信条就会发挥毁灭性的作用。因此，儿童的理性很早就不是被引导去认识真理，而是被误导去相信迷信。每一个博爱者应该千方百计促使教会与学校分开，使非教会学校成为现代国家最有价值的设施之一。

我们前辈的信仰

不管怎样,信仰宗教课至今还受到广泛的重视,之所以如此,不仅仅是由于落后的文明国家强迫信仰和对教会统治的屈从,而且还由于形形色色古老传统和"情感需要"的力量。其中特别起作用的是对信仰传统,即"我们前辈的神圣信仰"所广泛给予的虔诚、崇敬。在成千上万的诗歌故事中,把那种对前辈信仰的忠诚作为精神财富和神圣义务而加以颂扬。不过我们只要公正地思考一下信仰的历史,我们就会相信,那种影响深远的观念完全是无稽之谈。盛行的基督教新教的信仰在启蒙的 19 世纪后半叶与前半叶就有本质的区别,而 19 世纪前半叶的信仰又与 18 世纪的不同,18 世纪又和 17 世纪以至于 16 世纪的"前辈信仰"大相径庭。宗教改革使得受奴役的理性从教皇神圣论的暴虐中解放出来,当然后者把宗教改革看成是最可恶的异端邪说而横加迫害;然而教皇神圣论信仰本身在一千年的过程中也有了完全的改变。受洗的基督徒的信仰和其不信基督的前辈的信仰又是何等的不同啊! 每一个有独立思考能力的人都或多或少地建立起他自己的"个人信仰",而这总是和其前辈的信仰有所不同,因为他的信仰是与他那个时代的整个教育状况分不开的。我们在文明史中追溯得愈远,就愈是看得出那种备受颂扬的"我们前辈的信仰"是完全站不住脚的迷信,只是迷信的形式经常变化而已。

唯 灵 论

一种特别奇怪的迷信形式至今还在我们现代文明世界里起着一种难以置信的作用,这就是唯灵论和降神术,即现代的信仰幽灵。直到现在还有数百万受过教育的有文化的人为这种阴森森的迷信所支配,这的确是可惊又可悲的事。甚至某些著名的科学家也不能摆脱这种迷信。许多唯灵论的杂志大肆传播信仰幽灵。我们的"上流社会"竟厚颜无耻地让"幽灵"现形,说什么这些幽灵会敲击,写字,"传达彼岸的信息",等等,不一而足。唯灵论者常常谈起相关话题,甚至一些有名望的科学家也相信这种迷信。比如说，德国有莱比锡的策尔纳[1]和费希纳等人，英国有伦敦的华莱士和克鲁克斯。甚至连这些杰出的物理学家和生物学家也被引入歧途，确实令人惋惜。之所以如此，一方面是因为这些人幻想有余，批判不足，另一方面则是由于僵死教条的强大影响，儿童的头脑很早就受到宗教教育的侵蚀。在莱比锡所进行的人所共知的唯灵论的表演，后来才真相大白，原来是一场骗局。在这场表演中，物理学家策尔纳、费希纳和威廉·韦伯[2]上了那个狡猾的变戏法的斯莱德的当，而斯莱德本人则被人揭发，是个无耻的骗子，并受到了惩办。在所有其他情况中也是一样，所谓唯灵论的"奇迹"，只要加以仔细考察就可发现，不过是一种粗糙的或细致的骗局而已，而所谓的"降神者"（大都是妇女）有的是狡猾的骗子，有的是受过异常刺激的神经质的人。他们所谓的传心术（或无物质媒介的思想超距作用）和什么"幽灵的声音""精灵的叹息"等等都属子虚。卡尔·杜·普雷尔[3]以及其他唯灵论者对"幽灵现象"所作的绘影绘声的描述，都是来自胡乱的幻想，是缺乏批判与生理学知识的结果。

---

① 策尔纳（Friedrich Züllner，1834—1882），德国天体物理学家，莱比锡大学教授，降神术的拥护者。

② 威廉·韦伯（Wilhelm Weber，1804—1891），德国物理学家，对地磁学说有所贡献。

③ 卡尔·杜·普雷尔（Carl du Prel，1839—1899），德国哲学家。

第十七章　科学和基督教

关于科学经验和基督教启示之间的斗争的一元论研究

基督教历史演变的四个时期

理性和教条

　　基督教和近代教育的基本原则处于不可调和的斗争之中,这场斗争,要么是以基督教的反动的全面胜利而告终,要么是以近代文化彻底战胜基督教而告终;要么是强大的袭击的罗马天主教扼杀了所有人民的自由,要么是基督教归于灭亡,即使不在名义上,但在事实上已归于灭亡。

爱德华·哈特曼[①]

　　认为基督教曾给世界带来前所未知的道德真理,这种主张要么就是粗陋无知,要么就是故意扯谎。

托马斯·巴克尔[②]

　　科学和基督教之间的矛盾日益尖锐化,是动荡的 19 世纪的显著特征之一。这是很自然的,而且也是必然的,因为近代自然认识的胜利进展超越了以往各个世纪的科学成就,同样也清楚地表明,那些使理性屈从于所谓"启示"的一切神秘的世界观都是站不住脚的。基督教也属于这种情况。近代天文学、物理学和化学愈是可靠地证实了不可动摇的自然规律在宇宙中的绝对统治权,近代植物学、动物学和人类学愈是可靠地证实了这个自然规律在有机界整个领域的适用性,那么,基督教结合二元论形而上学就愈激烈地反对承认这个自然规律在所谓"精神生活"范围内,即在大脑生理学的一个部分领域里的适用性。

　　再没有人比 19 世纪的伟大神学家达维德·弗里德里希·施特劳斯更明确、更大胆、更无可辩驳地证明了近代科学的世界观和过时的基督教世界观之间这一公开的不可调和的矛盾。他的最后一部著作《旧信仰和新信仰》(1872 年初版,

---

　　①　爱德华·哈特曼(Eduard Hartmann,1842—1906),德国哲学家,主张宇宙的本体是"无意识",而理性和意志为其表现形式。

　　②　托马斯·巴克尔(Thomas Buckle,1822—1862),英国历史学家。

1903 年第 15 版)，是当前所有那些有识之士的真诚信念普遍而适当的表达。他们承认，在习惯流行的基督教教义和近代科学的明确合理的启示之间有着不可避免的冲突，他们有勇气来捍卫理性的权利，反对迷信的要求，并且感到在哲学上需要一种统一的自然观。施特劳斯作为一个诚实而勇敢的自由思想家，比我更好地阐述了"旧信仰和新信仰"之间那些最重要的矛盾。两种矛盾间的绝对不可调和，它们之间决战（你死我活的）的不可避免性，特别被爱德华·哈特曼在其有趣的读物《基督教自我解体》一书中从哲学上予以证实。

在 19 世纪对基督教及其本质和教义进行科学批判的许多著作里，特别要指出下列几种：达维德·施特劳斯的《耶稣全力为德国民族》（斯图加特，1890 年第 11 版）、路德维希·费尔巴哈的《基督教的本质》（1841 年初版，1883 年第 4 版）、保罗·戴雷拉（保·德雅尔丹）[Paul de Regla(P. Desjardin)]的《从科学、历史和社会的观点看拿撒勒的耶稣》（莱比锡，1894）、斯·伊·弗罗斯（S. E. Verus）的《四福音书的比较摘要》（莱比锡，1897）。

如果人们读过施特劳斯和费尔巴哈的著作，以及约翰·威廉·德拉珀（John William Draper）的《宗教与科学冲突史》（1875）的话，就会认为本书用专门一章来谈论这个问题似乎是多余的。尽管如此，本书用批判的眼光来回顾一下这场伟大斗争的历史过程，仍然是有益和必要的，这是因为好战的教会对科学，特别是对进化论的进攻，在目前特别尖锐和危险。可惜近来出现的精神上的萎靡不振，以及政治、社会和宗教领域中反动逆流的高涨，又足以使危险加深。如果谁在这一点上怀疑的话，他只需读一下最近二十年来基督教教会会议、臭名昭著的天主教教会以及德国国会的公告就可以清楚了。和上述情况一致的，是许多非宗教国家的政府竭力对宗教统治，即其当然的死敌表示和好，这就是说，自己投身于宗教的桎梏。这两个同盟者的共同目标是压迫自由思想和自由的科学研究，其明显目的，是用这样的方法最轻而易举地保证其绝对统治。

我们必须强调指出，这里的问题是紧急捍卫科学与理性，以抵御基督教教会及其广大教徒的猛烈攻击，而不是什么前者反对后者而挑起的无理攻击。首先，我们的防卫应该针对教皇神圣论或教皇绝对权力主义，因为这种"唯一救世主"式的和"为众生决定一切"的天主教会，比之其他基督教教派不仅强大得多和有势力得多，而且天主教会特别具有一种庞大的集权组织和无以匹敌的政治上的狡诈性。人们固然经常从博物学家和其他科学家那里听到这样的观点，即认为天主教的迷信比起超自然信仰的其他形式不见得更坏，并且认为，这种骗人的

"信仰形象"同样都是理性和科学的自然敌人。从一般理论原则来说,这个意见是正确的,但是就实际效果说来,则是错误的,因为主张教皇绝对权力主义的教会利用人民群众的懈怠和无知,凭借其强大的组织,对科学进行了目的明确和肆无忌惮的攻击,较之所有其他宗教的进攻都更严重和危险得多。

基督教的发展

为了正确评价基督教对整个文明史的重大意义,特别是它和理性与科学之间的原则矛盾,我们必须约略回顾一下其历史发展的最重要阶段。我们把它分成四个主要时期:(1)原始基督教(最初的三个世纪);(2)罗马天主教(共十二个世纪,从第 4 世纪到第 15 世纪);(3)宗教改革(共三个世纪,从第 16 世纪到第 18 世纪);(4)近代的伪基督教(19 世纪)。

一、原始基督教

包括最初的三个世纪。这位充满了人类之爱的高贵先知和空想家基督本人,远远够不上古典文化教养的水平,他只知道犹太传统,他本人没有一行字留传后世。他对于希腊哲学和自然研究早在五百年以前已经发展成那样高度的世界知识,却毫无所知。因而我们所知道的关于他和他的原始教义的东西,都是来自《新约全书》的一些最重要的文献:首先是四福音书,其次是保罗书。关于这四本经典福音,现在我们知道是公元 325 年在尼西亚的宗教会议上由 318 个与会的主教从最初三个世纪一大堆矛盾的和伪造的手稿中挑选出来的。早先被选择的名单上是四十本福音书,最后是四本福音书。由于相互争吵、恶毒谩骂的主教对选择不能取得一致意见,最后大家决定通过一次上帝的奇迹来完成这次选择。人们把所有的书都放在祭坛下面,并且祷告,人写的伪书应当留着不动,而上帝亲自写的真书则应当跳上圣桌。事情真的是这样! 最初三本福音书(马太、马可、路加——所有这三本福音书不是由马太等人写的,而是根据他们的传授记下来的,写于 2 世纪初)以及完全不同的第四本福音书(据说由约翰编于 2 世纪中叶),所有这四本书都摆上了桌子,从而成为基督教信条的真正的(千百处的自相矛盾!)基础。如果一个现代的"不信神者"不相信"书跳",那么我们就要提醒他注意,这就像可靠的"桌动"和"招魂术"一样,目前同样为千百万"有知识"的唯灵论者所坚信。成亿虔诚的基督徒至今还同样坚信他本人不死、"死后复活"以及上帝三位一体。——这些教条同纯理性的矛盾并不比福音书手稿的神奇的跳跃多些或少些。英国神学家萨拉丹（斯图尔特·罗斯）[Saladin (Stewart Ross)]在其见解透彻、最近经常被评论的著作《耶和华全集（在《圣经》研究基础上对犹太—基督宗教大厦的批判探讨）》（莱比锡，1896）中对这有更详尽的叙述。

除了福音书外，最重要的来源是大家熟知的使徒保罗的十三封（绝大多数是伪造的）不同的书信。真正的保罗书信（根据最近的批判只有四封：《罗马人书》《加拉太书》和两封《哥林多人书》）的写成都比四本经典福音书来得早，并且要比后者包含较少令人难信的奇迹传说，这些书信也更多地想和一个合理的世界观结合在一起。因此，近代开明的神学较多地根据保罗书信而较少地根据福音书来部分地建立他们理想的基督教，以致人们把前者直截了当地称之为保罗教义。使徒保罗无论如何比基督都具有更多的世间知识和实际智力，他的明显的个性从人类学的观点来看也饶有趣味，因为两大宗教创始人的种族来源据说很相似。保罗的双亲中（根据较新的历史研究），据说父亲是希腊族，而母亲是犹太族。这两个来源迥异的种族（尽管这是同一人种——内陆人种的两个旁支）的混血儿，往往在才能和性格特性上有一种可喜的混合而与众不同。这从近代和目前的许多例子可以得到证明。闪米特人种的富有情绪的东方幻想和雅利安人种的批判的西方理智常常以有益的方式相互补充。这一点也表现在保罗的教义上，它不久就比最古老的原始基督教的观点赢得更大的影响。因此人们的确可以把保罗教义叫作一种新事物，它的父亲是希腊哲学，母亲是犹太宗教。类似的混合也表现在新柏拉图主义上。

关于基督的原始教义和目的——如同关于基督一生的许多重要方面一样——有争论的神学家们的观点愈来愈有分歧，而历史的批判[施特劳斯、费尔巴哈、鲍尔[①]、勒南[②]、卡尔特霍夫(Kalthoff)等人的]则愈容易把公开的事实加以真实的解释，从而得出公正的结论。当然，其中岿然不动的是普遍博爱的最高贵原则和从中得出的伦理学的最高法则："黄金律"[③]——不过这两者早在基督诞生前几世纪里已很出名并为人们所熟悉（参阅本书第十九章）！

---

① 鲍尔(Ferdinand Christian Baur，1792—1860)，德国基督教神学家。
② 勒南(Ernest Renan，1823—1892)，法国语言学家和历史学家。
③ 黄金律：或称金科玉律。

二、罗马天主教

"拉丁基督教"或"罗马教""罗马天主教",经常叫作教皇绝对权力主义,根据其驻在地叫作梵蒂冈论,或简称为教皇神圣论,这是人类文明史所有现象中一个最巨大和最值得注目的现象之一,好像是一个头等的"世界历史巨人"。它尽管经历了一切的时代风暴,但至今还拥有最巨大的影响。目前居住在地球上的4.1亿基督徒中,有一半多些,即2.25亿人信奉罗马教,只有7500万信奉希腊天主教教义,以及1.1亿是耶稣教教徒。在一千二百年这段时期中,即从4世纪到15世纪,罗马天主教差不多全面统治和毒化了欧洲的精神生活,但它从亚洲和非洲巨大的古老宗教系统中只获得极小的地盘。在亚洲,佛教徒至今已有5.03亿,婆罗门教徒有1.38亿,伊斯兰教徒有1.2亿。罗马天主教的世界统治首先给中世纪打上了它阴暗的烙印,这种世界统治意味着一切自由精神生活的死亡,一切真正科学的倒退,一切纯粹伦常的没落。在罗马教皇统治之下,人类的精神生活就从它在古典时代——公元前1000年到公元后最初几个世纪——已上升到繁荣昌盛的时期堕落到认识真理就被看作是野蛮行为的水平。人们也许会称颂,在中世纪精神生活的其他方面有着迅速的进展,如诗学和造型艺术、经院学术和研究教父遗书的哲学,但是这种文化活动是为占统治地位的教会服务的,它不是用来提高,而是用来压抑自由精神的研究。唯一准备好去过一个未知的"来世永生",蔑视自然界,原则上为基督教所特有的不准研究自然界,等等,都被罗马教会制度定为神圣的义务。直到16世纪初,宗教改革时期情况才有所改变。

中世纪文明的倒退

人类文明和良好的风气在十二个世纪中,在罗马天主教的精神暴政统治下所经受的可悲的倒退,如果我们在这里都要加以叙述的话,那就会扯得太远了。最伟大和最有才华的霍亨索伦君主曾经用一句话就最精辟地说明了这个倒退。腓特烈大帝用一句话概括了他的意见,他说,人们通过研究历史就可以相信,从康斯坦丁大帝到宗教改革时期整个世界都是疯狂的。1877年路德维希·毕希纳在其《论宗教和科学的世界观》一书中对这个"疯狂时期"作了扼要而极好的叙述。谁想进一步知道有关问题,我介绍他去看兰克[①]、德拉珀、科尔布、斯沃博达等人的历史著作。这些以及其他一些公正的历史学家对基督教中世纪的恐怖情

---

① 兰克(Johannes Ranke,1836—1916),德国生理学家和人类学家。

况所作的真实描述，已为所有忠实的史料研究和文明历史纪念物所证实，这段人类历史的最悲惨时期到处留下了这种纪念物。单单那些诚心寻找真理的有见识的天主教徒自己去研究这些史料是不够的。特别要强调的是那些主张教皇绝对权力主义的著作即使在目前还有很大的影响，通过大胆颠倒事实和发明神奇童话来蛊惑"虔诚人民"的老一套手法，直到今天收效还很大。我们只要提起卢尔德和特里尔的《神衣》（1844年初版，1890年新版）就知道了。真理本身在科学著作中被歪曲到何种程度，美因河畔法兰克福主张教皇绝对权力主义的教授约翰内斯·杨森[1]对此就提供了一个很明显的例子。他的读者众多的著作（特别是《中世纪结束以来的德国民族史》多次再版），是最令人难以置信地大胆伪造历史。这种耶稣会伪造的欺骗性和单纯的德国民族的轻信与无批判能力，在程度上是不相上下的，而德国民族却把那些欺骗当作真金接受了下来。

教皇神圣论和科学

历史事实最清楚地证明了教皇绝对权力主义的精神暴政的罪恶，其中特别使我们关心的是它对真正科学的剧烈和一贯的反对。这种反对一开始就已在基督教中原则上注定了，因为基督教把信仰置于理性之上，并要求理性盲目地服从信仰，不仅如此，基督教还把整个尘世生活看作是为虚构的"来世"作准备，当然也否认科学研究本身的任何价值。但是有计划与有成效地反对科学在4世纪初方才开始，特别是在君士坦丁皇帝主持了臭名昭著的尼西亚教会会议（325年）以后。君士坦丁被称为"大帝"，因为他把基督教提升成为国教，并且建立了君士坦丁堡。此外，他是个毫不足道的角色，一个伪君子和多次杀人的杀人犯。罗马天主教在反对独立科学思想和研究的斗争中所取得的效果，从中世纪自然认识及其文献的可悲状况就可得到最好的证明。不仅古典时期所遗留下来的丰富精神宝库极大部分遭到毁灭或者失传，而且酷刑、差役和火刑柴堆使得每一个"异教徒"，即每一个有独立思想的人，把他合乎理性的思想留作自用。如果他不这样做，他就要准备活活被烧死，就像伟大的一元论哲学家乔尔丹诺·布鲁诺、宗教改革家扬·胡斯[2]以及其他上百万个"真理见证人"的遭遇一样。中世纪的科学历史每一页都告诉我们，在强大的罗马天主教的压迫下，独立思想和经验科学研究实际全部被悲惨地埋没达十二个世纪之久。

---

① 约翰内斯·杨森（Johannes Jansen，1829—1891），德国天主教神学家和历史学家。

② 扬·胡斯（Johann Hus，1369—1415），捷克宗教改革的领袖，布拉格大学教授，捷克民族运动的鼓吹者，捷克人民的民族英雄，被控告为异教徒，被罗马教廷处火刑烧死。

教皇神圣论和基督教

我们对真正的基督教（即其创始人和高贵信徒所理解的那种意义上的基督教）表示尊敬的东西，和我们从这个"世界宗教"必然灭亡中要抢救到我们新的一元论宗教中来的东西，就是它的伦理的和社会的内容。真正人道、黄金律、容忍、博爱（用这个词所含最好的和最崇高的意义）的原则，基督教所有这些真正好的方面，虽然不是由它首先发现和提出的，但是却在古典时代趋于解体的那个危险时期得到有效发扬。可是罗马天主教懂得把一切美德变成它的直接反面，同时却把老店的招牌保留下来。代替基督之爱的是对一切异教徒的疯狂仇恨，而火和剑不但屠杀了异教徒，而且也屠杀了那些已较好地认识到要敢于反对教皇绝对权力主义迷信教条的基督教教派。欧洲到处建立起异端裁判所，传讯着无数牺牲者。他们遭受拷打时的痛苦，使那些虔诚的充满"基督兄弟之爱"的残酷折磨者感到特别高兴。教皇的权力一连几个世纪在其高位上残酷蹂躏着妨碍它统治的一切。在臭名昭著的异端裁判长托尔奎马达（Torquemada）手下（1481—1498 年），单单在西班牙就有 8000 名异教徒被活活烧死，9 万人被剥夺了财产和受到最严厉的忏悔处罚；同时在荷兰的查理五世统治下，死于宗教屠杀的至少有 5 万人。当受刑人的惨叫响彻云霄的时候，得到整个基督世界朝贡的罗马则汇集了半个世界的财富，而那些所谓上帝在尘世的代表及其同伙（其中甚至有不少极端主张无神论的）则在穷奢极欲地享受。卑鄙无耻、满身梅毒的教皇利奥十世嘲弄地说："耶稣基督的神话该给我们带来多大的好处！"同时欧洲社会状况尽管有教会纪律和敬畏上帝，却糟不堪言。封建主义、奴隶制度、君主神权论和僧侣特权统治着欧洲大陆。如果穷苦的斯巴达奴隶被准许在宗教和世俗压迫者和剥削者的王宫和寺院势力范围内建造他们简陋的小屋，他们会高兴得不得了。目前，我们还受到那种悲惨情况和时期的余痛与残痕的影响，那时从事科学和较高的精神教养几乎是绝无仅有的事，或者只有偷偷摸摸地进行。"无知、贫穷和迷信与 11 世纪开始的违反伦常的独身主义结合在一起，以便永远强化绝对的教皇权势。"（毕希纳）有人估计过，在罗马天主教的极盛时期，约有 1000 多万人成为"基督之爱"的狂热的信仰仇恨的牺牲品，还有远远超过 1000 万的人暗中牺牲于独身、告解①和良心逼迫上，这是教皇专制主义危害最广和最可诅咒的制度！那些

――――――――――

　　① 　告解：也叫"办神功"，是天主教"圣事"之一。该教称教徒应向神甫告明自己所犯的罪，并表示悔改之意，罪即可得赦免，死后不下地狱。教会规定告解的方式是秘密的，由教徒单独当面向神甫"告解"，因此，有的神甫就利用"告解"来为非作歹。

"无信仰"的哲学家们,他们收集反对有上帝存在的证明,却忽略了一个最有力的证明,这就是下面这个事实:这位罗马的"基督代理人",在十二个世纪中,被容许"以上帝的名义"干下了最令人发指的罪行和坏事,却不受惩罚。

三、宗教改革

我们爱称之为"世界史"的文明民族的历史,它的第三个主要阶段,即"新时代",经常被认为是以基督教教会的宗教改革开始的,正如第二个主要阶段,即中世纪被认为是从基督教创立时开始的一样,这样做是对的。因为随着宗教改革,被束缚的理性开始再生,科学开始再兴,它们都在罗马天主教的铁拳下受过一千二百年的暴力压制。当然,由于印刷术的关系,普通教育在 15 世纪中叶已经开始普及,而且在 15 世纪末发生了许多重大事件,这些事件连同艺术的"复兴"也给科学的复兴作了准备,其中首先是美洲的发现(1492 年)。在 16 世纪前半叶,在认识自然方面也取得了极其重要的进步,它们从根本上动摇了当时法定的宇宙观。例如麦哲伦(Fernando de Magallanes)的第一次环球航行为地球的球形提供了经验证明(1522 年),哥白尼创立了宇宙系统(1543 年)。1517 年 10 月 31 日这天马丁·路德(Martin Luther)在威丁堡王宫教堂的木门上钉上他的 95 条论纲,这同样是一个具有世界历史意义的日子,因为接着牢狱的铁门就被炸开了,教皇专制主义曾把被束缚的理性紧紧地禁锢在里面一千二百年。人们对这位在瓦特堡翻译《圣经》的伟大宗教改革家的功绩,有的夸大,有的贬低。人们也正确地指出,路德和其他宗教改革家一样,还在迷信中陷得很深。路德终身未能摆脱对《圣经》逐字逐句的刻板信仰。他热心维护死后复活论、原罪说、宿命论以及信仰免罪说等等。他斥责哥白尼的巨大精神活动为愚蠢行为,因为《圣经》中有"约书亚叫太阳停止,而不是叫地球停止"。对于当时的政治大变革,特别是伟大正义的农民运动,他一点也不了解。更坏的是日内瓦的狂热宗教改革家加尔文(Johannes Calvin),他在 1553 年叫人把才华横溢的西班牙医生塞尔维特(Michael Servetus)活活烧死,因为他反对三位一体的荒谬信仰。总之,改革派的狂热的"正教徒"可惜过于经常踏上他们的教皇的死敌而留下血痕斑斑的足迹,就像他们今天还在做的一样。遗憾的是对宗教改革的惊人的残酷暴行也接踵而至:法国巴黎屠杀新教徒之夜[①],意大利对异教徒的血腥迫害,英国的长期内战,德国的

---

① 法国巴黎屠杀新教徒之夜:法王亨利四世即位前为新教徒的首领,1572 年 8 月 24 日他在巴黎举行婚礼,大批新教徒被诱到场,当日完全遭到屠杀,亨利四世亦被拘禁。

"三十年战争"。尽管如此,16世纪和17世纪依然享有这样的荣誉:首先为有思想的人类精神开创了自由之路,并把理性从教皇统治的窒息压迫下解放了出来。只有这样,批判哲学的各学派和自然科学研究的新轨道才有可能全面展开,使接着而来的18世纪获得了"启蒙世纪"的光荣称号。

四、19世纪的伪基督教

和前几个世纪相比,我们把19世纪定为基督教历史的第四个或最近一个主要阶段。虽然在前几个世纪的"启蒙"已经从各个方面促进了批判哲学,而且自然科学的繁荣也把最强大的经验武器交给了批判哲学,但是据我们看来,19世纪在两个方面的进步却特别重大,因为这样就重新开始了人类精神历史上一个崭新的时代,它是以一元论自然哲学的发展为标志的。早在19世纪初,已奠定了新人类学的基础(通过居维叶的比较解剖学)和新生物学的基础(通过拉马克的动物哲学)。紧接着这两位伟大法国人之后的是两位堪与匹敌的德国人:作为进化史创始人的贝尔(1828年)和作为比较形态学和生理学创始人的约翰内斯·弥勒(1834年)。弥勒的一个学生特奥多尔·施旺和马·施莱登一起创立了基本细胞理论。在这以前,莱伊尔(1830年)已用自然的原因解释了地球发生史,从而证实了力学的天体演化学也适用于我们的地球。而天体演化学早在1755年已为康德的勇敢的手所描绘。最后,罗伯特·迈尔和赫尔姆霍茨(1842年)建立了能量定律,因而成为伟大的实体定律的第二个补充部分,它的第一部分,即物质守恒早为拉瓦锡所发现。1859年,查尔斯·达尔文用他新的根据最切实可靠的经验建立起来的进化论,使我们在深入洞察自然界的内在本质方面达到了最高峰,进化论是19世纪值得庆贺的最伟大的自然哲学成果。

对于这些远远超过前代的自然认识的巨大进步,近代基督教采取了何种态度呢? 首先,基督教的两大流派即保守的罗马天主教和进步的基督教新教之间的鸿沟自然愈来愈深。主张教皇绝对权力主义的教士们(与其联合的有正统的"福音传道同盟")对于自由精神的巨大进步当然要激烈抵抗。他们顽固地坚持他们严格的死板信仰,并要求理性对教条无条件投降。反之,自由基督教新教却愈来愈趋向于一元论的泛神论,并力求调和两个相反的原则。新教认为不可避免地要承认被经验所证实的自然规律和由此得出的哲学结论,但它同时企图把这种承认与一种纯化的宗教形式结合起来,在这种纯化的宗教形式中原来的教义自然所余无几了。在这两个极端之间进行着很多次妥协的尝试,却迫使愈来愈多的人相信,教条的基督教已失去任何立足点,人们只能把它有价值的伦理内容挽救到 20 世纪的新的一元论宗教中来。可是,由于盛行的基督教已有的外表形式同时继续存在,由于这些外表形式不顾进步的政治发展仍和国家的实际需要更加紧密地结合在一起,这样,就在知识界中形成了那种广泛传布的宗教宇宙观,这我们可以称之为伪基督教——其实是一种最可疑的"宗教谎言"。真正的信念和近代伪基督教虚伪教旨之间的深刻矛盾所带来的巨大危险,在马克斯·诺道(Max Nordau)的有趣著作《文明人的惯常谎言》中有中肯的叙述。

　　在盛行的伪基督教这种无耻的虚伪中,对合理的自然认识的进步极有价值的是,进步的最强大和最重要的敌人,即罗马天主教,在 19 世纪中叶丢掉了其所谓高尚精神教育的旧面具,而对独立的自然科学宣布了决定性的"你死我活的斗争"。这是在反对理性的三个重要宣战中宣布的,由于宣布得非常明确和坚决,所以现代科学和文化应对这位罗马的"基督代理人"表示感谢。(1) 1854 年 12 月,教皇宣布马利亚圣灵感孕的教条。(2) 十年后,在 1864 年 12 月,"圣父"在臭名昭著的教皇通谕中宣布整个近代文明和精神教育绝对有罪,并在附件禁书目录中列举和咒骂那些理性论题和哲学原则,而这些却是我们近代科学当作明显的真理加以承认的。(3) 最后是六年后,于 1870 年 7 月 13 日,梵蒂冈勇敢的教皇狂妄到了登峰造极的地步,他竟要求人们承认,他本人和所有他的教廷前任都是永无谬误的。五天后,那就是在 1870 年 7 月 18 日,即在法国对普鲁士宣战的同一个值得纪念的日子里,罗马教廷向已感到震惊的世界宣布了这一胜利。两个月以后,由于这场战争,教皇不义的世俗统治从此告终。

　　教皇永无谬误说

　　罗马天主教在 19 世纪的三个重要行动,是打在理性脸上的响亮耳光,这些行动本身即使在正统的天主教里一开始就引起了极大的怀疑。1870 年 7 月 13 日在梵蒂冈的宗教会议上,对于永无谬误说这一教条进行表决的时候,只有四分之三的主教,即 601 人中有 451 人表示赞成。此外还有好些主教缺席,他们对这一危险的表决宁愿弃权。不过不久就看出,聪明和通达人情的教皇比胆小的"慎重的天主教徒"估计得要正确些,因为在轻信和无知的群众中间,这个奇怪的教条尽管遭到许多怀疑,但还是得到盲目接受。罗马教整个历史——像几千种不可靠的史料和肤浅的历史文件无可辩驳表明的那样——在公正的专家看来,只不过是一部由谎言和欺诈无耻编造起来的东西而已,它是在肆意追求绝对的精神统治和世俗权势,是对真正基督教宣讲的高度伦理信条——博爱和宽容、诚实和纯洁、安贫和克己的赤裸裸的否定。如果人们对一系列教皇和罗马主教（教皇就是由主教中选出来的）用纯粹基督教道德的尺度来加以衡量的话，就可以清楚地看出，他们大多数是无耻的巫师和骗子，其中还有好些是卑劣的罪犯。这些众所周知的历史事实却没有妨碍几百万"有知识"的虔诚天主教徒至今还相信"圣父"自封的"永无谬误说"，也没有妨碍基督教新教的主教今天还到罗马去向"圣父"（他们最危险的敌人！）表示他们的敬意，也没有妨碍这位"神圣巫师"在德国国会中的仆从和同伙利用德国民族不可想象的政治上的无能，利用受到尊重的传统和随遇而安的思想势力来决定德国民族的命运！

教皇通谕和教会禁书目录

上面所举的三大暴行，是近代罗马天主教在 19 世纪后半叶企图用来挽救和巩固它的绝对统治的，其中我们最感兴趣的是 1864 年 12 月宣布的罗马教皇通谕和教会禁书目录。因为，在这些值得注意的文件中，根本剥夺了理性和科学的任何独立活动，而要求它们绝对服从"唯一造福的信仰"，换句话说就是绝对服从"永无谬误的教皇"通谕。这种胆大妄为的行动，在所有受过教育和有独立思考能力的人士中引起极大的震动，这种震动是与罗马教皇通谕的古怪内容相吻合的。它在文化和政治上的意义，德拉珀在其《宗教与科学冲突史》（1875）一书中已作了中肯的阐述。

童贞女马利亚的圣灵感孕

比罗马教皇通谕和罗马教皇永无谬误说的教条在影响和重要性上略小的，也许是圣灵感孕的教条。不过，非但罗马教会极端重视这一信条，而且一部分正统基督教新教（例如"福音传道同盟"）也是如此。所谓"纯洁誓言"，就是宣誓保证相信马利亚的圣灵感孕，这在千百万基督教徒中至今还当作神圣义务。许多信徒把它和一个双重概念联系起来，他们认为，童贞女马利亚的母亲和她本人一样，都是从"圣灵"怀了孕。这样，这位奇怪的上帝跟母亲和女儿都有最亲密的关系：因此，他势必成为他自己的岳父（萨拉丹）。近来，比较和批判的神学证明，这个神话和基督神话的绝大多数其他传说一样，都不是独创的，而是从其他古老宗教，特别是佛教那里因袭过来的。类似的传说在基督诞生前几世纪已在印度、波斯、小亚细亚和希腊广泛流传。王室公主或高贵门第的少女没有正式结婚而生了孩子，如果要加以祝贺的话，那么，往往就要请一个"神"或者"半神"，在这种情况下就是神秘的"圣灵"来做私生子女的父亲。

这种"爱情之子"与普通孩子不同的地方就在于，他们在精神上和身体上具有特殊的禀赋,而这种特殊的禀赋部分可以用遗传来加以解释。这些与众不同的"神儿"在古代和中世纪都很受人尊敬,而近代文明的道德标准却把他们没有"合法"的双亲看作是种污点。至于"神女"则情况更为严重,尽管这位可怜的女孩在没有父亲的姓这一点上是同样无辜的。此外,每一个爱好古典时代美丽神话的人都知道,所谓希腊和罗马"诸神"的子女,往往最接近纯粹人类典型的最高理想,人们只要想到众神之父宙斯的合法大家庭和非法的更大家庭就可以了。

特别是关于童贞女马利亚的圣灵感孕,我们可以从福音书本身中的证据得到解释,唯一提到这件事的两位福音传道师马太和路加都一致说,犹太少女许配给木匠约瑟,但没有和他同房就有了孕,那是从"圣灵"得来的。马太明确地说:"她丈夫约瑟是个义人,不愿意明明地羞辱她,他想要暗暗地把她休了。"只是当"主的使者"对约瑟讲"因她所怀的孕,是从圣灵来的"时,约瑟才安下心来。路加叙述得更详细,大天使加百利用下面的话向马利亚报信:"神灵要临到你身上,至高者的能力要荫庇你。"——马利亚回答说:"我是主的使女,情愿照你的话成就在我身上。"大家知道,大天使加百利的拜访和报信被许多著名画家选作有趣的绘画题材。对此斯沃博达说:"大天使说得那样坦率,幸亏无法用绘画再现。在这种情况下,只有用造型艺术来升华《圣经》的散文素材。当然也有一些画家,他们对大天使加百利的胚胎观察也完全可以用悟性来表达。"

我们在前面早已说过,被基督教会认为是唯一真书并被奉为信仰基础的四本经典福音书,是从一大堆福音书中随意挑选出来的,这许多福音书对事实叙述的相互矛盾并不亚于四本福音书的传说。教会长老自己估计,这种假的或者伪福音书不少于 40 种到 50 种,其中有些用希腊文和拉丁文写成,例如雅各、托马斯、尼哥底母福音等等。这些伪福音书关于耶稣的生平,特别是关于他的诞生和童年的叙述,比起四本经典的,即所谓"真正的"福音书应有同样多的(不如说同样少的)历史可靠性。在某一本伪福音中却记载着一段历史叙述,它大概可以非常简单和自然地解决有关基督超自然怀孕和诞生的"世界之谜"。那位历史作家用一句枯燥的话讲出了这个值得注意的故事,其中就包含了对这个谜语的解答:"一个驻在犹太的喀拉布里亚军团的罗马上尉约瑟·潘德拉引诱了一个希伯来少女,伯利恒的马利亚,他就成了耶稣的父亲。"

对这个历史的叙述,官方的神学家自然讳莫如深,因为它和传统的神话完全不相称,并且以极简单和自然的方式揭开了秘密的帷幕。因此,对这个重要的叙述加以批判的检验,就更成为客观真理研究的正当权利和纯粹理性的神圣义务。

因为这些客观真理研究和纯粹理性，要比所有其他关于基督起源的说法要更加可靠得多。由于"至高者能力的荫庇"而得到的超自然生殖，即孤雌生殖是一种纯粹的神话，我们根据众所周知的科学原理必须加以否定，因而剩下来的只有近代"合理神学"广泛传播的主张，即犹太木匠约瑟是基督的真正父亲。但是，这个假设遭到了福音书各种教条明确的驳斥。基督本人也相信他是"上帝之子"，从来不承认他的继父约瑟就是他的生父。当约瑟发觉没有和妻子同房她就怀了孕时，他原来要休了马利亚，后来"主的使者"向他梦中显灵，并安慰了他以后，他才放弃了这个念头。像在马太福音第一章强调指出的一样，等生了耶稣以后，约瑟和马利亚才开始同房。

古老的伪福音书关于罗马上尉潘德拉或潘朵拉是基督的真正父亲的说法，如果从严格的人类学观点批判地考察一下基督人品的话，那就显得愈加可信。基督通常被看作是纯粹的犹太人，但是表现出他那突出的高尚人格，并给他"爱的宗教"打上烙印的性格特点，绝不是闪米特人种的，看来更多是属于雅利安人种的，特别是雅利安人种最高贵的分支希腊人的。基督的真正父亲的名字"潘德拉"，无疑来源于希腊，在一个手稿中它甚至写成"潘朵拉"。根据希腊神话，潘朵拉是第一个被伏尔甘（火神）用泥土做成的女人，她被众神给予各种优美的禀赋并嫁给厄庇米修斯，众神之父把她随同可怕的满藏灾祸的潘朵拉盒派到人间，这就是对于带来光明的普罗米修斯从天上窃取天火（"理性"！）的惩罚！

此外，欧洲四个大基督教文明国家关于马利亚恋爱史的各种不同看法和评断也很有意义。根据日耳曼人种较严的道德观念，她的恋爱史直接遭到了否认，虔诚的德国人和道貌岸然的英国人，宁愿盲目信从"圣灵"感孕的不可能的神话。众所周知，上流社会（特别是在英国！）这种严肃的故意装出的一本正经，是同那里"上等生活"中性道德的实际情况完全不相符的。例如，二十几年前《蓓尔美尔新闻》有关的揭露，使人想起了巴比伦的情况和帝国时代的罗马。今天的罗马、巴黎和柏林也有类似的情况。

嘲笑这种一本正经并对性关系看得比较随便的拉丁语系人种，对于"马利亚的恋爱史"颇感兴趣，而"我们敬爱的夫人"恰巧在法国和意大利受到特殊的崇拜，这种崇拜经常是以罕有的天真与那种恋爱故事结合在一起的。例如保罗·戴雷拉（德雅尔丹博士）所著的《从科学、历史和社会的观点看拿撒勒的耶稣》（1894）一书，正是在基督私生这一点上发现他有一种特殊的"要求灵光之权，这种灵光可以照耀他那庄严的形象"！

我认为,在这里必须直接用客观历史科学的意义来把基督研究中的这些重要问题解释清楚,因为好战的教会本身对这非常重视,并且利用在这一基础上建立的奇迹信仰作为最有力的武器来反对近代的世界观。原始纯粹基督教的高度伦理价值,即这个"爱的宗教",对于文明史的可贵影响是和那个神话的教条毫不相干的。反之,那些神话所依据的所谓"启示",是和我们近代的自然认识的最可靠成果不相容的。

启　示

大多数宗教尽管有着形形色色的差异,却有一个共同的特点,这个特点同时也是它们在广大群众中的最强大支柱之一。这些宗教认为,生存之谜要通过理性的自然方式来求得解决是不可能的,但可以通过启示的超自然的方式解决。他们同时由此推导出教条或信条的权力,这些教条式的信条作为"上帝法令"应当安排伦理秩序和决定生活方式。这类的上帝灵感构成许多神话和传说的基础,它们的人类特殊说的渊源是非常明显的。这位"启示"的上帝,常常不是以人的形态出现,而是以雷和电、暴风和地震,以着火的灌木或恐怖的云出现的。但是上帝给予虔诚人们的启示在任何情况下都是当作传达一种观念或命令来拟人地想象的,正如这些观念和命令只有通过人的大脑皮层和喉头才能正常地构思和说出来的一样。在印度和埃及宗教中,在希腊和罗马神话中,在犹太教经典中,在《旧约全书》和《新约全书》中,神完全和人一样地思想、讲话和行动,而那些企图给我们揭露生存的秘密和解决玄秘的宇宙之谜的启示,则是人类幻想的虚构。信徒在那里面找到的真理是人的捏造,而对于那些悖理的启示的"天真信仰"则是站不住脚的迷信。

真正的启示,也就是说理性认识的真正来源,只有在自然里才能找到。丰富的真正知识是人类文明最宝贵的部分,它唯一只来自于经验,这种经验是由研究的悟性通过自然认识和推论获得的,而这种推论也是由研究的悟性通过这种经验观念的正确综合所构成的。每一个有正常头脑和正常感官的有理性的人,只要公正地观察就可以从自然界汲取真正的启示,而使自己从宗教启示所强加给他的迷信中解放出来。

补充（1908 年）

　　最近卡尔特霍夫和普鲁莫斯在他们的杰作《基督教的起源》(耶拿,1904)一书中,以高度的概然性证明了基督是一个虚构的理想形象,而作为历史人物却从来不曾存在过。卡尔·福勒斯的《世界宗教的历史联系》(耶拿,1907)一书根据客观的十分仔细的历史研究,进行了批判比较的探讨,从而说明基督教是如何从一种东方古老宗教的混合物发展而来的。

第十八章　我们的一元论宗教

关于理性宗教及其与科学协调的一元论研究

真、善、美的三个教育理想

> 谁占有科学和艺术，
>
> 他也就有了宗教！
>
> 谁不占有前两者，
>
> 他或许有宗教。

歌　德

> 问我信奉哪种宗教吗？
>
> 不信任何一种！
>
> 为什么一种也不信？
>
> ——由于宗教的原因！

席　勒

> 正如世界还要存在亿万斯年，
>
> 净化了泛神论的斯宾诺莎主义
>
> 也将永垂不朽。
>
> 孤立自主的理性
>
> 决不导致别的任何东西，
>
> 而且也不可能导致别的东西。

利希滕贝格（Lichtenberg）

近代许多很著名的自然科学家和哲学家都持有一元论的观点，他们一般都把宗教看成是一件已经结束了的事情。他们认为，对世界发展有一种鲜明的观点是 19 世纪在认识方面的巨大进步，这不仅完全满足了我们理性的因果需要，而且也完全满足了我们情感的最高度的需要。倘若说一元论的完全鲜明和前后一贯的见解事实上将宗教与科学两个概念融合为一的话，这种观点在某种意义上是正确的。不过只有少数坚定的思想家为斯宾诺莎和歌德这一最高最纯的见解而奋斗，而当代大多数学者（除了没受过教育的人民大众以外）都坚持这样的观点：宗教是一种独立的与科学无关的精神生活领域，其价值与必要性较之科学有过之而无不及。

假如我们采取这一立场，那我们可以用一种解释来调和似乎分离的两大领域。这一点我于 1892 年在阿尔登堡的演说《一元论是宗教与科学之间的纽带》中曾经讲过。在《一个自然科学家的信条》那本书的序言中我曾以以下的话阐明了纽带的双重目的："首先，我想以此来表达那种合乎理性的世界观，它是由具有逻辑必然性的统一的自然认识的最新成就迫使我们接受的；几乎所有公正而有思考能力的自然科学家的内心深处都有这种世界观，即使只有少数几个人有勇气或者需要加以公开承认。其次，我想以此作为连接宗教与科学之间的纽带，从而消除它们之间的对立，在人类最高精神活动的两大领域之间没有必要来保留这样的对立。我们情感的伦理需要也和我们悟性的逻辑的因果需要一样，都可以通过一元论来得到满足。"

阿尔登堡演说的强烈反响表明，我以一元论的信条不仅讲出了许多自然科学家的信条，而且也讲出了各行各业许多有教养的男人和女人的信条。我不仅受到几百封表示赞同的信件的鼓励，而且那篇演说也得到广泛传播，它在六个月内再版了六次。我于 1892 年 10 月 9 日在阿尔登堡举行的德国东部自然科学学会成立典礼上所作的那篇没有准备的自由即席演说，原来就是那种信条，它取得了出乎意外的成功，我对这一点必须作更高的评价。当然来自另一方的必然反对也很快接踵而至。我不仅受到罗马天主教主张教皇绝对权力主义的新闻界最猛烈的攻击，受到死心塌地的迷信卫道者最猛烈的攻击，而且还受到那些自称既代表科学真理又代表启蒙信仰的基督教新教"自由"战士的攻击。自此以后，在那动荡不定的流逝的岁月中，现代自然科学与正统基督教之间的大斗争愈演愈烈，基督教新教由于精神和政治上日趋反动而得到越来越强有力的支持，所以这种斗争对自然科学就更加危险。在好些邦里，这种反动已经蔓延很广，甚至连有法律保障的思想与良心自由实际上也受到了严重的损害（比如目前在巴伐利亚州）。约翰·德拉珀在其《宗教与科学冲突史》一书中曾出色描写的这场伟大的世界史上的精神斗争，事实上今天已经达到空前的尖锐和重要。因此自 1872 年以来，人们就把这场斗争正确地称之为"文化斗争"。

文　化　斗　争

1864 年,好斗的教皇庇护九世向全世界发布著名的附有禁书目录的教皇通谕,其实是向整个现代科学宣战。通谕要求理性盲目服从"永无谬误的基督代理人"的教条。这种对文明人类最宝贵财富来说空前残暴的行径,把许多麻木不仁的好心人从他们习以为常的信仰的酣梦中推醒。教皇通谕以及后来(1870 年)宣布的教皇永无谬误说激起了广泛的骚动和大有希望的强烈反抗。新德意志帝国在 1866—1871 年的战斗中付出了重大牺牲,才赢得了不可缺少的民族统一,在那里,人们对教皇的无耻暴行更有切肤之痛,因为德国一方面是宗教改革和现代精神解放的发祥地,另一方面令人痛心的是,它在 1800 万天主教徒中有一支强大好斗的教徒队伍,他们对主教命令的盲目服从是任何其他文明民族都无法驾凌其上的。基督对彼得说:"给我牧羊!"而彼得的继承人却将"牧"译成"剪"。我们伟大的政治家明察秋毫,他一眼就看出了其中所包藏的祸心。他解开了德意志民族分裂的"政治之谜",并用令人敬佩的政治手腕把我们引导到大家所渴望的民族统一和强盛的目标。俾斯麦[①]公爵于 1872 年开始进行由梵蒂冈挑起的值得纪念的文化斗争,这场斗争是由出类拔萃的教育大臣法尔克[②]通过"五月法"(1873 年)机智而坚决地加以领导的。不幸的是六年之后"五月法"不得不废止。虽然我们最伟大的政治家是一个出色的懂得人情世故的人和聪明务实的政治家,然而他却低估了三大阻力的威力:首先是罗马教廷登峰造极的狡诈奸恶和昧着良心的背信弃义;第二是没有受过教育的天主教教徒无以复加的愚昧轻信,而罗马教廷就是靠他们支持的;第三是得过且过和荒谬无理的因循苟且势力。教皇利奥十三世即位之后,在 1878 年已不得不困难地重演"到卡诺萨去"[③]的事件。自此以后,梵蒂冈新加强的势力就愈加强大,这一方面是由于圆滑的耶稣教策略所玩弄的无耻的阴谋诡计,另一方面是由于德意志帝国政府奉行错误的教会政

---

① 俾斯麦(Otto Bismarck,1815—1898),普鲁士王国和德意志帝国首相,容克地主的代表,以强硬手段实现了德国的统一,被称为"铁血宰相"。1878 年颁布了《反社会主义者非常法》。

② 法尔克(Adabelt Falk,1827—1900),普鲁士政治家,俾斯麦的密切合作者,担任教育大臣。

③ "到卡诺萨去":卡诺萨是意大利北部的一个城堡。1077 年 1 月,被开除教籍和废黜帝位的所谓"神圣罗马帝国"皇帝亨利四世,在这里卑躬屈膝地哀求他的敌人罗马教皇格列高利七世恕罪。因而"到卡诺萨去"这句话就转义为对敌人卑躬屈膝。

策,以及德意志人民在政治上令人吃惊的无能。为此,我们在 19 世纪末不得不亲身经历那可耻的一幕:所谓"中央党在德意志帝国国会中操了胜券",我们屈辱的祖国的命运由一个没有教养的教皇党所支配,而他们的人数还不到我们整个人口的三分之一。

当 1872 年德国文化斗争开始的时候,所有具有自由思想的人都有充分理由把它当作宗教改革在政治上的复兴来加以欢迎,把它看成是把现代文化从教皇的精神暴政桎梏下解放出来的强有力的尝试。整个自由的新闻界都将俾斯麦公爵颂扬为"政治上的路德",颂扬为非但为民族统一并且为德国精神解放赢得胜利的伟大英雄。十年之后教皇取胜了,同一个"自由的新闻界"却来个 180 度的大转弯,宣称文化斗争是一个巨大的错误,并且直到今天还是唱着这个调子。这一事实只表明,我们的报纸撰稿人是何等健忘,其历史知识是何等贫乏,其哲学素养又何等欠缺。所谓"国家与教会的媾和"始终不过是一种休战。当代教皇神圣论死抱住一千六百年来所遵循的专制条文不放,企图和一定要保持对轻信灵魂的独裁统治,它就一定要求代表理性与科学权利的文明国度完全屈服。只有当两个搏斗者中的一个倒地败北,然后才能有真正的和平!要么是"唯一造福的教会"取胜,那就是"自由科学与自由学说"的彻底终止,于是我们的大学就变成神学院,中学变成修道院附属学校;要么就是现代的理性国度取胜,这样,人类的教育、自由和福利就会在 20 世纪里高度向前发展,比 19 世纪里的可喜收获还大。

为了达到这一崇高目标,最重要的是,现代自然科学不仅要粉碎迷信的幻境,清除道路上迷信的杂乱瓦砾,而且要在变得空旷的建筑场地上为人类意志建立起一座新的起居舒适的大厦——理性的宫殿,在里面,我们可以凭借我们新获得的一元论世界观对 19 世纪真正的"三位一体",即"真、善、美"三位一体,表示虔诚信奉。为了使得对这个神圣理想的崇拜可以捉摸,首先必须分析基督教盛行的宗教形式,看到力求以真、善、美来取代基督教所发生的变化。基督教(就其原始的纯粹形式而论!)尽管有许多谬误与缺陷,但是还有高度的伦理价值,它首先自 1500 年以来就与我们文明生活最重要的政治与社会制度如此紧密地结合在一起,以致我们在创立一元论宗教时必须尽可能依靠现有的设制。我们不要暴力革命,而要宗教精神生活的合理改革。两千年前古希腊人的古典诗歌借助于神的形象来使其道德理想具体化,我们也可以采取类似的方式,给我们三个理性理想赋以崇高女神的形象。我们试图探索如何按我们的一元论来塑造真、善、美这三个女神的形象。此外，我们还想进一步研究一下，真、善、美与要由它们来取代的基督教相应理想之间的关系。

一、真的理想

鉴于上述论证（特别是第一节和第三节），我们深信，纯粹真理只能在自然认识的庙堂中找到，而通向这一庙堂的唯一可行道路乃是批判的"观察与沉思"，就是经验地研究事实与合理地认识它的动因。这样，我们借助于纯粹理性就能得到真正的科学——文明人类的至宝。根据第十六章中业已阐明的重要原因，我们必须拒绝任何所谓"启示"，任何信仰杜撰，后者认为，通过超自然的途径才能认识真理，而我们的理性是不足以发现真理的。由于犹太基督教以及佛教等的整个信仰大厦都是建立在这种所谓启示的基础之上的，此外，由于这些神秘幻想的产物都直接与明确的经验的自然认识相违背，所以，只有通过真正科学的理性活动，而不是借助于神秘信仰的幻想杜撰，才能确切地得到真理。在这方面，显而易见的是，基督教的世界观要由一元论的哲学来取代。真理的女神下榻于自然的庙堂，常青的森林，蔚蓝的海洋，白雪皑皑的高山之巅——而不是修道院的郁闷厅堂，神学院的狭小囚室，也不是香烟缭绕的基督教堂。我们接近真理与知识的庄严女神的道路，就是对自然及其规律进行亲切的研究，对无限巨大的星球世界用望远镜来观察，对无限微小的细胞世界用显微镜来观察——而不是无意义的礼拜，无思想的祈祷，不是赎罪的供物和捐献。奉献给真理女神的珍贵礼品，乃是认识之树的丰硕成果和明确统一世界观的彻底胜利——而不是信仰超自然的"奇迹"和"永生"的幻境。

二、善的理想

永恒的善这一神圣理想与永恒的真的情况完全两样。认识真理要完全排除教会的启示，只能依赖于自然的探索，而我们一元论宗教的善的实质（我们称之为道德）则与基督教的道德基本上相吻合。当然，我们所说的基督教是最初三个世纪的原始纯粹的基督教，其伦理学说载于福音书与保罗书中——而绝非梵蒂冈予以歪曲的那种纯粹道德学说，它在其统治的一千二百年间给欧洲文化带来了无穷的祸害。我们所要保留的基督教道德的精华乃是仁爱、容忍、同情和助人这些人道的训诫。只是这些被人们综合为"基督教道德"（以最好的意义而言！）的高贵道义绝不是基督教的新发明，而是被基督教从更古老的宗教形式那里采用来的。实际上将这些训诫概括成一句话的"黄金律",要比基督教早几百年。在生活实践中,这些自然的伦理道德常常为无神论者和非基督徒所谨慎遵奉,而虔诚的基督徒却不屑一顾。此外,基督教的伦理学说还犯有一个大错误:片面强调利他主义,而鄙弃利己主义。我们一元论伦理学却两者并重,博爱和自爱保持正确平衡才是完满的道理。

三、美的理想

在美的范畴中,我们一元论和基督教有着最大的矛盾。原始纯粹的基督教宣扬尘世生活毫无意义,只是将它看作为"来世"永生作准备。这样,就直接得出了如下的结论:"今世"人生所呈现的一切,在艺术和科学中,在公共生活和私人生活中,所有的美都没有价值。一个真正的基督徒一定要逃避今世,而只是想为来世作准备。蔑视自然,防止自然的无穷诱惑,鄙弃任何一种美的艺术,乃是真正基督徒的义务。如果一个人遁迹人世,苦志修行,在修道院或遁隐庐舍中专门"祈祷上帝",就算最完满地完成了这些义务。

文明史告诉我们,这种蔑视自然、苦志修行的基督徒道德,自然会引起完全相反的效果。修道院——贞洁和道德之家——很快就变成了放荡淫秽的罪恶渊薮,教士与修女私通发生了浪漫的关系,文艺复兴的文学对此曾作过十分逼真的描写。修道院中所行的对"美"的崇拜与基督教所宣扬的"厌世"产生了尖锐的矛盾,天主教高级教士放荡不羁的私生活以及基督教堂和修道院的艺术装潢则是一样,都穷奢极欲到了极点。

基督教的艺术

人们可能援引基督教艺术之美来反驳我们的看法。的确,特别是在中世纪的黄金时代,基督教艺术创造了不朽的作品。庄严华丽的哥特式和拜占庭式的会议厅,数以百计的绚丽教堂,数以千计的基督教圣徒和殉道者的大理石雕像,数以百万计的漂亮的圣徒画像,感人至深的有关基督与圣母马利亚的绘画——所有这一切都证明中世纪独树一帜的美的艺术的高度发展。所有这一切造型艺术和诗歌艺术的雄伟纪念碑都有很高的美学价值,尽管我们认为其中含有"真理与杜撰"的混杂。然而,这一切和纯粹的基督教义又有什么关系呢?和厌世的示教有什么关系呢?它对一切尘世的荣华富贵、一切物质的美与艺术加以鄙弃,它将天伦之乐和闺房之爱置之不顾,它宣扬的是唯一关心"永生"的非物质财富。"基督教艺术"的概念本身就是一个矛盾。富有的主教虽然提倡这种艺术,但他们别有用心,而且也都如愿以偿。他们将中世纪人类精神的整个志趣与努力全都引向基督教教会及其独特的艺术,同时他们却不去注意自然和不去认识其中隐藏着的能导向独立科学的宝藏。此外,每天到处看见大量陈列的圣徒画像、"圣史"的叙述等,都使虔诚的基督徒时刻不忘教会幻想所搜集起来的丰富传说。教会传说冒充真的故事、奇谈怪论冒充真实事件而为人所相信。毫无疑问,在这一点上,基督教艺术对普通教育,特别是对巩固信仰,有着无与伦比的影响,这种影响至今对整个文明世界还始终不衰。

一元论艺术

造型艺术的新形式直到 19 世纪才与自然科学一同兴起,它与那种盛行的基督教艺术形成鲜明的对照。我们应该感谢自然科学的是,我们世界知识的惊人扩大,无数美丽的生命形式的发现,在我们的时代唤起了一种与以往迥然不同的美学观点,并为造型艺术指出了一个新方向。对未知大陆与海洋的频繁科学旅行以及大规模探险,在 18 世纪已经开始,但更多的是发生在 19 世纪,这些旅行和探险意外地发现了丰富的陌生生物,新的动植物种类不久就增加无数,其中(特别是以前为人们所忽视的低级种类)有几千种美丽有趣的形态,这对绘画、雕刻、建筑以及工艺都是崭新的题材。在这个意义上日益扩大的"显微研究"在 19世纪后半叶开拓了一个全新的世界,特别是发现了奇妙的深海居民,它们由于著名的"挑战者号"环球考察(1872—1876 年)才得见天日。数千种绚丽的放射动物和苔藓虫类、漂亮的水母和珊瑚、奇异的软体动物和蟹等意外丰富的前所未见的形态,都一下子展现在我们的眼前,其别具一格的美及花样的繁多要远远胜过人类幻想所创造的艺术品。《"挑战者号"航海考察科学成果报告》有五十巨册,关于那些美丽形象的插图有三千幅。同样,在许多其他伟大的优秀著作(包括最近几十年迅速增长的动植物文献资料)中所描绘的美丽生物数以百万计。在我的《自然界的艺术形态》一书中,我选出很多这一类美丽动人的形象,以便广为流传。

世界壮丽的景色向每个人都敞开了它的大门,要想鉴赏,用不着长途跋涉,也无须购置昂贵的书籍,只要放开眼界,运用感官,也就可以了。周围的自然界,到处都向我们呈献出极其丰富的各种美丽有趣的对象。一枝藓、一根草茎、一个甲虫、一只蝴蝶,只要详加研究,即可发现其美,而人们对这却往往容易忽视。此外,如果我们用一个放大镜加以低倍放大来观察,或者更进一步,如果我们应用一个好显微镜加以高倍放大,我们就可以在有机界中,到处发现充满无穷魅力的崭新世界。

无论是对自然界中小的和最小的、还是对大的和最大的审美观察，都是 19 世纪才给我们打开了眼界。在 19 世纪初还流行着这样一种看法：崇山峻岭虽然壮丽，然而令人敬畏；大海大洋虽然浩瀚，然而令人惧怕。现在，在 19 世纪末，大多数有教养的人——特别是大城市的居民，都很幸运，每年有几个礼拜的假日去欣赏阿尔卑斯山的壮丽景色和晶莹灿烂的冰川，或陶醉于浩瀚碧海和沿岸优美的风景。所有这一切高雅的自然欣赏的源泉，只是在最近才展示出了它的全部妙处，并变得平易近人。因交通惊人的日趋便利和迅速，即使贫民也有机会结识大自然。所有这一切美学上的自然欣赏的进步——同时也是科学上自然认识的进步——意味着人类更高的精神教育上的许多进步，这同时也是适用于我们合理的一元论宗教的进步。

风景画与画报插图

我们自然主义的世纪与以往人类特殊说的世纪的对立，特别表现在对形形色色自然对象的解释的不同评价与传播上。在我们的时代，人们对自然对象用绘画描写表现出前所未有的兴趣，技术与交通的惊人进步更增进了这种兴趣，使绘画流传得更广。为数众多的画报在传播普通教育的同时，又传播所有领域中无限自然之美的意义。特别是风景画，在这里取得了前所未有的价值。早在 19 世纪上半叶，我们最伟大和最多才多艺的科学家之一，亚历山大·洪堡就已指出："现代风景画的发展不仅是对自然研究的刺激剂，是极重要的地理学的直观教具，而且另一方面它又被尊为高贵的教育手段。"自此以后，上述意义就明显地获得了进一步的发展。每一个学校的任务应该是很早就指导儿童欣赏风景，学习大有益处的艺术，通过绘画与水彩画来加深他们对风景的记忆。

现代的自然欣赏

自然界的美与伟大是无穷无尽的宝藏，它向每一个有眼睛和有审美观的人贡献出源源不断的绝妙赠品。直接鉴赏每一个个别的赠品固然值得，固然令人心旷神怡，要是能认识其意义及其与自然界其他部分的联系，那么价值则更高。亚历山大·洪堡于 1845 年在其伟大著作《宇宙》一书中提出了"一张自然世界志草图"，他在他可以作为标准的"自然观"中，将科学的观点和美学的观点巧妙地结合在一起，所以他有理由强调，在高雅的自然欣赏和对"自然规律的科学阐发"之间结合得多么紧密，并且把两者加以统一多么有助于将人类提到完美的更高阶段。观察满布星斗的天空和一滴水中的显微生命，我们就会赞叹不止；研究运动物质中能的奇妙作用，我们就会满怀敬畏之情；崇拜宇宙中无所不包的实体定

律的价值,我们就会肃然起敬——凡此种种都是我们感情生活的组成部分,都与
"自然宗教"的概念相符。

诗歌和音乐

耳朵之于音乐就像眼睛之于造型艺术,是最高尚的享受源泉。通过与最高
级精神活动的多方面联想(大脑皮层神经元的令人惊叹的工作),这两种"审美的
感官"是高度进化的文明人最宝贵的精神工具。音乐与诗歌不可分,两者一起利
用自然认识新获得的丰富财富,陶冶我们的情感,并成为我们自然的一元论宗教
的一个重要领域。诗歌的源泉无穷无尽,音乐与诗歌大大抵偿了宗教信仰失去
的财富,这在达维德·施特劳斯的思想丰富的著作《旧信仰与新信仰》一书中有
着详尽的阐述。

今世和来世

近代对真的认识,对美的鉴赏,都取得了明显的进步,这对我们的一元论宗
教来说是可贵的支持,而和基督教则是对立的。因为一元论宗教认为,人类的精
神生活在已知的"今世",而基督教却认为是生存于未知的"来世"。我们一元论
说,我们都是地球上必死的孩子,一代或两代,至多三个"世代"有幸在今世享受
地球上的快乐,欣赏那无穷无尽的美和认识自然力的奇妙变幻。而基督教的主
张却相反,认为尘世是痛苦的深渊,我们在尘世中必须暂时经历忧患苦难的磨
炼,才能超度"来世",以享永生之福。"来世"处于何方,永生之福如何取得,没有
任何"启示"向我们谈起。"天堂"对人来讲像是一幅蓝色的天幕,张盖在盘状的
地球之上,成千的星斗用那闪烁不定的灯光照耀着大地,于是人类的幻想便驰骋
起来,说什么在那天宫之内天上的众神大摆神宴,或者烈士堂的居民共享盛筵之
乐。然而近来这些神祇们以及和他们一起共享盛宴的"不死的灵魂"却产生了达
维德·施特劳斯所描写的明显的"房荒"。我们现在通过天体物理学知道,无限
的空间充斥着不能享用的以太,数以百万计的天体按照永恒不变的规律在宇宙
空间运动不息,一切都要经历永恒的伟大的"生与灭"的过程。

一元论教堂

人们把满足宗教情感需要并供奉崇拜对象的祈祷场所称之为神圣的"教堂"。信奉佛教的亚洲的宝塔,古典时代的希腊庙宇,巴勒斯坦的犹太教堂,埃及的清真寺以及南欧的天主教大教堂、北欧的基督教新教教堂——所有这些"神殿"都是为了使人们摆脱现实日常生活中的痛苦与烦恼,进入一个神妙与诗意的高尚理想的境界。它们为了达到这一目的,可以用上千种教堂的形式,这都是由不同的文化形式与时代环境所决定的。拥有"科学与艺术"——同时也有宗教信仰的现代人,不需要什么特别的教堂,不需要狭小封闭的场所。在那自由的自然界里,在目光所及的无限宇宙或无限宇宙的一部分中,到处都是残酷的"生存斗争",除此以外,还有那"真、善、美";他在那壮丽的自然界本身到处都可以发现他自己的"教堂"。不过为了适应许多人的特别需要,在华丽的庙宇或教堂中另外再备有礼拜场所,作为闭门思过之用。自16世纪以来罗马天主教将许多教堂变为新教教堂,在20世纪,大部分新教教堂同样要变为一元论的"自由教区"。

补充（1908 年）

我们合理的一元论的自然界宗教和占统治地位的二元论教堂宗教间不可避免的斗争,或迟或早必定以前者的胜利而告终——至少在真正文明的国家里是如此! 启蒙运动和更高水平的教育正在缓慢然而是不断地取得进步,无论是保守政府和与它相勾结的教士的政治势力,还是传统迷信和随意的"来世杜撰"的思想统治,都不能长期阻挡这种进步。所以,我们对1908年建立的开普勒协会的猛烈攻击处之泰然,它徒劳地想使自然认识的巨大进步与基督教教会教义的二元论教条调和起来。在20世纪初,批判的神学本身就已摧毁了基督教的历史基础,并认为基督这个人只是宗教杜撰的美丽的理想形象,如此,我们一定要以真、善、美这三大不朽的教育理想来将基督取而代之。

第十九章　我们的一元论伦理学

关于伦理学基本规律的一元论研究

自爱和博爱并重

利己主义和利他主义的平衡

基督教道德的错误

国家、学校和教会

　　树不是一砍就倒的。尽管我对那陈腐的伦理习惯所给予的打击已远非第一次，可是我还难以断定：这是否就是最后的一次，我是否能亲眼看到这棵树倒下。如若我能成功地运用其他威力更大的斧头向同一个方向砍去，那就使我最大的奢望得到满足。我一刻也不怀疑，这棵树总有一天要倒下的，双重性格的想象一旦提供一个安身之所，对人的统一性的道德也会得到适当的归宿。

卡纳里
1891 年

　　实际生活向人们提出一系列一定的伦理要求，只有当这些要求完全符合理性世界观时，它们才能正确合理地得以实现。根据我们一元论哲学的这一原则，我们整个伦理学与统一的宇宙观有着合理的内在联系，这种统一的宇宙观是通过对自然规律的不断认识而取得的。一元论认为，整个无限的宇宙是一个巨大的整体，人类的精神生活与伦理生活只是这个宇宙的一部分，因而它合乎的自然规律也应该是统一的。不存在两个不同的相互分离的世界，即肉体的物质的世界和道德的非物质的世界。

　　大多数哲学家与神学家到今天对这一点还有着完全相反的意见。他们大都同意伊曼努尔·康德的意见：伦理的世界完全不依赖于物质的世界并服从完全不同的规律，正因为如此，作为道德生活基础的人类伦理意识，也完全不依赖于科学的世界认识，而更多地依赖于宗教信仰。按照以上观点，通过虔诚的实践理性即可达到伦理世界的认识。而对自然或物质世界的认识则相反，只有通过纯理论的理性才可达到。康德哲学中这种鲜明和自觉的二元论是其最大的最严重的错误,它带来了无穷的祸害,直至今天还流毒很深。批判的康德首先建造了宏伟的令人赞叹的纯粹理性宫殿,并明确指出,在宫殿里没有地方可以容纳三大形而上学的中心教条,即人格化的上帝、自由意志和不死的灵魂,甚至对其现实性也根本找不到合理的证明。后来,教条的康德在这座真实的纯粹理性的水晶宫旁边又建造了闪耀着光辉理想的实践理性的空中楼阁,其中有三个庄严的神座作为三大神秘神祇下榻的地方。用理性的知识将它们从前门赶出去,又用荒谬的信仰将它们从后门放进来。

康德在他信仰大教堂的圆顶上面,加上一个奇异的偶像,即著名的无上命令。无上命令认为,这种普遍伦理的要求是完全无条件的,并不考虑任何现实与可能性。它宣称:"随时都要按照同时作为普遍立法原则的公理(或你的意志的主观法则)去行动。"若果真如此,每一位正常的人都应该像任何其他的人一样,有同样的责任心。现代人类学无情地粉碎了这一美丽的梦想,它指出,原始民族的责任与文明民族的大不一样。我们所视为不可饶恕的罪行或邪恶可怕的风俗习惯(偷窃、欺骗、谋杀、通奸等),另外一些民族在某种情况下却认为是值得称颂的美德,甚至将其看作是迫切的道义。

康德的两种理性的明显矛盾,纯粹理性与实践理性的原则对立,虽然早在 19 世纪初就被识破,并受到驳斥,可是直至今天还依然广泛流行。近代新康德学派之所以在现在还大声疾呼"回到康德那里去",恰恰是由于二元论正中他们下怀,好战的教会也给予最热情的支持,因为教会本身的神秘信仰与它相得益彰。直至 19 世纪后半叶,现代自然科学才使康德的二元论遭到重大失败,实践理性学说的前提也因此摇摇欲坠。一元论宇宙学根据实体定律证明,并没有什么"人格化的上帝";比较心理学与个体发生心理学表明,"不死的灵魂"是不可能存在的;一元论哲学则证实,"自由意志"是虚妄的假说。最后,进化论明确无误地证实了,无机界的"永恒的铁的自然规律"同样也适用于有机界和道德领域。

我们现代自然认识对于实践哲学和伦理学不仅起着消极的作用,因为它摧毁了康德的二元论,而且还起着积极的作用,因为它用伦理一元论的新大厦来取而代之。现代自然认识表明,人类的责任心并非依据虚妄的"无上命令",而是立足于所有群居高级动物所共有的社会本能的现实基础之上。它认为道德的最高目标乃是建立利己主义和利他主义、自爱和博爱之间的健全的和谐。伟大的英国哲学家赫伯特·斯宾塞是一元论伦理学的先驱,他首先以进化论创立了一元论伦理学。

利己主义和利他主义

人类是社会性的脊椎动物,因此也像所有的社会性动物一样具有双重不同的责任,一是对自己,一是对其所属的社会。前者是自爱的戒律(利己主义),后者是博爱的戒律(利他主义)。这两条天然的戒律是完全对等、同样自然和同样不可缺少的。人要想在有秩序的社会中生存,并过得舒适,那他不仅要追求个人的幸福,而且也要为其所属的集体、为构成这一社会团体的"他人"的幸福而奋斗。他务必认识到,集体的发展也是他个人的发展,集体的灾难也是他个人的灾难,这一社会的基本法则是如此的简单明了,如此的天然必要,所以人们很难设想,它们之间在理论上和实践上竟发生了矛盾,而且几千年来,一直到今天,都在矛盾着。

利己主义和利他主义的等值

这两种自然本能的并重,自爱和博爱的道德平衡,是我们道德最重要的基本原则。按照这一基本原则,所有合理的伦理学的最高目的非常简单,就是建立"利己主义和利他主义、自爱和博爱之间的自然平衡"。黄金伦理律说:"你们愿意人怎样待你们,你们也要怎样待人。"根据基督教这一最高信条不言而喻的是,我们对己对人都有同样神圣的责任。我于 1892 年在我的《一元论》一书中曾阐发了我对这一基本原则的见解,并特别强调三个重要的论点:(1)两种相互竞争的本能都是自然法则,它对家庭与社会的存在都是同样重要和同样必需的。利己主义使个体的自我保存成为可能,利他主义又使由一系列暂时的个体组成的族和种得以保存。(2)社会组织使合群的人们负起了社会责任,而社会组织也就是靠这种社会责任才得以保存,所以,社会责任只是为所有高级群居动物所共有的社会本能的更高进化形式(成为可遗传的习性)。(3)对文明人类来说,一切伦理学——理论的和实践的伦理——作为"规范科学",都与世界观从而也与宗教有着密切的关系。

伦理学基本法则（黄金伦理律）

只要承认我们道德的基本原则，则可直接得出道德至高无上的戒律，即现在通常称为黄金伦理律或简称为"黄金律"的那种道义。基督用一个简单的论点复述了这条黄金律："爱人如己。"福音原著者马可又正确地补充道："再没有比这两条戒律更大的了。"而马太说："全部法律和先知都取决于这两条戒律。"在这最重要最崇高的一点上，我们一元论伦理学与基督教的伦理学是完全一致的。只是我们应该补充这样一种历史事实，即这一至高无上的基本法则的提出，并不像大多数基督教神学家们所说的那样，也不像那些无批判的信徒们盲目信以为真的那样是基督的功绩。恰巧相反，这条黄金律要比基督早五百多年就被希腊与东方许多不同的贤哲公认为最重要的伦理律。公元前 620 年，希腊的七贤之一、密提利那的庇特科斯①曾说："不要对人做你会归罪于他的事。"伟大的中国哲学家孔子（他否定灵魂不死和人格化的上帝）曾于公元前 500 年说过："己所不欲，勿施于人。"亚里士多德于公元前 4 世纪中叶曾说："我们对待他人就像我们希望他人应该对待我们的那样。"其他如泰勒斯、伊索克拉底②、亚里斯提卜③、毕达哥拉斯④学派的塞克斯都（Sextus）以及其他古典时代的哲学家——在基督诞生前几百年已说过诸如此类的话（对照萨拉丹的重要著作《耶和华全集》）。从这些比较中可以看出，黄金律是多源发生的，就是说，是在不同的时代、不同的地方由很多哲学家不谋而合地提出来的。此外，人们不得不认为，耶稣的黄金律都有其东方渊源（汲取古老的闪米特族、印度、中国传统，特别是佛教的学说），正如绝大多数其他基督教教义现在都已被证实一样。萨拉丹用以下的话总结了现代批判神学的有关成果："耶稣所教导的合理而实用的道德原则在他以前无非都已为别人所讲过（泰勒斯、梭伦⑤、苏格拉底、柏拉图、孔子等）。"

---

① 庇特科斯（Pittakos，约前 648—约前 570），古希腊七贤之一。

② 伊索克拉底（Isokrates，前 436—前 338），古雅典雄辩家，教授修辞学，后从事政治活动，主张发动反波斯战争以缓和希腊的社会危机。

③ 亚里斯提卜（Aristippus，约前 435—约前 360），古希腊哲学家，认为事物是客观存在的，但感觉是主观的，不能认识事物的真相，提倡享乐主义的伦理学原则。

④ 毕达哥拉斯（Pythagoras，约前 580—前 500），古希腊数学家。

⑤ 梭伦（Solon，前 638—前 559），古雅典立法家，在人民群众的压力下制定了许多反对世袭贵族的法律。

基督教伦理学

如前所述,这一伦理的基本原则两千五百年以来一直存在,而且基督教又将它作为最高的包罗一切的戒律奉为伦理学之首,所以在这一重要观点上,我们的一元论伦理学不仅与任何古老无神论的伦理完全相符,而且也和基督教的伦理完全符合。令人痛惜的是,由于福音书和保罗书包括得有许多与那第一个最高戒律相矛盾的其他伦理,从而使得那种可喜的和谐受到了破坏。基督教的神学家们妄想通过巧妙的解释来消除这些明显的令人痛心的矛盾,然而却徒劳无益。因此我们无须加以深入论证,但必须简述一下基督教学说那些令人痛惜的方面,这些方面是与现代较好的世界观不相容的,是对实际结论全然有害的。属于这方面的是基督教道德对于个人、肉体、自然、文化、家庭以及妇女的轻视。

一、基督教对自我的轻视

我们把牺牲自我而过分强调博爱,看作是基督教伦理学中断然违背黄金律的极大错误。基督教在原则上是反对和鄙弃利己主义的,然而,这种自我保存的本能是绝对不可缺少的,甚至可以说,似乎是其反面的利他主义从根本上来说是一种改良了的利己主义。没有利己主义,没有使我们做出重大牺牲的热情,任何时候也不会有伟大高尚的事业。只是应该鄙弃那种过度的利己主义。我们在幼年时代作为最重要的戒律铭记在心并为几百万布道者宣讲得天花乱坠的那些基督教戒律,可以归结为一句话:"要爱你们的仇敌,为那逼迫你们的祷告。"这一戒律是很理想的,然而实际上它的价值很值得怀疑。还有这样的一种教导也同出一辙:"人家拿了你的上衣,你要把外套也给他。"用现在的话来讲:"一个无赖之徒诈取了你一半的财产,那你也要把另外一半送给他。"此外,个人可嘉许的理想的利他主义道德与人类社会现实的纯粹利己主义道德之间,特别是与基督教文明诸国之间有着明显的矛盾,这是众所周知的事实。我们的法律悉心保护每个公民的生命,杀人者偿命,而在国际冲突中,整个民族的生命却不值一文,人们还对战争的大批屠杀大唱"爱国主义"的颂歌。增加现代大炮与巨大战舰可怕威力和兵法范围里大量消灭"敌"军的任何一件新发明,都作为新的"文明进步"而受到赞扬与钦佩——基督教军中的传教士还为之祝福!如果用数学来证实,合群的人到了那一个数目，个人的利他主义的伦理理想就会变成其反面，即变成国家与民族的纯粹利己主义的"现实政策"，那是很有意思的。

二、基督教对肉体的轻视

由于基督教对人的机体的看法完全是二元论的，认为不死的灵魂只是暂时依存于必死的肉体之中，因此很自然的是，对前者的估价要大大高于后者。由此可以推知，它必然要忽视对身体的保养、体格的锻炼以及清洁卫生。这种忽视对基督教中世纪的文明生活来说要比对不信教的古典时代的文明生活更加不利。在基督教伦理学中没有那种每天沐浴和精心保养的严格戒律，而这些在印度教以及其他宗教中不仅从理论上加以规定，而且在实践上也加以贯彻。在许多修道院中，虔诚的基督徒的理想是：不事盥洗，不修边幅，不换腥臭的长袍，不务有益工作，专事渺茫的祈祷和毫无意义的斋戒，等等，过着那腐朽的生活。这种轻视肉体的恶癖，令人想起了那些鞭笞派教徒，以及其他类似苦行者的印度托钵僧的令人厌恶的宗规。

三、基督教对自然的轻视

无数理论上的谬误与实践上的错误的唯一根源，令人痛心的暴行与可悲的贫困的唯一根源，就是错误的基督教人类特殊说，也就是基督教指定人为"上帝的翻版"这种独特态度。这样，基督教不仅促使人们大大疏远了我们伟大的母亲"自然"，而且还导致对其他生物值得怜惜的轻视。基督教没有那种令人称道的对动物的爱，对与我们亲近的哺乳动物（犬、马、牛等）也无恻隐之心，而这正是许多其他更为古老的宗教，首先是最盛行的佛教的伦理律之一。要是在盛行天主教的南欧多住一些时候，常常可以亲眼看到对动物的可怕的虐待，这会激起我们这些动物爱好者最深的同情与极大的愤懑。谁要是对那些粗暴的"基督徒"的残酷行径提出谴责，他们就会嬉皮笑脸地回答说："嘿，动物可不是基督徒！"令人遗憾的是笛卡儿认为，只有人才有有感觉的灵魂，而动物则没有，从而使这种谬误变本加厉。在这一点上，我们一元论伦理学比起基督教的伦理学来是何等的高尚啊！达尔文主义告诉我们：我们是由一系列古老的哺乳动物，首先是由灵长类演变而来的，这些动物都是"我们的弟兄"。生理学向我们证明了，动物具有像人类一样的神经与感官，它们也像人一样感到欢乐与痛苦。虔诚的基督徒坚持人类特殊说的自大狂，自命为"仁慈的上帝之子"，而对动物则竭尽虐待之能事，可是具有同理心的一元论科学家决不会这样做。此外，基督教原则上对自然的轻视使人们失去世上很多高尚的欢乐，首先是美妙高尚的自然欣赏。

四、基督教对文化的轻视

按照基督教的说法，我们的地球是痛苦的深渊，尘世生活毫无意义，而且只是为美好的来世"永生"作准备，为此，它当然会要求人们放弃今世的一切幸福，并轻视幸福所必需的尘世财富。对于现代文明人来说，这些"尘世财富"就是诸如技术、卫生、交通之类无数大大小小的辅助手段，这些辅助手段使我们今天的文明生活过得舒适愉快——在基督教中世纪（尽管有形形色色的清规戒律）已达到高度繁荣的造型艺术、音乐、诗歌等，所有这些被评价为"理想财富"的高尚享受，也属于这些"尘世财富"。科学上，首先是自然认识上极其宝贵的进步，也都属于"尘世财富"。19世纪在科学和自然认识方面的惊人发展，的确可以引以为自豪。所有这些文明精华的"尘世财富"，按照我们一元论世界观看来，具有至高无上的价值，而在基督教学说看来则没有意义，甚至大都是应予鄙弃的。严格的基督教道德反对追求这些财富，而我们自然主义的伦理学则赞成提倡这种追求。基督教在实践方面也是与文化为敌的，近代教育与科学被迫进行的这种斗争在这个意义上说也是"文化斗争"。

五、基督教对家庭的轻视

对家庭生活的轻视，对正常的人以及高级社会动物都不可缺少的合乎自然的天伦之乐的漠视，也是基督教道德可悲的一面。"家庭"不愧是"社会的基础"，健康的家庭生活是繁荣的国家生活的先决条件。基督教则有完全不同的看法，它着眼于"来世"，而轻视妇女、家庭以及所有其他"今世"的财富。福音书很少讲到基督与其父母姊妹相聚的情形，他和母亲马利亚的关系决不像成千上万幅漂亮的绘画用诗意美化的那样温存亲密。基督本人没有结婚。作为建立家庭首要基础的性爱，在耶稣看来倒像是件不可避免的坏事。耶稣热心的使徒保罗走得更远，他明确宣布，不结婚要比结婚好。他说："男不近女倒好。"如果人类谨守这一训诫，那就会很快摆脱尘世的一切灾难与痛苦，人类通过这么一次根本治疗，在一百年里将会完全灭绝。

六、基督教对妇女的轻视

由于基督本人对女性的爱情一无所知，所以他对出自夫妇间亲密的共同生活中纤细高尚的真实人性也毫无了解。人类赖以延续的亲密的两性关系，其重要性不亚于两性之间在精神上的相互贯通和相互补充，这种相互贯通和相互补充无论是在两性日常生活的实际需要上，还是在灵魂活动最高理想的功能上，都同样地表现出来。男与女是两种不同然而具有同等价值的机体，他们各有其优缺点。文化越是发达，这种两性爱情的理想价值就越是明显，对妇女就越是尊重，日耳曼人种特别是这样。妇女乃是诗歌与艺术高度繁荣的源泉。而基督的观点则与此大相径庭，和古典时代的看法没有什么两样。基督所持的是东方盛行的观点：妇女从属于男人，与女人打交道被视为"不洁"。被侮辱的天性要对这种轻视进行严厉报复，其悲惨后果在教皇中世纪的文明史中写下了血泪斑斑的一页。

罗马天主教的道德

罗马天主教奇怪的教会制度，为保持其对精神的绝对统治无所不用其极，把"不洁"的观点当成锐利武器，把不接近妇女作为一种禁欲主义的美德。最初几个世纪中，某些教士就自愿不结婚，不久这种独身主义便身价百倍，以致被宣布为强制性的义务。接着发生的道德败坏，通过近代文化史的研究已大白于天下。中世纪天主教神甫引诱良家妇女（神功架子①在这方面起了重大的作用）已激起了公愤，许多教区便急于为"洁白无瑕"的神甫蓄妾来避免这一祸患！它所采取的形式真是五花八门，极其稀奇古怪。基督教大教堂是活活烧死异教徒的场所，可是却成为红衣主教以及其他主教们与成群妓女聚饮作乐的地方。天主教神甫公开与秘密的淫佚放荡生活是如此卑鄙无耻和危害社会，以致在路德之前就已引起众怒，到处响起了要求"彻底改革教会"的呼声。尽管如此，天主教控制的各邦那种淫秽的情况至今仍有增无减（虽然更加隐秘了），这是众所周知的。以往在巴登、巴伐利亚、黑森、萨克森以及其他各邦的议会里时常有要求明确废除独身主义的提案，可惜至今仍是一纸空文！在德意志帝国议会中至今没有一个政党想到为公众道德的利益而废除独身主义。

现代文明国度不仅应将人民的实际生活，而且应将人民的道德生活提到一

---

① 神功架子：指神甫"办神功"的地方。参看第213页注①。

个更高的阶段，它有权并有义务消除那卑鄙的伤风败俗的状态。天主教神甫的强制性独身主义，像告解和赎罪券买卖一样是极其有害与不道德的。所有这三项设施与原始基督教毫无关系，是打在纯洁的基督教道德脸上的三记耳光，是罗马天主教卑劣的发明，旨在维护对轻信的人民大众的绝对统治，是为了竭力从物质上剥削他们。最近格拉斯曼、霍恩斯布勒希[1]等人彻底揭穿了腐朽教会制度及其最危险的卫队耶稣教团精心欺骗的花招，从而立下了功劳。臭名远扬的"利果利的道德"[2]被公之于世之后，上述真相也大白于天下。道德败坏的教士的可憎的违法乱纪行为，以及神功架子上的猥亵语言和纵欲无度是尽人皆知的。最近，甚至有一大批天主教的妇女迫不得已地公开起来抗议，要求废除秘密的告解。1908年，连一些有名望的天主教神甫也以令人钦佩的坦率要求取消反常的独身主义。

历史的内美西斯[3]迟早要将罗马天主教推向历史的审判台，被这一堕落的宗教剥夺了生活幸福的数百万人，将在20世纪给它以致命的打击——至少在真正的"文明国家"是如此。最近人们统计了一下，由于罗马天主教对异教徒的迫害、宗教裁判以及基督教的宗教战争而死于非命的有1000万人以上。然而，由于堕落的基督教教会的制度与教士统治而在道德上经历牺牲的不幸的人们要比这多十倍。——他们高尚的精神生活遭到扼杀，纯朴的良心受到折磨，家庭生活遭到破坏，这样的人更是多到不可胜数！这些数字意味着什么呢？正如歌德优美的诗篇《科林斯的新娘》所写的那样：

"这里牺牲的既不是羔羊，也不是牡牛，

而空前牺牲的是人！"

国家与教会

由于上述悲惨状况至今仍在进行的伟大文化斗争，其首要目标便是全面的国家与教会的分离。"自由的教会应存在于自由的国家之内"，也就是说任何一

---

[1] 霍恩斯布勒希(Paul Hoensbroech，1852—1923)，荷兰作家。

[2] "利果利的道德"：意大利天主教教会长老利果利(Alphonsus Liguori，1696—1787)所创立的反动道德。

[3] 内美西斯(Nemesis)：希腊神话中司报复的女神。

种教会应自由地举行礼拜、仪式以及搞其幻想杜撰和迷信教条——然而务必以不损害公共秩序与道德为前提。而且所有的宗教都有同等的权利！自由教区和一元论宗教协会在其活动中也应当有同样的容忍和自由，就像自由的新教教徒同盟和正统的主张教皇绝对权力主义的教区一样。宗教对各个不同教派的所有"信徒"来说是私事，国家只对他们进行监督，使其不致越轨，国家对宗教既不压制也不支持。首先，纳税人再也无须出钱来维护与促进一种陌生的"信仰"，这种信仰根据纳税人公正的信念，是一种有害的迷信。在北美的美利坚合众国，在荷兰，在一些小的国家里，早已完全实现了"国家与教会的分离"，而两者皆大欢喜。在那里同时也决定了学校与教会的重要分离，这是科学与更高精神生活繁荣的一个重要基础。

教会与学校

不言而喻，教会退出学校只涉及信仰，涉及每个教会的传说在长时间中所发展起来的特殊信仰形式。这种"信仰课"纯粹是父母和保护人的私事与任务，或者是为他们所信任的教士与师长的职责。学校里被剔除的信仰乃代之以两种重要课程：一是一元论伦理学，一是比较宗教史。有关以现代自然认识——首先是进化论——为坚实基础的新一元论伦理学著作在最近几十年里出版了很多。我们新的比较宗教史当然与"圣经史"和希腊罗马神话的现行基础课有着密切关系。直到现在两者仍然是重要的基本学科，所以这是不言而喻的，因为我们的整个造型艺术，我们一元论美学的主要领域，跟犹太教与基督教的以及希腊和罗马的神话有着最密切的关系。授课中的根本区别就是不把以色列与基督教的神话传说当作"真事"来传授，而是把它们看成是像希腊和罗马神话那样的杜撰，其所具有的高度伦理学与美学的价值并不会因此降低，反而会增加。至于《圣经》这部"书中之书"，要谨慎地加以节选（作为"学校圣经"）来给儿童讲授，以免儿童的纯洁想象受到许多乌七八糟的历史与不道德的故事——《旧约》中最多——的污染。

国家与学校

在我们现代文明国家与学校从教会的奴役枷锁中解放出来之后，国家就会有更多的精力和关心来照顾学校。现代文明生活的各个部门在 19 世纪发展得越是丰富和巨大，就越会使人意识到一个良好学校教育的不可估量的价值。然而教学方法的改进却跟不上去。一个全面的教育改革越来越成为当务之急，我们仅提出几个普遍的问题：（1）在迄今为止的教学中，人特别是对其语言的语法学习起了主要作用，而自然学科却全被忽视。（2）在新型的学校里自然界必须成为主要对象，人对其所居的世界应当有一个正确的概念，人不能置身于自然界之外，更不能与它对立，而应以自然界最重要和最宝贵的产物出现。（3）对古典语言（拉丁语和希腊语）的学习，迄今要占绝大部分的学习时间和精力，这种学习尽管很重要，然而定要严加限制，可以精简成基本内容（希腊语为选修，拉丁语为必修）。（4）在所有高等学校里要更多地注意现代语言（英语、法语、意大利语）。（5）历史课要多注重内在的精神生活即文化史，而少注重外表的民族史（改朝换代、战争等等）。（6）进化论的要点要与宇宙学的要点结合起来教，地质学要与地理学合并，人类学要与生物学合并。（7）生物学的要点定要成为每一个有教养的人的共同财富。现代"直观教学"给生物科学（人类学、动物学、植物学）提供了一个引人入胜的入门，开始阶段要从描写分类学讲起（结合着个体生态学讲），然后再上解剖学与生理学基础。（8）同样，每一个受过教育的人要通晓物理学与化学的要点，并了解数学对其确切的论证。（9）每个学生一定要学好图画，并且要描绘自然，尽可能学水彩画。用素描和水彩来描绘自然（花卉、动物、风景、云彩等），这不仅能引起对自然界的兴趣，巩固对自然界欣赏的记忆，而且还可以由此培养学生正确观察和理解被观察的事物。（10）要比以往任何时候花更多的时间与精力来锻炼身体，从事体操和游泳；每星期集体散步，每年利用假日多作远足；这里提供的直观教学具有极高的价值。

在大多数文明国家里，以往高等教育的主要目的是为以后的职业，为获取一定的知识，并为训练承担一个国家公民的义务作准备。而 20 世纪的学校则相反，它的主要目标是培养独立思考能力，对其所获得的知识要有清楚的理解，对现象的自然联系要有认识。现代文明国家要是给每个公民以普遍平等的选举权,那也需要保证每个人受到良好的学校教育,使其理解力得到发展,以便合理地为公共利益服务。

补充（1908 年）

现代文明国家与合理的学校从教会制度的桎梏下完全解放出来只是时间问题,法兰西共和国最近几年里迈出了艰险的一步,并取得了光辉的成果,意大利也准备起而效法。我们希望,保守的日耳曼国家很快觉悟到,进步乃是大势所趋。四百年前曾是宗教改革摇篮的德国,可惜在今天,在这一最重要的方面,却属于最落后的文明国家。

第二十章　宇宙之谜的解决

回顾 19 世纪科学宇宙知识的进步

用一元论自然哲学回答宇宙之谜

辽阔的世界，宏伟的人生，

长年累月，真诚勤奋，

不断探索，不断创新，

常常周而复始，从不停顿；

忠于守旧，

而又乐于迎新，

心情舒畅，目标纯正，

啊，这样又会前进一程！

歌　德

　　在我们这本有关宇宙之谜的哲学研究的结尾，我们可以满怀信心地回答这样一些重要问题：我们对宇宙之谜的解决成功到何种程度？在已消逝的 19 世纪中真正的自然认识所获得的巨大进步具有怎样的价值？这些巨大进步为未来，为 20 世纪我们世界观的进一步发展，给我们指出怎样一种前景？每一个公正的思想家，只要他稍微能够通观我们经验知识的实际进步，并能对其哲学理解作统一的阐述，就会同意我们的观点：在认识自然和了解其本质方面，19 世纪比以往所有世纪都取得了更大的进展。19 世纪解决了许多巨大的"宇宙之谜"，这在 19 世纪初还认为是无法解决的；19 世纪为我们开拓了学术和认识的新领域，在百年以前人类根本不知道它的存在。特别重要的是 19 世纪把一元论宇宙学的崇高目标置于我们眼前，并向我们指出接近这个目标所需要的唯一途径，也就是对事实进行精确的经验探讨和对其原因进行批判的进化的认识的途径。机械因果性的抽象的重大规律——宇宙基本规律，即实体定律，只是它的另一个具体表达——目前既统治着宇宙，同样也统治着人类精神。它成为一颗可靠的固定不移的北极星，它那明亮的光辉给我们指出了穿过无数个别现象的黑暗迷宫的道路。为了使我们对这有个明确的信念，我们愿意简略地回顾一下自然科学的主要部门在那值得纪念的时期所获得的那些惊人进步。

一、天文学的进步

天文学是最古老的自然科学，就像人类学是最年轻的自然科学一样。关于人类本身及其本质，人们只是在 19 世纪后半叶才有较全面的了解，可是对于布满星球的天空和行星运动等等，人们早在四千五百年以前就有了惊人的知识。古代中国人、印度人、埃及人和迦勒底人，当时在遥远的东方所具有的关于球面的天文学知识，就比西方绝大多数"有教养的"基督徒在四千年后所具有的知识更为精确。早在公元前 2697 年，中国已经从天文上来推算日食，并在公元前1100 年就用日晷来确定黄道的斜度，而基督本人（"上帝之子"！）却根本没有一点天文知识，只是从最狭隘的地球中心和人类中心的观点来判断天和地、自然和人类。哥白尼的以太阳为中心的宇宙系统普遍地而且理所当然地被认为是天文学的巨大进步，他的伟大著作《天体运行论》本身引起了有思考能力的人们头脑中的大革命。他推翻了流行的托勒密的以地球为中心的宇宙系统，从而使纯粹的基督教世界观失去了凭借。基督教世界观认为，地球是宇宙的中心，而人类是地球上的上帝般的统治者。因此，以罗马教皇为首的基督教教士对哥白尼的新的不可估价的发现极尽攻击之能事，这也是理所当然的。尽管如此，当开普勒和伽利略接着建立了真正的"天体力学"，而牛顿更用他的万有引力学说提供了不可动摇的数学基础（1686 年）之后，哥白尼的发现不久还是全面地打开了出路。

一个更巨大和包括整个宇宙的进步，是发展观念在天文学中的应用。这件事情发生在 1755 年，年轻的康德在他那本大胆的《宇宙发展史概论》中，不但讨论"结构"，而且还讨论了"根据牛顿定律的整个宇宙的力学起源"。与康德在宇宙形成上不约而同地具有同样观点的拉普拉斯，以他的巨著《宇宙体系论》于1796 年牢固地创立了新的"天体力学"，以致在这个巨大的知识领域中，似乎再没有什么重要的具有同等意义的新事物留给 19 世纪了。可是 19 世纪却仍然享有这样的荣誉：它在这方面也为我们开拓了一条崭新的道路，并无限地打开了我们对宇宙的眼界。照相学和光度学的发明，特别是光谱分析的发明（本生和基尔霍夫，1860 年），将物理学和化学引进了天文学，从而使我们得到了影响极其巨大的宇宙学上的启发。现在可以确切地知道，整个宇宙中的物质都是相同的，在那最遥远恒星上的物质的物理和化学性质和地球上物质的物理和化学性质没有什么不同。

　　我们由此所获得的关于无限宇宙的物理和化学的统一性的一元论信念，无疑是最有价值的普遍认识之一。这些认识我们应该归功于天文学中最有意义的一个新分支——天体物理学。其重要性并不亚于借助天体物理学所获得的这样一个清楚的知识，即力学发展的同一个规律，在无限宇宙中也像在我们的地球上一样到处都适用。一个强大的包罗万象的宇宙变化，在无限的宇宙各个部分，如同在我们地球的地质史中一样，也如同在它的居住者的种系发生中、民族史中和每一个个人的生活中所进行的一样，是在不断进行的。我们用完善的望远镜可以看到，在宇宙一个部分有由特别稀薄的炽热的气体所组成的庞大星云，我们将它解释为天体的胚胎，这些天体离开几十亿英里远，处于发展的第一阶段。在这种"星胚"的一部分中，化学元素大概尚未分离，而在巨大的高温（计有几百万度）下以原始元素形式结合着，也许部分原始"实体"尚未分离成"物质和以太"。在宇宙的另一部分我们会遇到由于冷却已成为熔液的星球，还会遇到已经凝固的星球，这些星球的发展阶段，我们可以从它们不同的颜色近似地加以确定。我们又可以看到一些星球像我们的土星一样，外面有光环和卫星围绕。我们从发亮的星环可以看出一个新卫星的胚胎，它从母行星分离出来，就像母行星从太阳分离出来一样。

　　有许多"恒星"的光到达我们这里需要几千年，我可以肯定地认为，这些恒星也是太阳，和我们的母亲太阳一样。它们外面也有行星和卫星环绕，和我们的太阳系一样。我们还可以进一步推测，几千个这样的行星处在一种和我们地球相同的发展阶段，也就是说，处于这样一种年龄，即其表面温度在水的冰点和沸点之间这样一种年龄，亦即容许液态水存在的年龄。从而就产生了这样一种可能性，碳在那里也同在地球上一样，和其他元素构成极为复杂的化合物，从其含氮的化合物中就发展出原生质，也就是那种奇怪的"生命实体"，这种实体是我们所认识的有机生命的唯一特征。仅由原始原生质组成的原虫（例如绿蓝藻类和细菌）和通过自然发生（无生源说）从无机硝基碳酸盐产生的原虫，可能在许多其他行星上和在我们的地球上一样，经历了同样的进化过程。首先，由同质的原生质体通过从外部的细胞体分离出一个内部的核而构成最简单的活细胞。所有细胞（建原生质植物细胞和噬原生质动物细胞）生命的类同使我们有理由得出这样的结论：在许多星球上，也和我们地球上一样都有种系发生的演变——当然温度总要保持在使水呈液态这一同样狭窄的极限之内。在熔液态的天体上,水只能呈气态。在凝固的天体上,水只能呈冰态。在那里完全不可能存在有机生命。

种系发生的相似性

根据以上所述,我们可以假设在许多星球上有相同的生物发生的进化阶段。这种种系发生进化的相似性,自然给积极的幻想提供了一块广阔的场所来进行丰富的臆测。其中一个受人欢迎的题材就是自古以来的那个问题:其他星球上是否也有人,或者和我们人相似的,或许更加高度进化的生物?企图回答这个悬而未决的问题的许多著作中,最近,特别是巴黎天文学家卡米耶·弗拉马里翁[1]的著作得到广泛传播,它以丰富的幻想和生动的描绘而著名,遗憾的是也缺乏批判和生物学知识。就我们目前关于这个问题所能作的回答,我们可以设想以下几点。

1. 很有可能,在我们太阳系的一些行星(火星和金星)上以及其他太阳系的许多行星上,像我们地球上一样也有生物发生的过程。首先通过自然发生产生简单的原虫,并再由原虫进化为单细胞的原生生物(先是建原生质的原生植物,后是噬原生质的原生动物)。

2. 很有可能,这些单细胞的原生生物通过继续的进化过程,先构成群居的细胞团(结合),然后构成有组织的植物和动物(后生植物和后生动物)。

3. 也还有可能,在植物界首先产生菌藻植物(藻类和菌类),然后是中生植物(藓类和羊齿),最后是种子植物(裸子和被子显花植物)。

4. 也同样可能,动物界中的生物发生过程有相似的历程,从囊胚体首先进化为原肠胚,并由原肠胚进化为低级动物(腔肠动物),后来为高级动物(体腔动物)。

5. 反之,很成疑问的是,在其他行星上的这些高级动物的个别种系(高级植物也相同)是否像我们地球上的一样经历相似的进化过程。

6. 特别没有把握的是,地球以外是否还存在着脊椎动物,其种系发生的变异是否也像我们地球上一样,在几百万年的过程中也同样进化为哺乳动物及其顶点人类,如是则那里也完全和这里一样,势必要重复发生几百万次的变化。

7. 反之,很可能的是,在其他行星上进化出我们地球上所不知道的一种其他类型的高级植物和动物,也可能在一支发展潜力超过脊椎动物的较高级动物种系中

---

[1] 卡米耶·弗拉马里翁(Camille Flammarion,1842—1925),法国天文学家,著有《大众天文学》。

进化出一种更高级的动物,他们在智力和思维能力上远远超过我们地球上的人类。

8.我们人类和其他行星上的居民能够直接来往,似乎是不可能的,因为我们地球和其他天体距离极其遥远,中间的空间又只充满着以太而缺乏不可或缺的空气。

当许多星球和我们地球一样,都处于一个相似的生物发生的进化阶段时(至少经过了几亿年!),其他星球已经远远超过并进入"行星老年"的临终期,这种临终期必然也要降临于我们的地球。由于热辐射到寒冷的宇宙空间,温度逐渐降低,以至于所有液态水都凝成冰,这样有机生命就停止了。同时旋转着的天体的物质收缩得愈来愈厉害,它的运转速度慢慢地变慢。行星运转的轨道变得愈来愈小,围绕它们的卫星轨道也发生同样的变化。最后卫星撞击行星,而行星撞击它们从中诞生的太阳。由于这种撞击又产生巨大的热量,撞毁的天体化为尘埃状的物质,自由地散布于无限的宇宙空间,形成太阳的永恒游戏又重新开始。

近代天体物理学在我们慧眼前面展开的一幅伟大的图画,使我们明白无数天体永恒的发生和灭亡,也就是我们在宇宙中同时观察到的各种天体演化状况的一种周期变化。当在无限宇宙空间的一个地方,由一块弥散的星云发展成一个新的天体胚胎时,在一个非常遥远的地方,另一个天体胚胎已经由熔液物质凝缩成一个旋转球体。第三个天体胚胎已经在它的赤道旁抛出一个形成行星的团环体。第四个天体胚胎已经变成巨大的太阳,它的行星本身也为第二级的卫星所围绕,等等,等等。在这期间,宇宙空间有亿万个小天体,亿万的陨石和流星到处乱撞,他们像无拘无束的流浪者一样穿越较大天体的轨道,这样每天就有很大一部分小天体和较大天体相撞。运转着的天体的轨道和旋转周期一直起着变化。冷却的卫星和行星相撞,就像行星和太阳相撞一样。两个也许已经冷却的距离遥远的太阳,以巨大的力量互撞,并粉碎成雾状的物质。这时,就产生巨大的热量,使得星云炽热,于是老的游戏又再次重演。处于这种永恒运动中的是宇宙的无限实体,其物质与能量的总和永远保持不变,而在无限时间中永远重复着的是宇宙形成的周期变化,亦即重返自身的宇宙变化。实体定律强有力地支配着一切。

二、地质学的进步

地球及其起源成为科学研究的对象要比天体晚很多。古代和近代的天体演化学尽管都想很好地说明有关地球的起源,如同有关天体的起源一样,但是这些说明外面包裹的神话外衣,立刻露出它们的来源是虚构的幻想。在宗教史和文明史告诉我们的许多创世神话中,唯一较其他更为突出的是摩西的《创世记》,其内容在摩西五经的第一部(《创世记》)中已有叙述。摩西死后很久(大约八百年以后),《创世记》才以目前的内容出现,其渊源极大部分都很古老,可以追溯到亚述、巴比伦和印度的神话。这些犹太人的创世神话由于被采纳进基督教的信条,并作为"上帝之言"加以神圣化,从而有了极大的影响,虽然在基督诞生前五百年,希腊的自然哲学家已经用解释其他天体起源的方式解释了地球的起源。那时,科洛封人色诺芬尼①在后来具有很大意义的化石中,就已经认出它们真正的本质。伟大的画家列奥纳多·达·芬奇②在 15 世纪也已宣布了这些化石是生活在地球史早期的动物化石残骸。但是《圣经》的权威,特别是大洪水的神话,阻止这种真正知识的进一步发展,使得摩西的创世神话直到 18 世纪中叶还很流行。在正统的神学家圈子中,这些神话直到今天还有影响。到 18 世纪后半叶才开始对地壳的结构进行独立的科学研究,从而引导出地球起源的结论。地球构造学的奠基人——弗赖堡的韦尔纳③认为所有的岩石都是水成的,而福格特和胡登④(1788 年)正确地认识到,只有沉积的带有化石的岩石是水成的,火山岩和火成岩是由熔液岩石冷凝而成的。

水成派和火成派之间的激烈斗争一直持续到 19 世纪的最初 30 年。只是在卡尔·霍夫(1822 年)奠定了现实主义原则,以及查尔斯·莱伊尔把这个原则应用到地球整个自然发展上获得很大成功之后,斗争才告停止。极为重要的地球形成连续性的学说通过莱伊尔的《地质学原理》(1830 年)最后才得到了承认,反之,居维叶的灾变论却遭到否定。居维叶通过他的关于化石骨骼的著作而建立的古生物学,不久就成为地质学最重要的辅助科学,并在 19 世纪中叶发展到这样的程度,以致地球及其居住者的历史的主要时期得以确定。地球的外壳薄层,目前可以肯定地认出是熔液行星的凝固外皮,它的逐渐冷却和收缩在连续不断地进行。冷却着的外壳的褶痕,即"地球内部的熔液对于地球已冷却的表面的反作用",特别是水的不断的地质作用是地球外壳和山脉逐渐变化的自然起作用的原因。

---

①　色诺芬尼(Xenophenes,约前 565—约前 473),古希腊哲学家,认为一切事物都从水和土出现,反对人神同形和多神说,但认为有一个全视、全知、全听的神,它是无所不在、不动不变的。

②　达·芬奇(Leonardo da Vinci,1452—1519),文艺复兴时期的意大利画家、自然哲学家和工程师。

③　韦尔纳(Gottlob Werner,1750—1817),德国矿物学家。

④　胡登(James Hutton,1726—1797),英国地质学家,地质学中"火成论"的创始人。

三个具有普遍意义的十分重要成果,应该归功于新地质学的光辉进步。第一,这样一来就从地球史中排除了一切奇迹,即一切山脉形成和大陆变化的超自然原因。第二,我们关于地球形成以来所经历的漫长时间的概念得到惊人的扩大。现在我们知道,古生代、中生代、新生代各地质构造中巨大岩石的形成所需要的不是几千年,而是几百万年(远远超过以百年计!)。第三,现在我们知道,所有埋藏在这些地质构造里面的大量化石,不是像人们两百年前还信以为真的奇妙的"自然游戏",而是有机物的化石遗骸,这些有机物生活在地球史的较早时期,并且是从先前的祖先系列通过渐变而产生的。

三、物理学和化学的进步

这两门基础科学在 19 世纪所取得的无数重要发现,是众所周知的,它们在人类文明生活的各部门的实际应用也历历在目,我们在这里也无须详加赘述。特别是蒸汽力和电的应用给 19 世纪盖上了它所特有的"机械文明的形式"。但是无机和有机化学的巨大进步,其价值也不可低估。我们近代文明的所有领域,医学和工艺,工业和农业,矿业和林业,陆地运输和水上交通,众所周知,在 19 世纪——特别是在它的后半叶——由于物理学和化学的进步而得到如此巨大的发展,以致我们生于 18 世纪的祖父在这个陌生的世界中将感到手足无措。然而,更有价值和意义更加深远的是,我们在理论上大大扩展了对自然界的认识。这应归功于实体定律的建立,自从拉瓦锡(1789 年)提出了物质守恒定律和道尔顿(1808 年)借此新奠定了原子论以后,近代化学就开辟了一条道路,化学沿着这条道路在迅速胜利的进程中取得了前所未有的重要性。这种情况也适用于物理学,适用于能量守恒定律。罗伯特·迈尔(1842 年)和赫尔曼·赫尔姆霍茨(1847 年)所发现的这个定律,对这门科学来说也意味着一个极有发展前途的新时期的开始,因为从此物理学才有可能理解自然力的普遍统一性,以及理解每时每刻从一种力转化成另一种力的无数自然过程的永恒游戏。

四、生物学的进步

19 世纪天文学和地质学所取得的重大发现,对于我们整个世界观具有重要意义,但这些发现又为生物学上的发现所远远超过,我们可以这样说,这门关于有机生命的广博科学最近所扩展的许多分支中,极大部分就是在 19 世纪产生的。正如我们在本书第一部分中所看到的,在 19 世纪,解剖学和生理学、植物学和动物学、个体发生和种系发生的所有分支，由于无数的发现和发明，内容大为丰富，以致我们生物知识的现状超过了一百年以前许多倍。首先从量上讲，我们在各个领域及其个别方面的实际知识大量增加；从质上讲，我们对生物现象的理解及对其动因的认识更加深刻。这里第一个获得胜利的棕榈枝的是查尔斯·达尔文（1859 年），他用他的选择论解决了关于"有机创造"的宇宙大谜，解决了关于无数生命形态通过渐变而自然发生的宇宙大谜。诚然，早在五十年前，伟大的拉马克（1809 年）已经认识到，这种变异的途径是以遗传和适应的相互作用为基础的，但是他那时却缺少选择论原则，他特别缺少深入了解结构的真正本质，这是后来建立了进化史和细胞理论才获得的。当我们将这门学科和其他学科的成果一般地加以总结并在有机体的种系发生中找到统一理解的关键时，这样，我们就得以创立一元论的生物学，其原则在我的《有机体普通形态学》（1866）一书中已经加以论述了。

五、人类学的进步

从某种意义上说，真正关于人的学问，即真正合理的人类学是居于一切科学之首的。古代贤哲说的"人要自知"和另外一句名言"人为万物的标准"，事实上是自古以来就得到公认和应用的。可是这门科学——从最广的意义上说——比起一切其他科学来受到传统和迷信的束缚却为时更久。我们在第一节里已经看到，关于人类机体的知识是很慢和很晚才发展起来的。它的一个重要分支胚胎史是 1828 年由贝尔创立的，另外一门也很重要的细胞学是 1838 年由施旺才确切建立的。"一切疑问的疑问"——"人类起源"这个大谜是更晚才解决的。虽然拉马克早已（1809 年）指出正确解决这个大谜的唯一途径，并主张"人类起源于猿猴"，但是五十年后达尔文才成功地给这个主张以确切的根据，到 1863 年赫胥黎才在他的《人类在自然界的位置》一书中对上述主张汇集了最重要的证明。然后我本人在我的《人类起源》（1874）一书中首次尝试，把我们人类在数百万年的过程中从动物慢慢进化的一系列祖先从历史的关系上加以叙述。

补充（1908 年）

在我的《论当前关于人类起源的知识》的剑桥报告（1898 年）中，我把我们祖先的种系发生环节分成 30 个主要阶段和 6 个较长的进程。这个问题的详细研究载入纪念册《我们的祖先系列》中，这是我于 1908 年 7 月 30 日为耶拿种系发生博物馆开幕而写的。

结 束 语

　　宇宙之谜的数目由于上述 19 世纪真正自然认识的进步而不断减少,最后归结为一个唯一包罗万象的宇宙之谜,就是实体问题。但是这个被现实主义的科学家作为自然或世界、被唯心主义的哲学家作为实体或宇宙、被虔诚的教徒作为创世主或上帝而加以颂扬的万能的世界奇迹,归根到底究竟是什么呢? 我们今天能不能说,我们近代宇宙学的惊人进步已经解决了这个"实体之谜",或者哪怕只是说它已使我们非常接近于解决?

　　对于这个终结问题的回答,自然随着提问的哲学家的立场及其对真实世界的经验知识不同而各有不同。我们一开始就承认,对于自然界的内在本质,我们今天也许还像两千四百年以前的阿那克西曼德和恩培多克勒,两百年以前的斯宾诺莎和牛顿,一百年以前的康德和歌德一样陌生和不理解。的确,我们甚至不得不承认,如果我们愈深入了解实体的属性、物质和能,愈彻底认识实体的无数现象形式及其发展的话,那么,实体的这种真正本质对我们来说就会变得愈来愈奇妙和不可思议。我们至今还不知道,作为"自在之物"而隐藏在可认识的现象后面的是什么。如果我们没有研究实体的手段,如果我们连实体存在与否都不清楚,那么这种神秘的"自在之物"和我们究竟又有什么相干呢? 因此,我们且把对这个理想幽灵的无益琢磨让给"纯粹的形而上学家"吧,而与此相反,我们作为"真正的物理学家",应对我们一元论自然哲学真正获得的巨大实际进步而感到高兴。

　　在那消逝的"伟大世纪"里,超过一切其他进步和发现的是巨大的无所不包的实体定律,即"力和物质守恒的基本定律"。实体到处受到永恒运动和变形的制约,这一事实表明,实体定律同时是普遍的进化规律。在确定了这个最高自然规律而其他一切都要从属于这一规律时,我们就得到了一个关于自然界的普遍统一性和自然规律永远适用的信念。模糊不清的实体问题现已发展为明确的实体定律。建立在实体定律上的宇宙一元论告诉我们,这个"永恒的、铁的、伟大的规律"毫无例外地适用于整个宇宙。这样一来,宇宙一元论就同时粉碎了迄今还流行着的二元论哲学的三大中心教条,即人格化的上帝、灵魂不死和意志自由。

　　我们之中很多人对于神的没落一定深为惋惜,甚至深感痛心,我们尊贵的双亲和祖辈把这些神当作最高的精神财富来看待。但是，我们可以用一位诗人的话来安慰自己：

> 旧的东西崩溃，时代起了变化，
> 而新生活从废墟中繁荣起来！

唯心论的二元论旧世界观已经随其神秘的和人类特殊说的教条彻底崩溃，但是，在这块巨大的废墟上空升起了我们实在论的一元论的庄严而美丽的新太阳，它为我们完全显示出那神奇的自然庙堂的面貌。真、善、美是我们新的一元论宗教的核心，我们对"真、善、美"的纯洁崇拜就足以补偿已消失的人类特殊说关于"上帝、自由、不死"的理想。

在这本深入研究宇宙之谜的书中，我特别强调了我一贯的一元论立场，并鲜明地指出了它和至今还流行的二元论世界观的对立。我这样做，几乎得到所有现代自然科学家的赞同，他们愿意而且也有勇气来承认一种完善的哲学信念。可是在和读者告别以前，我还得心平气和地指出，这种在一贯和明确的思维中的激烈对立已得到某种程度的缓和，甚至可以得到可喜的和谐的解决。对宇宙的整个领域——有机界和无机界——进行完全一贯的思维、均衡地应用最高原则时，有神论和泛神论、活力论和机械论的对立面就互相接近到接触的程度。当然，始终一贯的思维是一种稀有的自然现象！大多数哲学家想用右手拿着纯粹的建立在经验基础上的知识，但是同时又不愿放弃他左手所紧握的神秘的建立在启示基础上的信仰。最足以显示出这种充满矛盾的二元论特征的是被推崇备至的较新思想家，伟大的伊曼努尔·康德的批判哲学中的纯粹理性和实践理性之间的冲突。

反之，那些勇敢地克服了二元论而转向纯粹一元论的思想家，从来都为数很少。彻底的唯心论者和有神论者的情况是这样，始终一贯地思维着的实在论者和泛神论者的情况也是这样。可是，这种表面上明显矛盾的融合，以及随之而来的解决基本宇宙之谜的进展，将由于自然认识的不断增长而逐年离我们愈近。因此，我们可以高兴地希望，20 世纪将愈来愈消除那种对立，并且通过纯粹一元论的发展，人们所期望的世界观的统一将得到广泛的传播。我们伟大的诗人和思想家沃尔夫冈·歌德于 19 世纪初已经在其不朽的《浮士德》《普罗米修斯》《上帝和世界》等诗篇里用诗来把这种统一哲学最完美地表达出来了。

按照永恒的、铁的、

伟大的规律，

我们大家必须

完成我们

生存的循环。

　　人们在普遍颂扬康德（作为最高权威！）和他的"认识论"的时候，总得首先要问："指的是哪一个康德？是第一个康德——一元论的天体演化学的创始人，'纯粹理性'的批判的阐明者呢，还是第二个康德——二元论的《判断力批判》的作者，'实践理性'的教条主义的发明者呢？"第一个康德主张"根据牛顿定理来论述整个宇宙的结构及其力学起源"，并且提出"只有机械论才包含一切现象的真正解释"的论点。与此相反，第二个康德却认为，"在解释事物为自然目的时，机械论的原则必须从属于目的论的原则"，"期望我们单凭自然界的机械论原则就能够解释有机物及其内在可能性是不合理的"。第一个康德，即批判的自然哲学家，令人信服地证明，形而上学的三个中心教条即上帝、自由和不死，对于"纯粹理性"是不能达到和不能证明的。第二个康德却相反，这位教条的信仰英雄认为，这三个神秘的幻想产物是不可缺少的"实践理性的公设"。两种不可调和的原则之间的、理论的纯粹认识和实践的信仰教条之间的这个根本对立，始终贯穿在康德的长期思想工作中，决没有得到调和。一切近代公正的哲学史著作家，特别是于贝韦格、海因茨、阿·朗格[①]、阿·劳、瓦欣格尔[②]——甚至保尔森！——都一致承认这种不可调和的矛盾，这必然从一开始就引起我们对建立在这样一种二元论基础上的"认识论"的怀疑。

　　正是这个闻名的认识论被"宇宙之谜"的激烈的二元论反对者作为最可靠的武器来反对我的一元论。针对这一点，我只能引证说，整个近代自然科学三百年来，即从培根和牛顿以来，都是紧紧地抓住作为一切可靠认识出发点的公正的经验，即对由感官活动所认识的事实进行"元条件"的研究，从而是后天地来进行哲学研究的。与此相反，康德却先天地从其理性的内省中来推断外部世界的存在和性质。"自然科学的原则"在康德看来是"形而上的"和先验的，而在我们的一元论世界观看来则是物理的和经验的。数学的情况也是如此。照康德看来，数

----

① 朗格（Arnold Lang，1855—1914），瑞士动物学家。
② 瓦欣格尔（Hans Vaihinger，1852—1933），德国哲学家，相对主义者。

学的固定不变和无可辩驳的原则是先于一切经验并且不依赖于经验而存在的。而由我们的信念看来，数学的基本原则（像斯图亚特·穆勒等人早已指出的一样）是理性推论的最后的抽象结果，是在文明进化的过程中通过一连串的经验逐渐获得的。

的确，进化在这里也是一个魔咒，它导致一切"宇宙之谜"的解决（除开最后一个宇宙之谜，即实体问题以外）。正如作为我们最重要的灵魂器官的灰色大脑皮层在第三纪已由我们灵长类祖先较简单的大脑皮层种系发生地进化而成一样，其生理功能同时也是由我们的灵长类祖先从较低级的灵魂活动迈进到原始民族而开始计数和计量，后来从这一高度上升到文明民族的数学。

是康德还是达尔文！在认识论这个领域里现在必须这样说。要么像第二个康德所说的那样，有两个不同的世界，即一个经验的（用经验和悟性可认识的）世界和一个理智的（只有信仰和情感才能接近的）世界，要么这两个世界是同一个世界，像达尔文新创立的进化论告诉我们的一样。根据进化论，按照固定规律作用于一切的自然界机械论，对于建立在大脑活动基础上的整个人类灵魂生活也是适用的，"绝对的自由"是没有的。

也许不久人们就会相信，所谓"批判的哲学"实际上是纯粹教条主义的。一个教条，即一个主观的和不依赖于一切经验的信条，是康德的"理智世界"，即那个未知的"来世"，居住在其中的有柏拉图的"永恒理念""不死的灵魂"和"人格化的上帝"。一个教条是不可思议的"自在之物"，它据说是隐藏在一切现象后面的，而它的存在连康德自己也一无所知。一个教条是无上命令，它要对一切人种提出一个绝对的普遍适用的道德法则。一个教条是主张自然科学原则是形而上学地和先天地赋予的。所以实践理性的整个庞大学说系统就是教条的，它和纯粹理性所找到的真理相矛盾，尽管如此，却偏又被颂扬为"批判的"哲学。

康德这个大权威，一百年来在德国哲学界中占了统治地位，就像亚里士多德在中世纪所占的统治地位一样。在无数的著作中，这位二元论大权威的招牌被利用来反对一元论的自然科学。但是，还没有人解决这种"康德研究"中的最重要同时最值得做的工作，就是把康德的两种世界观的基本矛盾用一种简单明了的形式并列在一页纸上加以对比：左面八点是第一个康德通过纯粹理性得到的经验世界的一元论认识，右面八点是第二个康德通过实践理性所得到的理智世界的二元论原则。下面所附的是这一被推崇备至的哲学家最重要的内在矛盾或二律背反的一张简短的一览表。

关于被推崇备至的近代哲学家世界观中
最重要的内在矛盾一览表

第一个康德,物理学者 (一元论者) ("砸碎一切的康德")	第二个康德,形而上学者 (二元论者) ("掩饰一切的康德")
1. 只有一个世界,在这个世界里一切根据固定规律,如引力定律那样发生,其"最后原因"到处都是不可认识的。	1. 有两个世界,一个是可认识的自然界,一个是不可认识的精神世界。
2. 在宇宙中,普遍由固定的自然规律统治,没有一个地方有绝对自由的随意性。	2. 在自然界中由绝对的必然性统治,在精神世界中由绝对自由统治。
3. 只有在经验中才有真理——物质的内部或自在之物,这只是奇想(!),是一种消极的无内容的极限概念。	3. 自然界只有作为现象通过经验才可以认识。构成自然界原来最内在本质的自在之物,对我们来说是不清楚的,并且是不可认识的。
4. 非物质的精神世界是我们的经验所完全达不到的,是幻想的幻影。	4. 使我们相信非物质精神世界存在的是信仰("我们内在的道德意识"!)。
5. 对于上帝的存在,没有积极的纯粹理性所能到达的证明;对上帝的(没有可能的观念!)无内容的信仰纯然是虚构。	5. 对于上帝,我们不能有积极的或消极的观念,但是我只能相信其存在(根据"内在经验",没有一定的理性的观念!)。
6. 对于灵魂不死,没有积极的纯粹理性所能到达的证明。	6. 灵魂必须是不死的,因为我们的意识(预感!)使我们相信这点。
7. 对于意志自由,没有积极的纯粹理性所能到达的证明;无上命令是一种教条。	7. "我们内在的道德法则"(无上命令)使我们相信意志自由,并且是普遍适用的标准。
8. 我必须放弃信仰(教条),让知识(批判理性的)得到位置。	8. 我必须放弃知识(纯粹理性),使信仰(实践理性的)得到位置。
第一个康德,无神论者, 具有纯粹的理性	第二个康德,有神论者, 具有纯粹的非理性

注释和解释

1. 宇宙学前景（第 10 页）　在判断空间和时间的巨大广袤时，我们人类的想象力所能给我们的狭小活动余地，是人类特殊说幻想的一个不竭的错误根源，也是真正一元论世界观一个强大的障碍。为了意识到空间的无限广延，一方面人们必须想到，对于用放大倍数最高的显微镜也不能看到的原子和分子来说，最小的看得见的有机体（细菌）就大得可观；另一方面，人们必须考虑到宇宙空间的无限广延，在这里我们的太阳不过只是一颗恒星，而我们的地球只不过是巨大太阳的一颗微小的行星。——同样我们也会意识到时间的无限广延，如果我们一方面回忆在一秒钟内完成的物理的和生理的运动，另一方面回忆天体演化所需要的漫长时间。即使是"有机地球史"（我们地球上的有机生命是在这期间发展进化的）这个相对短暂的时间，根据较近的计算，也要远远超过 1 亿年。

不过，这种计算所依据的地质的和古生物学的事实，只能得到很不可靠和不确定的数字。虽然目前绝大多数专家权威认为，1 亿年到 2 亿年的有机地球史的时间长度是一个最可能的中间数字，根据另一种估计，只有 2500 万到 5000 万年，根据最近时期的一个精确地质计算，至少有 14 亿年。请参考我的《关于人类起源的剑桥报告》（1898），其中第 51 页写道：纵然我们完全不能大致可靠地确定种系发生的绝对时间长度，但在另一方面，我们却充分拥有近似地确定其相对时间长度的方法。如果我们把 1 亿年作为最低数字，那么，它在有机地球史的五个主要时期的分配大致如下。

（1）古生代（原始期）　从有机生命初期到寒武纪地层形成末期，无头骨动物时代——5200 万年

（2）古生代（原生期）　从志留纪初期到二叠纪地层形成末期，鱼类时代——3400 万年

（3）中生代（次生期）　从三叠纪初期到白垩纪末期，爬行类时代——1100 万年

（4）新生代（第三纪）　从始新世初期到上新世末期，哺乳动物时代——300 万年

（5）灵生代（第四纪）　从洪积世初期（这时大约人类语言开始发展）到现代人类时代——至少 10 万年

为了使人的理解力对于种系发生时代的漫长时间长度比较清楚，特别使人

知道所谓"世界史"(亦即文明民族史)的相对短暂,我的一个学生海因里希·施密特博士(耶拿)把假定的最小数字1亿年通过测时缩短法投影为一天。通过这种"缩小投影法","创世日"的24小时分为如下的五个种系发生时期:

(1) 太古代(5200万年)

(=从半夜至中午12时半)=12小时30分

(2) 古生代(3400万年)

(=从中午12时半至晚上8时半)=8小时5分

(3) 中生代(1100万年)

(=晚上8时半至晚上11时1刻)=2小时38分

(4) 新生代(300万年)

(=从晚上11时1刻至半夜前2分)=43分

(5) 灵生代(10万年至20万年)=2分

(6) 文明时代,所谓"世界史"(6000年)=5秒

在我们地球上,有机进化的时间,如果人们假定最小的数字为1亿年(而非最大数字14亿年!),并把它投影成24小时,那么所谓"世界史"只占其中的5秒钟。

2. 新活力论(第31页) 自从超自然"活力"的神秘学说遭到达尔文主义的致命打击并被成功地克服以后,最近这个学说又重新复活,甚至获得很多拥护者。生理学家邦奇[①]、病理学家林德弗莱施[②]、植物学家莱因克以及其他人,为再度复活的对非物质和智慧的活力奇迹的信仰成功地作了辩护。对此,我早先几个学生也显得非常热心。这些"最近代"的自然科学家相信,进化论,特别是达尔文主义,是一种站不住脚的谬论,并且认为"历史根本不是科学"。其中一个竟然下了诊断说:"所有达尔文主义者都患脑软化症。"尽管有新活力论,绝大多数的近代自然科学家(超过十分之九!)从进化论中看到了19世纪生物学的巨大进步,人们倒不得不把那些可惋惜的事实用一种可怕的脑髓流行病来加以解释。所有那些出自思想模糊和片面的专家的愚蠢判决罪名都与罗马教皇的逐出教会令一样,无损于我们的近代进化论和历史科学。

如果人们把新活力论与整个有机界中的历史事实对照一下,前者的全部贫乏性和脆弱性就很明显。最广义的"进化史"的这些历史事实,地质学、古生物学、个体发生学等的基础在它们的自然联系上只有用我们的一元论进化论才能

---

① 邦奇(Alexander Bunge,1803—1890),德国生理学家和植物学家。
② 林德弗莱施(Eduard Rindfleisch,1836—1908),德国病理学家和解剖学家。

解释清楚,而这些和新旧活力论都是不相容的。新活力论现在得到发展,一部分只能由精神生活和政治生活中可惋惜的普遍反动来加以解释,这说明了近二十年非常不利的局面。在德国,特别是所谓"新方针"不但在政治和宗教生活中,并且还在艺术和科学中,引起了异常腐败的卑躬屈膝的情况。但整体来说,这种近代的反动只是暂时的插曲而已。

3. **康德的目的论**(第 172 页)　由于近代生物学的惊人进步,康德的目的论自然解释完全被驳倒了。其中生理学已证明,一切生命现象都可以归结为化学和物理过程,对其解释既不需要一个工匠似的人格化的创世主,也不需要一种不可思议的合理活动的活力。细胞理论告诉我们,所有高等动植物的复杂生命活动都可以追溯到显微细胞基本机体的简单物理化学过程,而其物质基础就是细胞体的原生质。生长和营养的现象以及繁殖、感觉和运动的现象都是这种情况。生物发生基本律告诉我们,胚胎史的不可思议现象(胚胎的进化和婴儿的变化)都基于祖先种系发生中相应过程的遗传。这种种系发生的过程,就是遗传和适应的生理活动,如何在漫长的时间过程中决定种族形态的经常变迁,决定物种的逐渐变异,起源论已把这个谜解决了。最后,选择论清楚地证明,在种系发生的过程中,最合理的结构是纯机械的、通过选择最有利地产生的。达尔文从而对有机合理性提出了一个机械解释原则,它是两千多年前恩培多克勒已经预感到的。这样,达尔文就成为康德肯定地认为不可能的"有机界的牛顿"。

我在四十年前(在《自然创造史》的第五章)已经提出的这段历史情况非常有趣而重要,所以我在这里愿意再加以强调。它之所以合乎时宜,并非单单因为近代哲学特别强调要求"回到康德那里去",而是因为在判断最重要问题的时候,甚至最伟大的形而上学家都会盲目陷入严重的谬误。"批判哲学"的严谨而明晰的奠基人康德肯定地预期那种发现是"荒谬的",而这种发现在七十年后事实上却为达尔文所做到。康德认为人类精神永远没有一种意义深远的洞察力,事实上却为达尔文的选择论所达到。人们可以看到,这种无条件的"不可知论"是多么危险!

面对康德在近代德国哲学中所受到的过分崇敬,以及这种崇敬在许多"新康德派"那里变成一种无条件的偶像崇拜,我们不揣冒昧,在这里把这位伟大的哥尼茨堡哲学家的人生缺陷及其"批判"哲理的致命弱点加以说明。康德二元论的与年俱增的先验的形而上学倾向,在他自己身上早已由中学和大学的残缺与片面的教育所决定。他在大学里所受的教育主要是语言学、神学和数学。在自然科学中他精通的只有天文学和物理学,也知道一些化学和矿物学。与此相反,生物学的广大领域在当时即使范围有限,但大部分对他是陌生的。在有机自然科学中,他既没有学过动物学和植物学,也没有学过解剖学和生理学,因而,他曾经长期研究的人类学,也是非常不完善的。假如康德不学语言学和神学而学几年医学,假如他在解剖学和生理学的听课中得到人类机体的基本知识,在参观医院中对于人类机体变化有了生动的直观,那么这位"批判"哲学家,非但在人类学,而且在整个世界观上都会获得一个完全不同的形式。这样,康德也许不会那样掉以轻心,如在其后期著作(自1769年以后)中所出现的情况那样,忽视最重要的当时已为人熟知的生物学事实。

康德在读完大学以后为了谋生,不得不做了整整九年的家庭教师,时间从22岁到31岁,也正是青年生活中最重要的时期。在此期间,在所受大学教育之后,他的个性和科学特性的独立发展,对他整个一生起着决定作用。康德一生极大部分时间定居在哥尼茨堡,并且从来没有出过普鲁士。假如他作过几次较大的旅行,假如通过实际的观察对他的地理学和人类学的热烈兴趣输入活的养料的话,那么他的眼界的扩大对于他理想世界观的形成肯定会有最有利的实际影响。康德终身不娶,这一情况对他来说和对其他谈论哲学的独身者一样,也可以看成是为残缺和片面教育的辩解。因为,女人和男人是两个本质上不同的机体,他们之间的相互补充才能形成正常的种族概念"人"的完整形象。

4. 福音书的批判(第218页) 斯·伊·弗罗斯的《四福音书全文比较概论(全对观福音书)》(莱比锡,1897)在结尾写着:"每本著作必须从其时代精神加以了解和判断。'福音书'的虚构起源于一个完全非科学的时代和充满粗野迷信的社会,它们是为其时代而写的,不是为当代或者甚至为'一切时代'而写的,不是历史书,而是宗教宣传品,部分是教会的论战作品。只是教会、教士和与之有关的社会机构的利益要求把这些著作的起源追溯到'使徒'(马太、约翰)或者'使徒弟子'(马可、路加),仅此已足以用最简单的自然方法来解释这些著作为什么继续享受百年之久的盛名,人们通常喜欢把这种盛名归之为超自然的影响。"

"这些虚构的原来形式在最初几个世纪中曾经历多次变化,以致目前已无法确定他们。《新约全书》的汇集是逐步形成的,而对它的承认,部分地在数百年后才得到一致同意。所有出自无批判时代的著作的有关教义的东西,如果不是有意识的伪造,也是由于随意和谬误。"

"在那个强大压迫时期,犹太人总期望有一个救世主(弥赛亚),在所谓巴比伦囚禁(公元前597—前538)期满以后,便欢呼给人民以自由的波斯王居鲁士

（一个非犹太人）为弥赛亚。一个大祭司约书亚把犹太人带回家乡，因而传说就创造了一个较早的约书亚，作为摩西的继承人把他的人民带回迦南。耶路撒冷被破坏（公元70年）后，博学的犹太人佐西法斯宣称，人间今后将有一座不是用人手所造的大庙，而在惠西葩西安皇帝身上看到一个给整个世界带来真正自由的弥赛亚。在幅员辽阔的罗马帝国中，好些诗人和思想家梦想一位'救世主'，而在几十年中出现了大批的'弥赛亚'。除了上述那两个约书亚以外，诗意活跃的民族感情创造了第三个约书亚（希腊文为耶稣）。"

"这样一个，特别是这样一个天生热忱的穷人朋友、创造奇迹的人和救世主的生活是一点也不难描写的。《旧约全书》的范本：一个摩西，一个伊来阿斯，一个挨来沙——他当然不能落后于前三人，还有赞美诗和先知的预言，提供了其经历、行动和言论（完全除开从前东方数百年来普遍流传的克利什那传说和佛教传说）。作者常常照字面解释比喻的意思。教父还认为有些奇迹故事是一种隐喻，而且前教会则要把几乎一切，即使是最奇异的事迹照字面来解释。"

"弥赛亚的形象是逐渐形成的。现已证实，在产生于虚构的福音书以前的保罗书里，已谈到的只是关于死亡和复活的事情。从字面上了解为先知的地方，人们继续撰写了教义和善行。最后人们才自问：他在何处、怎样、由谁生的？他活了多久？等等。一旦这样一种虚构（后来称为"马可"，又为"马可福音"）的例子出现以后，类似的虚构就泛滥起来，其中一部分是无聊的漫画，一部分是保持在某种可能界限之内的生平事略。每一个地方，甚至每一个有点名气的教区，都有它的福音书，并常用一个著名的名字加以命名。因为用别人的名字来写书，是完全许可的。"

"这些虚构的福音书把它们的英雄安插在1世纪的上半叶。但是无论犹太著作家（如斐洛和佐西法斯），或者罗马和希腊著作家（如塔西佗[①]、修顿[②]、普林尼、卡西阿[③]），在这个时期或以后的时期中，都不知道有这样一个'拿撒勒的耶稣'或者讲述其生平的故事；就是拿撒勒这个城也不为人所知。"

5.**基督和释迦**（第224页）　从斯·伊·弗罗斯的《四福音书全文比较概论（耶稣生平唯一现有来源）》（莱比锡，1897）中，我摘录如下叙述："鲁道夫·赛德尔教授的几本勤奋的著作也受到著名神学学者们如普夫莱德雷尔[④]教授所公认，

---

① 塔西佗（Publius Tacitus，约55—120），著名的罗马历史学家。
② 修顿（Gaius Suetonius，约75—150），古罗马哲学家和历史著作家。
③ 卡西阿（Dio Cassius，155—230），古希腊历史学家。
④ 普夫莱德雷尔（Otto Pfleiderer，1839—1908），基督教神学家，柏林大学教授。

他在著作中曾把'虚构的福音书'和证实产生于纪元前印度和中国关于释迦生平的各种不同叙述加以比较,确实无疑地肯定了如下事实:构成两个'宗教创始人'的生活基础都是劝导人和救助人的流浪生活,这种人通常有其弟子伴随,有时则因短暂休息而中断(如宴会、沙漠孤寂)。此外,就是在山上讲道说教,在隆重地进入大城市后就在那里停留。但是,在许多细节和其顺序上也显出惊人的一致。"

"释迦是一个尘世的上帝,是一个出身于王族的人。他成胎和诞生都不同寻常,在诞生前已有奇兆。诸神和国王都对这位新生婴儿表示尊敬,并奉献了礼品。一位老婆罗门教徒在他身上立刻看出他是一切邪恶的拯救者。和平和欢乐降临人间。年轻的释迦遭到迫害而以奇迹得救,并被隆重地供养在庙里。父母担心地找寻这个 12 岁的孩子,却在僧侣中找到。释迦早熟,超过他的师傅,年岁和智慧俱增。他以绝食来经受考验。他在圣河中沐浴。一位聪明的婆罗门教徒的一些弟子改宗追随释迦。召唤语是'随我来'。按照印度习惯,释迦在一棵无花果树下接受一位弟子。在 12 个弟子中,三个是他的高足,一个毫无成就。弟子以前的姓名都要改换。另外,还有较大的弟子集团 80 人。释迦派遣弟子带着指示两两外出。一民间少女为母亲祈福。一富有的婆罗门教徒想要追随释迦,但舍不得财产,另一位夜间访他。释迦舍弃家庭。他在高贵人士和妇女中找到信徒。"

"释迦作为祈福的先哲出现。他特别喜用隐喻讲话。他的教义显出(其至经常在用语的选择上)惊人的相似。他否认奇迹,轻视尘世财产,提倡谦逊、和睦、爱仇敌、自卑和克己,禁绝色欲。他以他的前世来说教。他有死亡的预兆时说,他要回家,回到天上去。他在涅槃前所说的话中告诫弟子,答应给他们一个代言人(安慰者),又谈到了一次普遍的世界毁灭。他贫困无家,云游四方,为人治病,救苦赎罪。反对者责备他偏袒'罪人'。他临死前不久还在一位'女罪人'那里做客。一个弟子在一口井旁感化了一个出身微贱的少女。无数奇迹证明他是神人(他在水上漫步等等)。他隆重地迁入住地,并在奇兆中死去:地震,天际四处着火,太阳无光,一块陨石从天而降。释迦也前往地狱和天堂。"

补充(1908 年) 依据比较宗教史的惊人发现,现代批判神学家已经相信,基督这个人物是宗教虚构出来的一个理想形象,而作为人的耶稣根本从来没有存在过。参阅阿尔贝特·卡尔特霍夫和普鲁莫斯的《基督教起源》和卡尔·福勒斯的《世界宗教的历史联系》。

跋

为《宇宙之谜》第十版而写

（1908 年）

　　1899 年秋出版的总结了我长年研究"一元论哲学"成果的《宇宙之谜》这本书，得到了广泛的传播和我完全没有预料到的强烈效果。在最初的大型版本出版后不久，又发行了廉价的小型通俗版本，在八年中销售了 23 万册，英国和北美的英文译本的销售量也大致如此。这本书在法国和意大利，在斯堪的纳维亚国家和日本，传播也很广。总共出现了 18 种不同文字的译本。[*]

　　《宇宙之谜》的惊人成绩，大大说明了广大知识界日益迫切需要一个明晰的统一的世界观。由于孜孜不倦的专门研究的惊人发展，以及与其密切相关的在一切个别知识领域中的多方面分工，这样一种世界观的获得一天比一天困难得多。有思考能力的观察家愈是感到陷入浩如烟海的特殊细节中的威胁，在另一方面他就愈是迫切需要得到一个统一的观点和关于整个认识领域的一个大致梗概。这样一种真正的哲学只能牢固地建立在自然科学的基础上，建立在经验科学的所有普遍成果的批判总结上。每一个有思考能力和有科学修养的人，都对这样一种真正的"自然哲学"享有权利，它不是一个受到优遇的学者阶层的特许财产。

　　早在我这本书出版后的第一年里，无数的杂志以及十几种大型文集发表了一百多篇不同的书评。1900 年秋，我杰出的学生海因里希·施密特博士（耶拿）在其小册子《宇宙之谜的论战》（波恩，1900 年第 2 版）中写了概括性的总结和批判比较。后来，当本书的英文、法文、意大利文和西班牙文译本出版并在许多别的国家得到畅销以后，反对它的作品的数目还大有增加。目前各种书评总数，其中极大部分含有异常尖锐的攻击，约有几百篇。

---

　　[*] 1918 年 8 月补充：不同文字的译本总计增加到 24 种，三种德文原版共印了 34 万册。

　　我的许多反对者将给予我太多的光荣,如果他们把我在阿尔登堡演说中草拟的而在《宇宙之谜》中详细论述的一元论作为我个人的私见来对待的话。一元论倒不如说是 19 世纪末明晰的近代自然科学统一的世界观的表现。我在这里作为我个人信念来表白的东西,其实是绝大多数有思想的近代自然科学家——当然是有思考能力的人——用同一种(或极相似的)形式表示的内心深处的信念。因为,在近代自然研究的巨大机器工厂中,也有一大批没有思想而拿计日工资的工人,他们虽然对他们的小的特殊工种做得出色,但对企业的巨大整体却毫不过问。即使在有名望和有贡献的自然科学家中也有不少的人,他们对于获得一种明确的世界观漠不关心,只想找到新的事实,而不想找到新的概念。谁在这样的退让中不去科学地树立其世界观的话,谁就同时是毫不踌躇地投身到任意一种"信仰"怀抱的人,同这种人当然用不着再打什么交道。

　　在半个世纪的过程中,通过和各行各业有知识的人士包括妇女一千多次的谈话,我已经深信,一元论的拥护者现在已经比人们通常所想象的还要多——而自《宇宙之谜》出版以来的八年中,我收到的几千封赞同的信更证实了我的这种信念。特别在有思考能力的自然科学家和自然爱好者圈子里情况更是如此。这些人当中肯定有一大半,可能多于四分之三的人,站在我的《宇宙之谜》的立场上。我的反对者反对这一点,并且指出,只有很少数著名的自然科学家公开赞成我的"信条"。解释这种现象可非常简单:第一,许多有思考能力的自然科学家感到根本不需要把他们内心深处的信念告诉别人——这一点是无可非议的。第二,许多杰出的学者(其中好些是我的亲密朋友)认为,人们必须把科学的最高和最宝贵的成果保留自用,不应当交给"人民",因为人民可能会滥用这种成果——这是一种我不能同意的神秘观点,并且早为莱辛痛加驳斥。此外,今天自然研究之光照亮了所有阴暗的角落,并由于其实际利用,启发了各界人民。想要限制自然哲学认识的推广,我认为是全然徒劳的。第三(并且,这是最重要的!),大多数相信一元论的人,由于外界原因的压迫,否认他们真正的世界观,并且照此行事。在两个最大和最有影响的德意志的邦——普鲁士和巴伐利亚中,高级精神生活领域中的反动正在日益滋长,教育部门受到正统教士的统治,对命令的信仰仪式稍有背离的牧师会受到排斥。想把进化论引进学校的教师会失去职位。——谁愿意要求这些可怜而诚实的人为了承认他们的世界观而牺牲他们的终身职位呢?而且通过这种殉教又会达到什么呢?强使成千上万教育和文明的肩负者做违心的事——在许多方面还会引起意志消沉——人们只能深为惋惜,但是,这种情况可惜暂时还不能改变！

如果我的一元论时常被怀疑为"唯物主义"的话，那只有在某种意义上是正确的，只有在我的一般实体概念中，总是物质和力、物质和能量不可分离地结合在一起的情况下，才是正确的。我不知道有"死的与原状的物质"，我认为没有无感觉的实体。如果不假定感觉和运动的能力是实体的一种不可分割的属性，如同广延与充满空间的物质（物质和以太）一样，那么最简单的化学现象（例如亲和力）和最简单的物理现象（例如物质引力）都是不可理解的。假若人们在无成见的神学意义上把"上帝"当作是一切力和作用的总和，人们也可以认为，我的一元论和最纯粹的一神论是一致的。

此外，就宗教而论，如果我的许多反对者简直把我当作宗教的敌人，那是显然不真实的。当我于1892年在我的阿尔登堡演说中企图阐明"一元论是宗教与科学之间的纽带"时，我是完全认真的。同样，当我在《宇宙之谜》的第十八章《我们的一元论宗教》和第十九章《我们的一元论伦理学》中，企图在我们近代进化论的基础上对其加以确证时，也是出于我的整个信念。一元论宗教和伦理学跟一切其他形式的区别只在于，我们唯一地要求以纯理性作为其坚实的基础，即在科学、经验以及理性信仰（科学假设的）基础上的世界观。与此相反，一切宗教形式都依赖于所谓"启示"，即依赖于与科学经验和纯粹理性相矛盾的超自然现象，它们都属于虚构的辽阔的幻想领域或者非理性信仰，即"迷信"的范围。

如果我要圆满地结束本书的话，那么从这一方面来看一下（即使是短暂的）基督教是难免的，因此我不得不在《宇宙之谜》第十七章里对"近代自然认识和基督教世界观之间日益增长的对立"作了一个一般的综述。我必须把理性的新信仰和启示的旧信仰加以对比。如果我的许多反对者因此干脆宣布我是"基督教的敌人"，这是不符合实情的。因为，我始终肯定了基督教的纯粹伦理学的真正核心，特别是伦理的基本法则或者"黄金律"，它也构成我们一元论伦理学的核心。它虽然不是新的东西（如像我在第十九章所指出的一样），但是基督教比一切其他宗教更加强调人类之爱和克己的戒律，并把它提高为最重要的文明因素之一，这始终是基督教的高度功绩。在差不多两千年的过程中，真正的基督教——尽管它经过"教会"和信徒的多方歪曲——的伦理价值，证明了它有多方面的丰硕果实，并和高度文明生活的各种设施交织在一起，以致真正的基督教将来大概也会构成文明生活的基础。

至于教条的基督教，其价值就完全不同，它把盲目相信光怪陆离的东方传奇作为主要职责,相信奇迹和神怪童话,相信超自然现象的宗教传说,这些东西在纯粹理性的光辉照耀下都是不可能有的。这个教条的理论系统在 19 世纪的过程中全部崩溃。对教会历史的尖锐批判告诉我们,《旧约全书》和《新约全书》的教义是以不同年代和价值的传说为根据的。东方的考古学证实,《圣经》的大部分来源于巴比伦,希伯来人的一神论在摩西以前很早在巴比伦就有根源。对"耶稣生平"的批判研究使我们相信,基督教三位一体信条的庄严理想人物,不是"上帝之子",而是一个道德高度完善的高尚的人(——假定历史上有这个人,但这个人的存在却已为卡尔特霍夫、普鲁莫斯以及其他批判神学家有效地予以驳斥!)。先进的宇宙学和天文学破坏了古代以地球为中心的天体蓝图,如同近代生物学破坏了基督教以人类为中心的人类蓝图一样。最后,进化论向我们证明,人类只不过是晚期从灵长类祖先产生的哺乳动物系统中的一个分支,每一个个人的灵魂也和其他脊椎动物的灵魂一样,不可能不死。

近代科学和基督教奇迹信仰之间的基本对立,不仅由许多历史和哲学权威们无偏见的研究加以证实,而且也由最著名的基督教神学家们自己的批判探讨加以证实。我只要提出划时代的德国人达维德·施特劳斯和路德维希·费尔巴哈,当前的阿尔贝特·卡尔特霍夫,法国人恩斯特·勒南和英国人斯图尔特·罗斯就够了。罗斯于 1896 年用萨拉丹这个名字发表了一篇特别尖锐的文章《在〈圣经〉研究基础上对犹太—基督宗教大厦的批判探讨》。我在我受到异常猛烈攻击的第十七章中多次提到这位权威,因而遭到我的神学反对者最猛烈的责难。这种责难客观上有理到何种程度,我可不能决定,因为特殊的神学对我来说相当生疏。我只能回答,首先萨拉丹无疑是一个非常博学的神学家,其次他对《圣经》的坦率批判,特别是明确指出在"上帝之言"中有无数谬误和矛盾,使公正健康的人类理智豁然开朗。谁愿意进一步了解屡遭诽谤的萨拉丹(我本人和他毫无私人关系),请读最近出版的纪念册子《纪念萨拉丹(精神的骑士,反对谎言、迷信和愚蠢的勇敢战士)》。二元论的形而上学家和虔诚的神学家对真理的勇敢承认者和启蒙的忠诚促进者所作的卑鄙诽谤、可怜的诬陷和个人中伤,跟 1900 年弗里德里希·保尔森、弗里德里希·洛夫斯[1],近代的约翰内斯·莱因克、埃贝哈德·登纳特[2]和其他迷信卫士为反对我的一元论和我在《宇宙之谜》中的论述而发泄的肆意攻击达到了同样的程度。回答这种可鄙的攻击已经是多余的,因为基督

---

① 弗里德里希·洛夫斯(Friedrich Loofs,1858—1928),德国基督教神学家。
② 埃贝哈德·登纳特(Eberhard Dennert,1861—1942),德国博物学家。

启示的狂热卫护者对于我们建立在自然认识基础上的统一世界观,从来没有作过严肃的科学的反驳。我们期望不久前成立的开普勒协会能作些严肃的科学反驳,因为,该协会是为反对我们的一元论者协会而成立的,但对它来说,真理的不可动摇的基础仍然是《圣经》。

毫无疑问,"圣经史"上的许多(——不是所有的!——)传说和逸事,如其他宗教的许多神话和故事以及古典时期的这一切一样,具有高度伦理,特别是教育的价值。圣经史的幻想形象对于艺术、诗歌、音乐和造型艺术等各部门都具有极大的意义,由此创造的丰富而美好的人类精神都应归功于此。而且对于我们的情感来说,这个理想世界是我们非完满的现实生活中的景仰和慰藉的一个不竭源泉。但是这些理想形象本身隐藏着最大的危险,如果把这些理想形象当作现实真理来宣扬,承认它们关系着受福或者遭难,如果把这些理想形象当作科学的基础或者简直当作科学的前提,那样的话,科学就会在神秘的斜坡上不停地滑入迷信的怀抱。

这些虚构的理想图形如果被解释为超自然的"启示",并且被实践理性为了政治和世俗的目的而加以滥用的话,将会变得异常有害。那样,就会发展成为那种宗教力量超过世俗力量的有害的优势,发展成为那种可怕的教会统治,教会就能完全利用国家来达到其自私自利的目的。教会的统一组织发展得愈高和愈专横,它对受其威胁的文明国家就愈危险。这一点特别从教皇神圣论或教皇绝对权力主义的历史,即最庞大和最成功的教会制度的历史中可以知道。

抵抗这种文明危险的最强大的武器,始终是对人民的启蒙和教育。通向这个目的的道路,没有比无偏见的自然认识的道路,特别是其最新的光辉成果进化论来得更可靠了。如果在这个激烈斗争中发出这样响亮的呼声:"欧洲人民,保护你们最神圣的财富",那么我们从我们的一元论观点出发,从中能够理解的只能是保护理性,反对迷信。我们的一元论在歌德的思想里同时是最纯粹的一神论。在这样的意义上,也许这本《宇宙之谜》的重版——作为一份诚实和公开的"纯粹理性的信仰"——可以在广泛范围内用来提高人民的文明教育,并促进对我们理想之神,即对三位一体的真、善、美的崇拜!

恩斯特·海克尔

1908 年 12 月 2 日于耶拿

科学元典丛书

扫描二维码，收看科学元典丛书微课。